**Valerie Hammerbacher/Dorothee Keuerleber:**
**Weißenhofsiedlung Stuttgart – Wohnprogramm der Moderne**



30 Gebäude erhalten

25 Gebäude zerstört, Ersatzbau

21 Gebäude zerstört, kein Ersatzbau

*Der Lageplan zeigt den Originalzustand der Weißenhofsiedlung im Jahr 1927; die Zahl gibt die Nummerierung der Häuser nach dem Ausstellungskatalog von 1927 an*

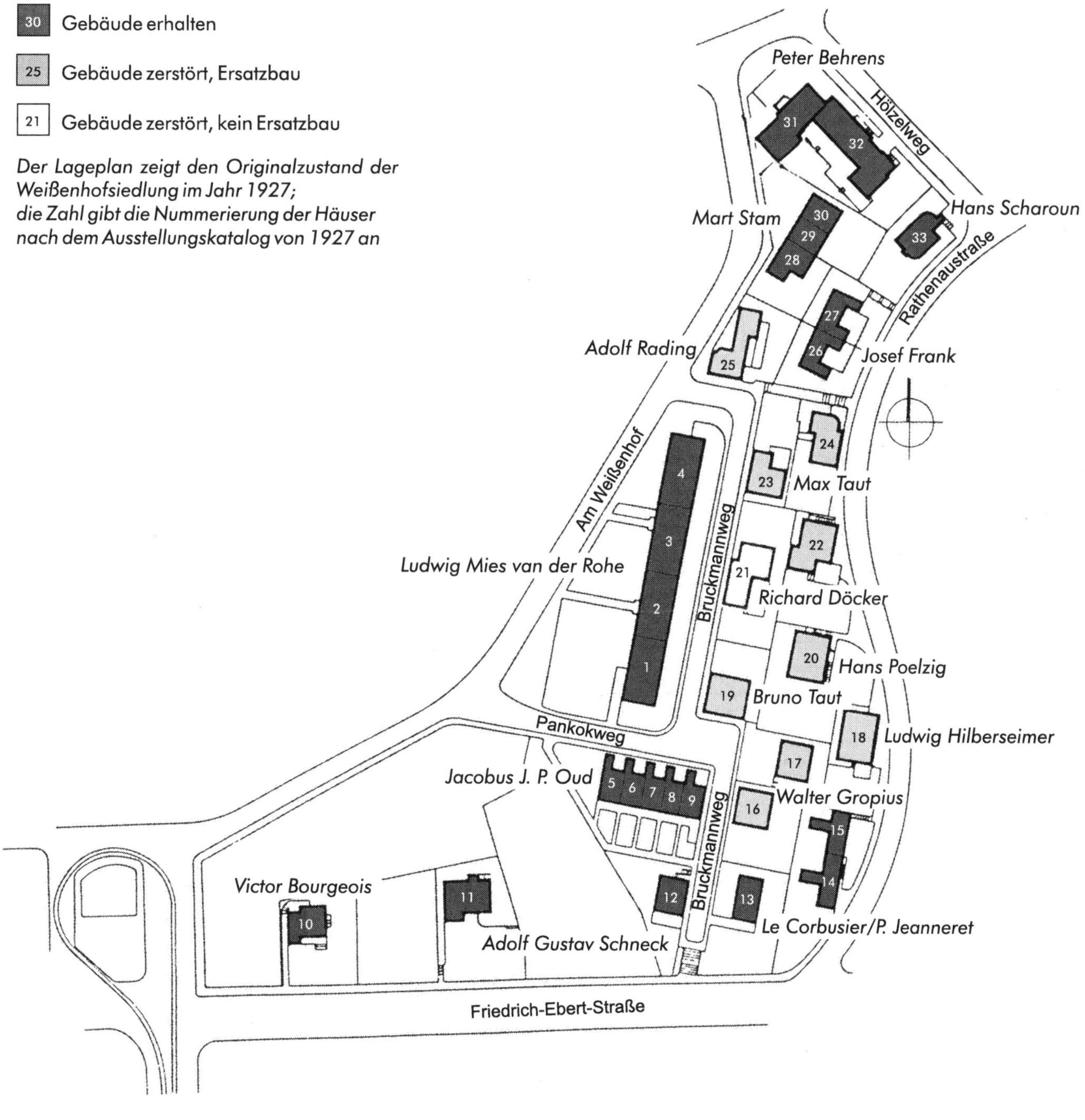

Peter Behrens
Hölzelweg
31
32
Hans Scharoun
33
Mart Stam
30
29
28
Rathenaustraße
27
26
Josef Frank
Adolf Rading
25
24
Am Weißenhof
4
23
Max Taut
3
22
Bruckmannweg
Ludwig Mies van der Rohe
21
Richard Döcker
2
20
Hans Poelzig
1
19
Bruno Taut
Pankokweg
18
Ludwig Hilberseimer
17
Jacobus J. P. Oud
5 6 7 8 9
16
Walter Gropius
15
Bruckmannweg
Victor Bourgeois
11
14
12
13
10
Adolf Gustav Schneck
Le Corbusier/P. Jeanneret
Friedrich-Ebert-Straße

## Über die Autoren

Valerie Hammerbacher, geboren 1973 in Böblingen, studierte Kunstgeschichte und Philosophie und beendete im Jahr 2000 ihr Studium an der Universität Stuttgart. Neben architekturtheoretischen Aufsätzen zur Moderne veröffentlichte sie eine Publikation zur englischen Naturästhetik in der Malerei des 18. Jahrhunderts. Des Weiteren ist sie durch Ausstellungen und Kataloge zur zeitgenössischen Fotografie in Erscheinung getreten. Sie arbeitet derzeit als Kulturjournalistin in Stuttgart.

Dorothee Keuerleber wurde 1924 in Stuttgart geboren. Nach Studienaufenthalten in den USA schloss sie 1952 ihr Diplomstudium an der Technischen Hochschule in Stuttgart ab. Von 1952 bis 1954 war sie wissenschaftliche Mitarbeiterin am Lehrstuhl für Siedlungsbau der Technischen Hochschule in Stuttgart. Ab 1965 arbeitete sie als Architektin bei der Staatlichen Hochbauverwaltung Baden-Württemberg und leitete das Referat für Sportstättenentwicklungsplanung und Sportstättenbau beim Ministerium für Kultus und Sport. Seit ihrer Pensionierung 1989 arbeitet sie als freie Architektin. Von 1990 bis 1992 konzipierte sie die Ausstellung »Weißenhofsiedlung Stuttgart 1927«. Seit Januar 2000 ist sie Vorstandsmitglied im Verein der Freunde der Weißenhofsiedlung.

## Über diese Publikation

Schmucklos, ohne Ornament ist die kubische Architektur der Weißenhofsiedlung ein Dokument moderner Baukunst. 17 Architekten haben mit insgesamt 21 Häusern, die sie 1927 auf dem Stuttgarter Killesberg errichtet haben, ein Wohnprogramm wegweisender Architektur vorgestellt. Ein Minimum an Form sollte dem Großstadtmenschen ein Maximum an Freiheit gewährleisten. Mit flexiblen Grundrissen haben die wichtigsten Architekten des 20. Jahrhunderts Prototypen von Wohnungen in einer sonnigen, gut durchlüfteten und gesunden Architektur geschaffen. Durch die Verbindung von bildender Kunst, Architektur und Innenraumgestaltung zeugt die Weißenhofsiedlung von dem Bestreben, die Gesamtheit des alltäglichen Lebens ästhetisch zu gestalten. Die Siedlung ist ein Ensemble hervorragender Einzelleistungen, deren Analyse sowohl über die künstlerische Qualität der einzelnen Architekten wie über die Entwicklung der klassischen Moderne Auskunft gibt.

In der vorliegenden Publikation werden die Bauten erstmals mit maßstabsgerechten Plänen, welche die tatsächliche Umsetzung innerhalb der Siedlung aufzeigen, in Dimension und Proportion begreifbar. Die Texte bieten eine architekturhistorische Einordnung, die über die nuancenreiche Bewegung der Moderne Auskunft gibt, die bisher nur unzureichend mit dem Begriff des Neuen Bauens gefasst wurde. Zahlreiche Zusatzinformationen verweisen auf weitere Bauten, Designobjekte und den biografischen Werdegang der Weißenhof-Baumeister. Ein umfangreiches Glossar erklärt alle wichtigen Begriffe des Textes und kann gesondert als Nachschlagewerk genutzt werden.

Valerie Hammerbacher
Dorothee Keuerleber

# Weißenhofsiedlung Stuttgart

## Wohnprogramm der Moderne

# Festschrift zum 75-jährigen Bestehen der Weißenhofsiedlung

*Stuttgart, im Juli 2002*

**Die Deutsche Bibliothek – CIP-Einheitsaufnahme**
Ein Titeldatensatz für diese Publikation ist bei
Der Deutschen Bibliothek erhältlich

**Impressum**

**Idee und Konzeption:** Valerie Hammerbacher M. A., Jörn Vogt M. A.
**Text:** Valerie Hammerbacher M. A.
**Gestaltung:** Jörn Vogt M. A.
**Grundrisse, Isometrien, Infoboxen:** Dipl.-Ing. Dorothee Keuerleber
**Fotos:** Vogt/Hammerbacher, ansonsten siehe Fotonachweis
**Tabellen zur Renovierung:** Dr.-Ing. Hermann Nägele

**ISBN:** 3-8311-4205-X

**Herstellung:** Books on Demand GmbH, Norderstedt

*Wir danken dem Verein der Freunde der Weißenhofsiedlung e.V. für die Unterstützung und die Bereitstellung von Bildmaterial und Zeichnungen. Dank auch an das Landesmedienzentrum Baden-Württemberg und das Stadtarchiv Stuttgart für die Bereitstellung zahlreicher weiterer historischer Aufnahmen. Weiterer Dank gebührt Marko Schacher und Petra Kühnel für die gewissenhafte Schlusskorrektur dieser Publikation.*

**www.weissenhofsiedlung.de**

# Inhaltsverzeichnis

## Anschauungsbeispiel der Moderne

Wie wohnen? Diese Frage prangt auf dem Plakat, das Willi Baumeister 1927 für die Werkbund-Ausstellung »Die Wohnung« auf dem Stuttgarter Killesberg entworfen hat. Die Worte in Schreibschrift erscheinen wie eine persönliche Anmerkung auf einer alten Fotografie. Ein historistisches Interieur ist energisch mit einem dicken roten Kreuz durchgestrichen. Ironisch wird der Innenraum, der mit schweren Teppichen und bürgerlichem Inventar ausgestattet ist, von Baumeister mit der Frage nach der geeigneten Wohnform kommentiert.

Das Plakat verdeutlicht das Programm der Weißenhof-Architekten: die Abkehr von eklektizistischen Stilzitaten und das Ziel, das Leben des modernen Menschen neu zu gestalten. 17 Architekten aus Holland, Belgien, Deutschland, Österreich und der Schweiz wurden 1927 eingeladen, um mit ihren Gebäuden die Fragestellung nach der geeigneten Wohnform des Großstadtmenschen zu beantworten.

»Ich habe die verwegene Idee, alle auf dem linken Flügel stehenden Architekten heranzuziehen, das würde ausstellungstechnisch glaube ich unerhört erfolgreich sein«[1], schrieb Mies van der Rohe 1925 an Gustaf Stotz, den Geschäftsführer der Württembergischen Arbeitsgemeinschaft des Deutschen Werkbundes. Nach mehreren Durchgängen einigte man sich auf Mart Stam, Peter Behrens, Hans Scharoun, Josef Frank, Le Corbusier und Pierre Jeanneret, Victor Bourgeois, Adolf Gustav Schneck, Jacobus Johannes Pieter Oud, Richard Döcker, Mies van der Rohe, Walter Gropius, Ludwig Hilberseimer, Hans Poelzig, Adolf Rading, Bruno Taut und Max Taut.

Mies van der Rohe wurde zum künstlerischen Leiter des Ausstellungsprojektes bestimmt. In seinem Bebauungsplan legte er die Position der einzelnen Häuser fest. Das Einfamilienhaus von Hans Scharoun bildet darin mit den Häusern von Le Corbusier eine Klammer. Der Wohnblock von Mies van der Rohe schließt die Siedlung nach Westen ab. Er stellt als langgestreckter Baukörper das »Rückgrat« der Siedlung dar. Mies van der Rohe hat den Bebauungsplan an die Topographie der Hanglage angepasst. Die Häuser sind in verschiedenen Ebenen angeordnet und nehmen die Terrassierung des Siedlungsgeländes auf.

Die Weißenhofsiedlung zeigte damit einen Wechsel von Bildern. Bei einem Rundgang präsentierte sich dem Besucher die Architektur als ein Ensemble aus abwechslungsreichen Ansichten und zeigte vor den Häusern von Walter Gropius, Jacobus J. P. Oud und Ludwig Mies van der Rohe eine kleine Platzsituation. Durch unterschiedliche Traufhöhen ergaben sich verschiedenartige Ansichten der Siedlungsbebauung.

Doch die Bebauung war weit davon entfernt, an die Siedlungsprojekte der Gartenstädte zu erinnern, für die Camillo Sitte sich eingesetzt hatte. Anstatt verwinkelte Ansichten entstehen zu lassen, ordnete Mies van der Rohe die Häuser der Weißenhofsiedlung in Schichten um den Hang. Ein interessanter Eindruck ergab sich dabei aus einer Bebauung durch verschiedene Höhenniveaus und Häusertypen: Ein- und Zweifamilienhäuser, Wohnblocks und Reihenhäuser, die von den beiden Holländern Mart Stam und Jacobus J. P. Oud in Zeilenbauweise errichtet wurden.

In vielerlei Hinsicht sind die zentralen Ideen der Moderne in den Häusern auf dem Weißenhof verwirklicht worden. Die wegbereitenden Lösungskonzepte der Architekten, die Anlage als Ausstellungsprojekt des Deutschen Werkbundes und die Verbindung mit der Stadt Stuttgart als Geldgeberin zeigt den gesellschaftspolitischen Hintergrund des Siedlungsprojekts. Das Konzept, durch moderne Architektur, Möbel und Kunst den

**Die Weißenhofsiedlung**

Ästhetik des Bauens

*Ausstellungsplakat von Willi Baumeister*

Lebensraum umfassend zu gestalten und damit zu verbessern, ist in der Werkbund-Ausstellung »Die Wohnung« in der Weißenhofsiedlung beispielhaft realisiert worden. Obwohl die Bauten der Siedlung große Ähnlichkeiten aufweisen, sind einige Häuser als Einzellösungen der Architekten zu werten. Die Bauten Josef Franks, Richard Döckers, Hans Poelzigs, Hans Scharouns und das Terrassenhaus von Peter Behrens nehmen Abstand von einem Wohnprogramm als reiner Standardisierungs-Floskel. Auch Adolf Gustav Schneck zeigte sich skeptisch gegenüber Typisierungen von Grundrissen und standardisierten Bauelementen.

*Erstes Modell der Weißenhofsiedlung von Mies van der Rohe aus dem Jahr 1925; die Terrassierung wird in diesem frühen Entwurf bereits deutlich*

Die meisten Einfamilienhäuser sind dem ursprünglichen Ausstellungsziel zum Trotz keine Typenhäuser, die sich für die preiswerte Serienproduktion eignen. Vor allem die im Grundriss sehr eigenwilligen Bauten von Le Corbusier, Scharoun oder Rading sind eher als Experimente zu werten.

Anfang der 20er-Jahre erscheint das Konzept der Avantgarde-Architekten noch nahezu einheitlich. Von der amerikanischen Öffentlichkeit wird ihre Bauweise als »Internationaler Stil« wahrgenommen.[2] Doch die künstlerische Entwicklung der Weißenhof-Architekten zeigt bereits Mitte der 20er-Jahre durch die Bauten der Werkbund-Ausstellung in Stuttgart die spezifisch unterschiedliche Ausprägung, die sich in den Jahren nach 1927 noch stärker ausbilden wird: Mies van der Rohe und Le Corbusier haben bereits zehn Jahre nach der Fertigstellung ihrer Bauten auf dem Weißenhof unterschiedliche konzeptuelle und gestalterische Vorstellungen von Architektur. Hans Scharoun und Adolf Rading entwickeln ihre organische Bauweise weiter.

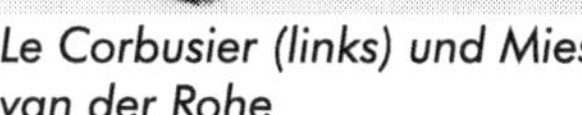

*Le Corbusier (links) und Mies van der Rohe*

Das Zusammentreffen der wichtigsten Architekten des 20. Jahrhunderts in Stuttgart während des Baus der Weißenhofsiedlung ermöglicht es, die prägenden Persönlichkeiten der Architektur der klassischen Moderne zu studieren. Wie unter einem Brennglas markiert die Siedlung einen Zeitpunkt innerhalb der Kunstgeschichte, der sowohl die Entwicklung der einzelnen Architekten zu einem bestimmten Zeitpunkt als auch die Vielfältigkeit der Moderne zeigt. Die unterschiedlichen Lösungsansätze, die nachhaltig die Architektur des 20. Jahrhunderts beeinflusst haben, sowie die Verbindung der Weißenhof-Architekten untereinander lässt die Siedlung als Paradebeispiel der modernen Architektur erscheinen. Alle Architekten waren durch Mitgliedschaften in avantgardistischen Zirkeln programmatisch an der Formulierung neuer architektonischer Ideen beteiligt. Durch ihr Umfeld hatten sie auch Kontakt zu den Vertretern anderer Künste: Mart Stam arbeitete mit El Lissitzky, den er aus seiner Berliner Zeit kannte, an der Zeitschrift *ABC*. Oud wurde von Theo van Doesburg und Piet Mondrian beeinflusst; Walter Gropius und Mies van der Rohe hatten als Leiter des Bauhauses eine intensive Verbindung zu Kandinsky, Itten und Klee.

Ludwig Hilberseimer war nach der Emigration von Mies van der Rohe in die USA an maßgeblichen Stadtplanungen in Chicago beteiligt. Viele Weißenhof-Architekten kannten sich aus dem Werkbund, Bruno Taut und Richard Döcker schlossen sich 1926 zur Architektengruppe »Der Ring« zusammen. Diese Querverbindungen lassen die Bauten nicht nur als architektonische Einzelleistungen erscheinen, sondern auch als Ausdruck komplexer Programme.

## Institutionen – Agitatoren

Die Entstehung der Weißenhofsiedlung ist mit dem Zusammenwirken verschiedener Institutionen, Organisationen und Einzelpersönlichkeiten verknüpft. Zum einen waren die Mitglieder des Deutschen Werkbundes beteiligt, zum anderen wirkten die Agitatoren der Württembergischen Arbeitsgemeinschaft mit.

Im Deutschen Werkbund, der die Ausstellung »Die Wohnung« in Stuttgart initiierte, versammelten sich Künstler, Architekten, Industrielle und Handwerker. Die Verbindung von Nützlichem und Schönem, die Anfang des 20. Jahrhunderts heftig diskutiert wurde, fand 1907 ihren Niederschlag in der Gründung des Werkbundes. Kunst und Architektur waren für die Mitglieder des Werkbundes nicht nur Gegenstände, die mit angenehmen Wohlgefallen betrachtet werden konnten, sondern besaßen die Potenz, Verhaltenswei-

sen zu beeinflussen und den Benutzer zu ökonomisch-rationellem Handeln anzuregen. Die Industrie sollte künstlerischen Zwecken dienstbar gemacht werden, genauso wie die Kunst durch die industrielle Herstellung eine neue Stufe ihrer Entwicklung erlangen sollte. Der Künstler ist in dieser Verbindung nicht mehr nur der Entwerfer von Formen, sondern wird in einen Produktionszyklus integriert.
Die Bedeutung des Werkbundes für das Neue Bauen lag nicht zuletzt an seinen Mitgliedern: Adolf Gustav Schneck, Hans Poelzig, Bruno Taut, Walter Gropius, Lilly Reich und Hans Scharoun engagierten sich. Peter Behrens wirkte im Vorstand. 1922 wurde dann Richard Döcker, 1925 Mies van der Rohe in den Vorstand gewählt. Peter Bruckmann, der Juniorchef der Heilbronner Silberwarenfabrik P. Bruckmann & Söhne, war von 1909 bis 1919 erster, von 1919 bis 1926 zweiter und ab 1926 bis 1932 wieder erster Vorsitzender des Deutschen Werkbundes. Er gehörte neben Gustaf Stotz zu den entscheidenden Persönlichkeiten, welche die Bebauung des Weißenhofs und die Auswahl der Architekten mitbestimmten.
1923 wurde die Württembergische Arbeitsgemeinschaft des Deutschen Werkbundes gegründet, deren Geschäftsführer Gustaf Stotz wurde. Bereits 1925 begann Gustaf Stotz das Projekt »Weißenhof« zu entwickeln. Das städtische Gelände war für eine Bebauung schon seit Jahren eingeplant gewesen. Arbeitern, Angestellten und Beamten des öffentlichen Dienstes sollten Wohnungen bereitgestellt werden. Mitte der 20er-Jahre versammelten sich in der Württembergischen Arbeitsgemeinschaft Mitglieder und Vorstände, die sich engagiert für eine moderne Architektur einsetzten. Adolf Gustav Schneck und Richard Döcker vertraten die Architektur des Neuen Bauens. Paul Schmitthenner, prominenter Vertreter der Stuttgarter Schule, wurde 1926 nicht wieder in den Vorstand gewählt.
Daraufhin überzeugten Gustaf Stotz und Peter Bruckmann den Stuttgarter Oberbürgermeister Karl Lautenschlager und gewannen den Baubürgermeister Daniel Sigloch für das Projekt. Die Stadt erklärte sich bereit, auf dem Gelände des Killesbergs die Siedlung zu realisieren, da seit Anfang der 20er-Jahre Wohnungsbaupläne in der Bauabteilung des Gemeinderats diskutiert wurden. 1926 sollten 1.600 neue Wohnungen in Stuttgart durch die Mittel der Hauszinssteuer und Darlehen des Dawes-Plans finanziert werden.
In vielen unterschiedlichen Listen wurden Architekten zusammengestellt. Auch renommierte Architekten wie Hugo Häring, Adolf Loos und Erich Mendelsohn, der in Stuttgart 1926–28 das Kaufhaus Schocken errichtet hatte, standen auf der Auswahlliste für die Werkbund-Siedlung. Die gesamten Kosten für die Weißenhofsiedlung betrugen 1.482.000 Reichsmark. Der vom Gemeinderat bewilligte Betrag von 1.450.000 Reichsmark wurde damit nur um 32.000 Reichsmark überschritten.[3]

*Am Tag der Eröffnung im Juli 1927 besichtigten viele Stuttgarter die Ausstellungsbauten; u. a. Bürgermeister Karl Lautenschlager, Willi Baumeister und Alfred Roth, der Bauleiter Le Corbusiers; hier vor dem Platz der Häuser von Bruno Taut und Walter Gropius*

*Die Bauleiter auf der Dachterrasse von Le Corbusiers Zweifamilienhaus; links: Paul Meller, rechts: Alfred Roth*

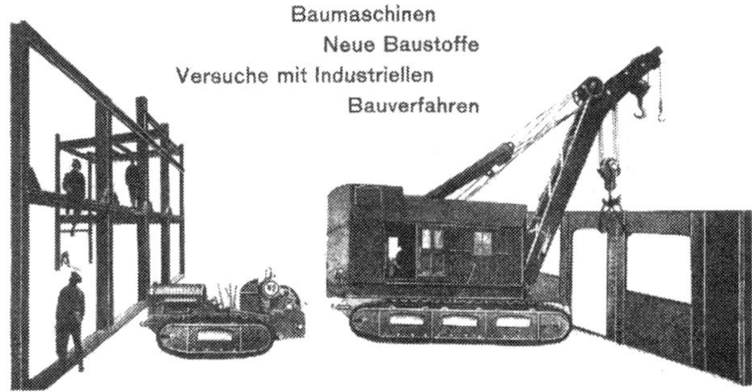


*Im Katalog von 1927 wurde auf das Experimentiergelände gegenüber der Musterhäuser hingewiesen, wo neue Baumethoden und -maschinen vorgestellt wurden*

Bis zum Ausstellungsende wurden 500.000 Besucher gezählt; zahlreiche Fachzeitschriften im In- und Ausland berichteten. Die Werkbund-Ausstellung »Die Wohnung« konnte somit für die Initiatoren als Erfolg verbucht werden.

## Die Weißenhofsiedlung als Ausstellungsprojekt

Vor 1927 waren in Stuttgart bereits Ausstellungen organisiert worden, die sich zur Aufgabe gemacht hatten, über neue Architektur und Baumethoden zu informieren. 1922 wurde die »Werkbundausstellung Württembergischer Erzeugnisse« gezeigt, 1924 präsentierte man in der Ausstellung »Die Form« hauswirtschaftliche Geräte in modernem Design. Nachdem durch den Ersten Weltkrieg die Debatte um Typisierung und Serienproduktion unterbrochen wurde, griff der Werkbund in den Jahren 1923/24 die Fragestellung nach Qualitätssteigerung der industriellen Möbelfertigung wieder auf. Das Ausstellungswesen als ein Forum, um Innovationen aus dem Bereich des Bauwesens und der Gebrauchsgüter der Öffentlichkeit vorzustellen, wurde zu einer Plattform des Deutschen Werkbundes. Die Ausstellung »Die Form«, deren voller Titel »Die Form ohne Ornament« war, präsentierte Arbeiten aus den Bereichen Rohbau, Ausbau, Heizung, Bauhygiene, Arbeiter- und Feuerschutz im Stuttgarter Handelshof, der in der Nähe des Hauptbahnhofes lag. Der Weißenhof-Architekt Adolf Gustav Schneck gehörte zu den Hauptverantwortlichen der Ausstellung, in der er mit zahlreichen Typenmöbeln vertreten war. Hugo Keuerleber von der Staatlichen Beratungsstelle für das Bauwesen war an dieser Bauausstellung ebenso beteiligt wie der spätere Geschäftsführer der Württembergischen Arbeitsgemeinschaft Gustaf Stotz. Nach der gelungenen Ausstellung »Die Form« kam der Gedanke, ein Projekt vorzubereiten, welches das gesamte Spektrum des Wohnens abdecken sollte. Die Idee zur Weißenhofsiedlung war geboren.

Die Werkbund-Ausstellung »Die Wohnung« gliederte sich 1927 in vier Blöcke: die Musterhäuser auf dem Weißenhof, zwei innerstädtische Ausstellungen und das Experimentiergelände, das gegenüber der Weißenhofsiedlung lag. Hier wurden neue Baumethoden und Werkstoffe vorgestellt: Sperrholzplatten, die durch einen Überzug mit Asbestschiefer wetterfest waren, Dachpappen, Feifel-Hohlblocksteine, Fonitram-Platten, Hohlkörperdecken, Gehweg- und Flurplatten. Bimsbetonhohlblocksteine aus dem Neuwieder Becken, die wegen ihres geringen Gewichts bei wirtschaftlicher Größe einen beliebten Baustoff darstellten, wurden ebenfalls als innovative Baumaterialien vorgestellt.[4]

In der Innenstadt wurden in der Kunst- und Gewerbehalle Exponate der Innenraumgestaltung vorgeführt: Geschirr, Vorhänge, Typenmöbel, sanitäre Einrichtungen, die »Münchner Küche« und die »Frankfurter Küche«, die später als Modell der platzsparenden Küchenausstattung in Serie ging.

Um die weltweite Aktualität des Neuen Bauens zu untermauern, zeigte man die »Internationale Plan- und Modellausstellung Neuer Baukunst« in den städtischen Ausstel-

*Ansicht von Nordosten auf die Rathenaustraße mit den Häusern von Le Corbusier, Hilberseimer, Poelzig, Döcker und Taut (von links nach rechts)*

lungshallen auf dem Interimstheaterplatz beim Neuen Schloss. Ludwig Hilberseimer hatte die Gestaltung der Ausstellung übernommen und Aussteller aus Frankreich, Holland, Italien, Österreich, der Schweiz und den USA eingeladen. Sie zeigten Siedlungsmodelle, Schwebebahnprojekte, Küchen, Bahnhöfe und Bürogebäude.
Mit den Ausstellungshallen in der Innenstadt und den Musterwohnungen auf dem Killesberg-Gelände »Weißenhof« war im Sommer 1927 ganz Stuttgart im Architekturfieber.
Die Präsentation der Weißenhofsiedlung als Ausstellung verweist auf die enge Verknüpfung von moderner Architektur und einer interessierten Öffentlichkeit. Dieser Zusammenhang zeigt sich seit Mitte des 19. Jahrhunderts in den Weltausstellungen. Deren Geschichte ist ein Dokument für die stete Veränderung in der Architektur im Zeitalter der Industrialisierung und für den Einfluss von Innovationen auf die Bautechnik. Der Bogen spannt sich von den frühen Gewerbemessen bis zu Maschinenbauausstellungen und letztlich kulturpolitisch aufgeladenen Präsentationen.
Doch das Ausstellungswesen ist nicht nur eine Präsentationsform neuer technischer Errungenschaften, es kann auch stilbildend für die Erscheinung der Exponate sein. So wie in Stuttgart »Die Form ohne Ornament« das Programm der Gestaltung beschreibt, gab die »Exposition des Arts Décoratifs«, die 1925 in Paris gezeigt wurde, der schlichten Ausführung von Gebrauchsdingen den Begriff »Art Déco«.

*Die Weißenhofsiedlung in der Bauphase, 1927; vorne links die Reihenhäuser von Mart Stam, hinten rechts der Wohnblock von Mies van der Rohe*

## Warum »Weißenhof«?

Die Weißenhofsiedlung ist nach dem Weißenhof benannt, der von Georg Philipp Weiß bewirtschaftet wurde. Der wohlhabende Bäcker, der 1741 in Stuttgart geboren wurde, kultivierte das unbewirtschaftete Gelände auf dem Killesberg, als 1777 ein Teil des Gebietes um die Feuerbacher Heide für die Anlegung von Gärten und Höfen verpachtet wurde. 1779 errichtete er auf dem Gelände einen landwirtschaftlichen Betrieb mit einer Fläche von 51 Hektar, der nach ihm benannt wurde und seitdem Weißenhof heißt. Der Weißenhof erhielt 1878 eine Gastwirtschaft und wurde rasch zum Ausflugsziel der Stuttgarter und Feuerbacher. Das Anwesen ging später in den Besitz der Stadt über, bis es 1927 von der Weißenhofsiedlung überbaut wurde.

## Beginn des sozialen Wohnungsbaus

Der Bau der Weißenhofsiedlung war ein Projekt der Stadt Stuttgart, um die Möglichkeiten des Wohnungsbaus auf dem Killesberg zu erproben. Damit griff die Stadt in einen vormals privatwirtschaftlich geregelten Bereich ein und reagierte auf die Wohnungsnot, die sich in den ersten Nachkriegsjahren eingestellt hatte. Die Entstehung der Weißenhofsiedlung ist im Kontext einer neuen Verantwortung der Städte, Länder und des Staates gegenüber den Bedürfnissen und Rechten der Bewohner zu sehen.
Bereits seit der zweiten Hälfte des 19. Jahrhunderts hatten sich die Wohnverhältnisse drastisch verändert. Während 1870 noch zwei Drittel der deutschen Bevölkerung auf dem Land lebte, führte die zunehmende Industrialisierung und der kräftige Bevölkerungszuwachs dazu, dass kurz vor dem Ersten Weltkrieg schon rund drei Fünftel der Bevölkerung in der Stadt wohnte. Ebenso wie der Wohnungsbau war auch das Mietwesen den Spielregeln von Angebot und Nachfrage unterworfen, ohne dass Staat oder städtische Verwaltung eingegriffen hätten.
Das Vakuum an Wohnungen bedeutete für die Mieter, Verklausulierungen zu akzeptieren, wenn sie Raum anmieten wollten. Ab 1916 war der Neubau von Wohnraum nahezu vollkommen zum Erliegen gekommen. In den ersten Nachkriegsjahren wurde die Wohnungsnot durch die Rückkehr der Kriegsteilnehmer und die damit verbundenen Haushaltsgründungen noch verstärkt. Eheschließungen und Umsiedlungen, die in der Konsequenz des Versailler Vertrages vollzogen wurden, sowie 20.000 Wohnungen, die von den Besatzungsgruppen beansprucht wurden, verschärften die Wohnsituation. Obwohl die vom Deutschen Reich fest-

gelegten Bauverbote durch die Weimarer Republik aufgehoben wurden, konnte bis 1922 keine vermehrte Bautätigkeit festgestellt werden. 1923 fehlten circa 1 Million Wohnungen. Gründe hierfür waren der Bauarbeitermangel und die Schwierigkeiten bei der Kreditierung der Bauvorhaben. Unrentierliche Kosten mussten vom Staat soweit übernommen werden, dass für private Kapitalgeber eine angemessene Verzinsung erzielt werden konnte. Der Staat griff somit erstmals mit finanziellen Unterstützungsleistungen in die Wohnungswirtschaft ein.

Die erhöhte Nachfrage nach Wohnraum, die durch das Mietnotrecht während des Ersten Weltkriegs aufgefangen wurde, bedurfte einer umfassenden Dauerregelung. Die im Artikel 155 der Weimarer Reichsverfassung dargelegten wohnungs- und bodenpolitischen Grundsätze, dass jedem Deutschen und seiner Familie eine gesunde und bedarfsgerechte Wohnung gesichert werden sollte, mussten im Wege der Gesetzgebung konkretisiert werden. Die öffentliche Wohnraumbewirtschaftung, die Mietpreisbildung und die Verbesserung des Kündigungsschutzes sowie die Unverletzlichkeit der Wohnung wurden zwischen 1922 und 1923 von staatlicher Seite geregelt. So legten die Gesetze der Weimarer Verfassung erstmals die Sozialbindung des Eigentums und die Eigentumsgarantie fest und markierten die Geburtsstunde des sozialen Wohnungsbaus. Um die Herstellung von kleinen gesundheitlich, sozial und sittlich unbedenklichen Wohnungen zu fördern, wurden überall im Reich städtische Bauordnungen erlassen. Dabei wurde besonderer Wert auf das Wohnungsbedürfnis sowie auf die Förderung des Verkehrs, der Feuersicherheit und die öffentliche Gesundheit gelegt. Der städtebauliche Charakter bestimmter Gebiete konnte wie in der Weißenhofsiedlung auf reine Wohn- oder Industrieviertel beschränkt werden.

*Das Gemälde des Stuttgarter Künstlers Reinhold Nägele aus dem Jahr 1927 zeigt eine futuristische Montage der Siedlung*

## Der Funktionswandel der Großstadtsiedlung

Das Wachstum der Städte, erzeugt durch die Herausbildung eines Industrieproletariats, bedeutete einen Wandel für die Definition und Funktion von Siedlungsstrukturen. Die Megapolis und ihre Architektur war seit Anfang des 19. Jahrhunderts ein zentrales städtebauliches Problem. Als sich die Situation in den Großstädten verschärfte, äußerten sich auch die Künstler zu diesem Thema: Fritz Lang thematisierte in seinem Kinofilm »Metropolis« von 1927 die Großstadt als verschlingenden Moloch. In den USA führte die Ökonomie des Baugrundes dazu, die Häuser in die Höhe wachsen zu lassen. Der Wolkenkratzer, der bald die Skyline amerikanischer Städte bestimmte, entstand. Louis Sullivan, der die bloße Anhäufung von Geschossen in eine architektonische Struktur brachte, wurde zum Protagonisten des amerikanischen Hochhausbaus und der Stadtbaukunst. Die Unterscheidung zwischen Architekt und Ingenieur trat bei seiner Arbeit besonders deutlich hervor. Der Ingenieur, der der Technik des Bauen verpflichtet war, setzte sich vom Architekt als Gralshüter der historischen Stile ab und verfolgte nun das Ziel, Wohnquartiere im Rahmen einer vernünftigen Stadtplanung entstehen zu lassen.

Der moderne Ingenieur-Architekt besitzt nicht nur einen solitären Bauauftrag, sondern ist für die Planung von Städten und weiten Landschaftsräumen zuständig. In der Stadtplanung bietet sich nun die Möglichkeit, neue Existenzbedingungen für die Gemeinschaft zu schaffen. Moderne Architektur musste seitdem auch unter den Prämissen urbanistischer Lösungskonzeptionen gedacht werden. Verkehr, Wohndichte, Platzsituationen und städtische Infrastruktur sollten mit den Bedingungen der Grundbesitzer und Bauherren in Übereinstimmung gebracht werden. Le Corbusiers »Plan Voisin« für die Stadt Paris und die Siedlungsprojekte von Taut, Gropius und Stam zeugen von der architektonischen Verantwortung gegenüber neuen Formen des gesellschaftlichen Zusammenlebens.

## Architektonische Kategorien

### Die Durchdringung des Raums

Anhand der Bauten der Weißenhofsiedlung lassen sich die zentralen Begriffe moderner Architektur untersuchen. Die Durchdringung unterschiedlicher Raumvolumina, Transparenz, Verbindung von Außenraum und Innenraum, Reihung, Typus, Serienproduktion und die Allianz von Kunst und Handwerk zeigen sich an und in den Wohnhäusern der Siedlung.

*Die Postkarte zeigt eine Karikatur der Weißenhofsiedlung aus den 30er-Jahren, in der sie als »Araberdorf« diffamiert wurde*

Besonders bei den Häusern von Richard Döcker, Mart Stam, Le Corbusier und Hans Scharoun wird die Durchdringung verschiedener Raumzonen deutlich. Während Döcker seine Architektur durch Kuben auf verschiedenen Ebenen entwickelte, gewähren Hans Scharoun und Mart Stam durch Glasfassaden von außen Einblick.

Den fließenden Übergang zwischen Räumen unterschiedlicher Nutzung und das Ineinandergreifen von Außen und Innen leistete erstmals die Architektur Frank Lloyd Wrights (1869–1959). Mit seinen Bauten verließ er eine herkömmliche Definition von Architektur aus kompakten Raumkörpern und löste die Fassade durch ein System von Vor- und Rücksprüngen auf. In der Architektur des Gale House in Illinois von 1904 setzte er diese Aufsprengung des Baukörpers beispielhaft um. Die auskragenden Dachplatten und die Verandazone, wie sie das Haus von Hans Scharoun zeigt, zeugen von einer Beeinflussung der Weißenhof-Architektur durch die Errungenschaften Frank Lloyd Wrights.

Architekturtheoretisch wurde die Öffnung der Baukörper für den Außenraum durch den Schweizer Architekturkritiker Siegfried Giedion untermauert. Die Durchdringung des Raums ist für Giedion das Bewertungskritierium moderner Architektur schlechthin. Ausgehend vom Eiffelturm, der die reinste Verkörperung einer »Genese der Durchdringung« darstellt, besteht das Ziel des modernen Bauens darin, die starren Grenzen der Architektur aufzulösen. Wie durch einen Guckkasten soll der Betrachter zugleich auf die Terrasse und in den Innenraum blicken. Die Kontur einer Person, die sich im Freien bewegt, soll sich ebenso im Wohnzimmer abzeichnen wie der Schatten einer Person, die sich im Innenraum befindet, nach außen geworfen werden soll. Die Außenwelt strömt herein, gleichzeitig wird der Blick über die Terrasse auf die Landschaft weitergeführt. Licht, Luft und Öffnung sind die Parameter einer modernen Inszenierung von Architektur. Diese Konzeption, die Siegfried Giedion 1929 in seiner Schrift *Befreites Wohnen* beschreibt, ist bereits 1927 durch Hans Scharoun in der Weißenhofsiedlung umgesetzt worden.

### Das Flachdach

In der Architektur des Neuen Bauens besitzt das Flachdach eine Signalbedeutung. Walm-, Sattel- oder Pultdach waren den Bauformen einer vormodernen Epoche zuzuordnen. Der Haustyp der Villa wurde oftmals mit einem Walmdach versehen. Das Satteldach war die traditionelle Lösung für den Abschluss eines Wohnhauses. Um sich von diesen repräsentativen und herkömmlichen Formen der Architektur zu distanzieren, gab Mies van der Rohe das Flachdach als einzige Vorgabe für die Weißenhof-Architekten vor. Während Schneck das Flachdach aus der Wirtschaftlichkeit der Wohnform ableitete, diente es bei Behrens als Terrasse und wurde von Le Corbusier für den Dachgarten benutzt. Das flache Dach, das als Dach nicht in Erscheinung tritt, sondern nur den logischen Abschluss einer rechteckigen Figur darstellt, ist das anschauliche Zeichen von Modernität der Weißenhofsiedlung. Es findet sich auch in anderen Siedlungen der 20er-Jahre. Die Meisterhäuser in Dessau, die Walter Gropius 1925/26 für die Lehrenden des Bauhauses baute, besitzen ebenso wie die Siedlungsbauten von Bruno Taut ein Flachdach.

Die flachen Dächer der Weißenhof-Architekturen wurden von Anfang an durch die konservativen Stuttgarter Architekten scharf kritisiert. Während sich im Warenhaus- und Industriebau die Errungenschaften des Neuen Bauens durchsetzten, zeigte sich im Wohnungsbau deutlich der Gegen-

*Goethes Gartenhaus war vorbildlich: Haus Schmitthenner in der Kochenhofsiedlung von 1932*

satz von moderner und traditioneller Architektur. Die ästhetischen und technischen Innovationen des Neuen Bauens stießen bei Fragen nach Fensterformaten und Dachformen von Wohnhäusern auf heftigen Widerstand.
Eine Karikatur aus dem Jahr 1934 zeigt die Ansicht der Weißenhofsiedlung von Norden. Entlang der bogenförmigen Straße sind die Häuser von Scharoun, Taut, Hilberseimer, Le Corbusier und Mies van der Rohe zu sehen. Im Hölzelweg und in der Rathenaustraße tummeln sich Menschen mit Turbanen und Kaftanen. Auf der Mauer vor dem Haus Hans Scharouns sind zwei Löwen, davor bemüht sich ein Kameltreiber, sein Lasttier zur Arbeit zu bewegen. Die Weißenhofsiedlung erscheint als Marktplatz eines arabischen Dorfes. Die Attacken gegen die Reduktion der Wohnhäuser auf kubische Grundformen entwickelte sich verstärkt in den dreißiger Jahren. Ende 1927 hatte die Öffentlichkeit und die Presse die Weißenhofsiedlung noch positiv bewertet. Ab 1933 konnten jedoch die radikalen Traditionalisten in Stuttgart ihre Stimme erheben und diffamierten die Wohnhäuser als Araberdorf und damit als unangemessene »artfremde« Wohnform.

### Weißenhofarchitektur versus Villen-Typus

Die Weißenhof-Architekten haben in ihren Bauten eine Abkehr von der repräsentativen, traditionellen Bauweise vollzogen. Nicht nur die üppige Innenraum-Möblierung, die Willi Baumeisters Plakat zur Werkbund-Ausstellung »Die Wohnung« kritisiert, wird verlassen, sondern auch die traditionelle Gestaltung der Fassade und des Grundrisses. Kein Wohnblock, kein Einfamilienhaus folgt den Vorgaben einer Villa oder eines großbürgerlichen Wohnhauses. Während die Architektur der Stuttgarter Schule noch stark von der Bauaufgabe geprägt ist, Villen für vermögende Industrielle zu errichten, bekennen sich die Architekten auf dem Weißenhof zu einer Bauweise, die sich aus ihrer Nutzfunktion entwickelt.
Der Villen-Typus greift die repräsentative Form des Landhauses, das für adlige Sommerfrischler geschaffen wurde, auf. Die Villa ist meist durch ein Sattel- oder Walmdach geprägt und besitzt eine ausgewiesene Sockelzone. Die Gliederung der Fassade betont den ersten Stock, der meist mit Balkonen und Vorsprüngen akzentuiert wird. Die Fassade gliedert sich symmetrisch an einer Achse, die am Haupteingang angelegt ist. Hauptmerkmal des Grundrisses ist die Auffädelung der Wohnräume, die entweder zur Garten- oder Straßenseite ausgerichtet sind. Der Zugang zu den Räumen wird durch lange Korridore gewährleistet.
Vergleicht man den Grundriss eines Terrassenhauses von Richard Döcker mit dem Schema eines Stuttgarter Einfamilienhauses von Paul Bonatz, bemerkt man die deutliche Abkehr Döckers von einer symmetrischen Anlage der Räume. Asymmetrie und das freie Organisieren der Raumzonen sind die markanten Kennzeichen einer Architektur, die sich von den etablierten Bauformen absetzen will.
Durch die Stahlskelettbauweise haben Mies van der Rohe und Le Corbusier eine Loslösung des Grundrisses vom Tragsystem ermöglicht. Erst durch eine freie Grundrissgestaltung ließen sich diese Bauten realisieren.

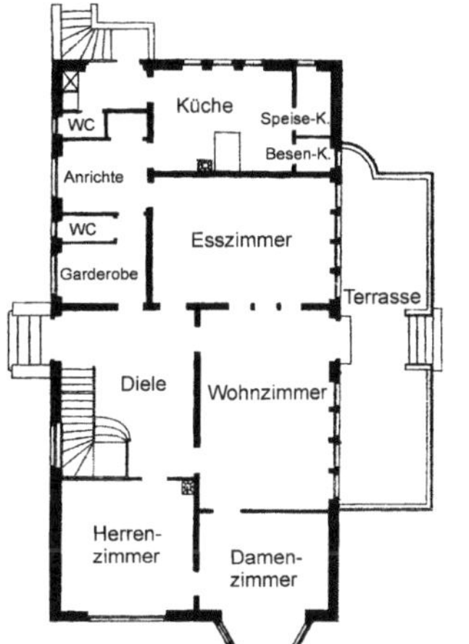


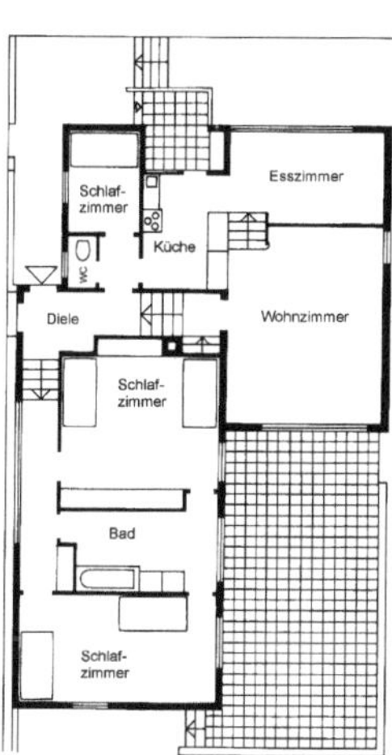


*links: Grundriss des Erdgeschosses eines Hauses von Paul Bonatz in der Stuttgarter Gellertstraße, rechts: Erdgeschoss des Hauses von Richard Döcker im Bruckmannweg*

## Kunst oder Nicht-Kunst?

Die 20er-Jahre sind die Geburtsstunde des Designs, das in Kunstgewerbeschulen, am Bauhaus und in den Entwürfen der Weißenhof-Architekten entsteht. Mart Stam und Ludwig Mies van der Rohe entwerfen ihre Stahlrohr-Stühle und schaffen Prototypen für Möbelstücke, die Schule machen werden. Finnland entwickelt mit der Keramik-Manufaktur »Arabia« und dem Werk von Alvar Alto ein Design-Zentrum, in den USA werden nach der Einwanderung von László Moholy-Nagy, Marcel Breuer, Walter Gropius und Josef Albers die europäischen Ansätze weiterentwickelt.

*Tisch und Stühle von den Stuttgarter Innenarchitekten Heinz und Bodo Rasch im Behrens-Bau*

Für den Möbelbau entsteht die Kategorie der Norm als allgemeingültige Richtlinie. Als Norm wird eine Form angesehen, die unter technischen und wirtschaftlichen Bedingungen realisiert werden kann und eine optimale Ausnutzung des Materials bei gleichzeitig größtem Komfort bietet. Die Norm ist die Synthese von Funktion und Form. Wenn sich ein Objekt, sei es ein Haus oder ein Möbelstück, in technischer und wirtschaftlicher Hinsicht bewährt hat, kann es tausendfach in Folge produziert werden, ohne seine Qualität einzubüßen, denn diese liegt nicht in der handwerklichen Einzigartigkeit, sondern im konzeptuellen Lösungsansatz. Reihung, Typus und Serie, die Schlagworte, unter denen die Häuser der Weißenhofsiedlung gesehen werden können, richten sich nach dieser Definition.
Die Reihenhäuser von Jacobus Johannes Pieter Oud und Mart Stam gehören zu den frühen Beispielen der Siedlungsgeschichte, in der sich eine Wohnzeile durch die Addition von baugleichen Versatzstücken zusammensetzt. Dieses Prinzip der Reihung wirkt bis in die *Minimal Art* der 60er-Jahre fort. Donald Judd verweist mit seinen hintereinander montierten Stahl- und Betonkuben auf einen strengen Formalismus und postuliert die Serialität als ästhetische Kategorie.

*Art-Déco-Service aus der Mitte der 20er-Jahre; Silber und Ebenholz*

Die Diskussion um die Überwindung von Ästhetik durch das Handwerk spielt bei den Architekten der Weißenhofsiedlung eine wichtige Rolle. In den 10er-Jahren des 20. Jahrhunderts wird die entscheidende Frage gestellt, ob Kunst weiterhin um der Kunst willen produziert wird oder ob durch ästhetisches Handeln die Schranken einer isolierten Kunstform aufgesprengt werden können. Der Nutz-Stil wird zu einer ästhetischen Eigenschaft des Gegenstandes. Das Bauhaus, die holländische De-Stijl-Bewegung und der russische Konstruktivismus versuchen neue Formen der künstlerischen Ordnung zu finden. Dabei gehen die geistes- und formgeschichtlichen Einflüsse auf den Jugendstil und bis in die Mitte des 19. Jahrhunderts zurück und bilden den ideengeschichtlichen Hintergrund, in dem Peter Behrens, Adolf Gustav Schneck und Walter Gropius anzusiedeln sind. Drei Probleme werden in der Moderne in immer schärferer Weise formuliert:

*Wassily Kandinskys Gemälde »Gelb, Rot, Blau« von 1925 zeigt ein freies Spiel der gegenstandslosen Formen*

- Wie verbessert man die massenhafte Herstellung von stereotypen Gebrauchsgegenständen?
- Wie kann die Kluft zwischen Handwerk und maschineller Herstellung überwunden werden?
- Wie können die Lebensbedingungen des Industrieproletariats, das diese Produktionsmechanismen in Gang hält, verbessert werden?

1861 gründete William Morris eine Firma, die Tapeten, Teppiche, Möbel, Glasmalerei, Fliesen und Textilien auf handwerklicher Basis herstellte. Diese Arts-and-Crafts-Bewegung entwickelte sich mit dem vegetabilischen Jugendstil zu einem europäischen Phänomen und bildete den Vorläufer der Werkbund-Bewegung. Der Ingenieur wird dabei zum Vorbild eines unvoreingenommenen und ästhetisch unverbildeten Entwerfers. Er kann das Erbe der maschinellen und handwerklichen Tradition am ehesten übernehmen und scheint menschliche Bedürfnisse und tech-

nische Errungenschaften in seinen Bauten vorbildlich zu verbinden. Die Auswirkungen der Arts-and-Crafts-Bewegung zeigen sich um 1890 in ganz Europa: in Frankreich bei Emile Gallé, in Deutschland und Österreich bei Peter Behrens, August Endell und Josef Maria Olbrich, der zusammen mit den Architekten und Gestaltern an der Darmstädter Mathildenhöhe wirkte.
Peter Behrens orientierte sich an der Gründung handwerklich-künstlerischer Herstellungsbetriebe in England. Er gründete 1897 in München die »Vereinigten Werkstätten« und entwickelt später als Chefdesigner der AEG die Corporate Identity der Allgemeinen Elektrizitätswerke in Berlin.

*Aussicht vom ehemaligen Höhenrestaurant »Schönblick« im Friedrich-Ebert-Bau auf das Bauensemble von 1927*

Vor diesem Hintergrund ist verständlich, warum die Werkbund-Ausstellung eine Bauaufgabe vorgibt, die den gesamten Bereich des menschlichen Daseins umfasst. Privatheit des Wohnens bezieht sich nicht auf einen bürgerlichen Freiraum, der politisch motiviert ist, sondern auf ein umfassendes gestalterisches Programm, das alle Lebensbereiche mit einschließt: vom Aschenbecher über den Lampenschirm bis zur architektonischen Haut und dem stadtplanerischen Ensemble der 21 Einzelgebäude. Die Architekten waren für die Bauten sowie die Einrichtung und künstlerische Ausschmückung der Räume verantwortlich. Die Werkbund-Ausstellung von 1927 zeigt somit exemplarisch den Gedanken einer gesamten ästhetischen Formgebung des alltäglichen Lebens.

## Die Moderne als Bruch mit der Tradition

Jede künstlerische Äußerung ist in der Zeit, in der sie entsteht, modern. Doch die Zeit der klassischen Moderne proklamiert Modernität als ihr Wesensmerkmal. Die Schriften von Le Corbusier, Mies van der Rohe und besonders diejenigen von Bruno Taut sind von einem Bekenntnis zur Erneuerung der Gesellschaft geprägt.
Die Begriffe, mit denen die Architekten sich auszuzeichnen versuchen, sind »Jugend«, »Aufbruch« und »Frühling«. Modernität ist keine Selbstverständlichkeit, sondern Programm. Die Bindung an eine traditionelle Kunsttheorie und Ästhetik wird in Frage gestellt und soll durch einen freien Gestaltungswillen abgelöst werden. Die Entstehung der modernen Kunst als Wendung von einer Nachahmung zu einer geistigen Schöpfung vollzieht sich als Unterwanderung der Abbildung. Linien und Farbflächen sind künstlerische Zeichen, die einen ästhetischen Eigenwert besitzen. Wassily Kandinskys Gemälde »Gelb, Rot, Blau« aus dem Jahr 1927 zeigt diese Verselbständigung der Farben und Formen.
Während in der Skulptur und Malerei seit Mitte des 19. Jahrhunderts die Korrelation von Form und Sachinhalten durch die vergeistigten Inhalte[5] der abstrakten Kunst ersetzt werden, befreit sich die Architektur von Stilverweisen, Repräsentationsmerkmalen und Ornamenten. Parallel verläuft eine Verselbständigung der Gestaltungsmittel in der Malerei mit einer Nobilitierung des Werkstoffs in der Architektur. Das Material, aus dem ein künstlerisches Objekt besteht, wird zum wesentlichen Bestandteil des Werkes. Somit erhalten Farben, die Materialsichtigkeit von Holz, Beton oder Stahlstützen eine ästhetische Potenz. Die Kunst besteht darin, zu erproben, inwieweit ein Werkstoff seinen ästhetischen Möglichkeiten Rechnung tragen kann. Kunst ist dabei »weder sklavische Nachahmung noch willkürliche Empfindung, sondern freie Gestaltung.«[6]
Dabei wird eine scharfe Grenzziehung von Kunst und Nicht-Kunst verlassen. Einerseits nähert sich Kunst dem Gebrauchsgegenstand – wie in der Bewegung des Bauhauses –, andererseits wird sie zum Fetisch wie bei den Surrealisten.[7] Die Bauhäusler, die in der Weißenhofsiedlung durch Walter Gropius und Marcel Breuer vertreten sind, wollen, dass das Leben in die Kontrolle einer »Formhandlung« übergeht. Ihr Ziel besteht darin, eine totale Wirklichkeit künstlerisch zu erfassen und nicht bloß einen subjektiven Ausschnitt mit genialischer Signatur zu versehen. Dadurch

ändert sich auch das Selbstverständnis dessen, was vorher als Kunstform etabliert war. Ästhetische Gegenstände sind nicht nur Skulpturen, Tafelbilder und Gebäude, sondern auch Gegenstände des täglichen Gebrauchs: Teppiche, die in der Bauhaus-Weberei entstehen, Kinderspielzeug oder Geschirr. »Aus dem Künstler soll der Formschöpfer werden, dessen Handlungsraum die gesamte Wirklichkeit ist.«[8] Durch die Errungenschaften der technischen Zivilisation soll die Welt mit ihren eigenen Mitteln geordnet werden. Die Kluft von Architektur als nützlichem Gebrauchsgegenstand und Malerei als rein künstlerischem Objekt soll überbrückt

*Hauptbahnhof in Stuttgart von Paul Ponatz aus dem Jahr 1914, Ansicht von Südosten*

werden. Dieser Richtung sind die russischen Konstruktivisten und die holländische De-Stijl-Bewegung verpflichtet.
Das Bauhaus wie die De-Stijl-Künstler sind komplementäre Richtungen einer Kunst der Kunstlosigkeit. In unterschiedlichen Ansätzen repräsentieren beide Richtungen die Überwindung der Gegensätze von Kunst, Technik und Handwerk einerseits sowie Architektur, Plastik und Malerei andererseits.
Ihre Haltung gegen eine tradierte Architekturauffassung proklamieren die Architekten in Künstlergruppen. Beispielhaft dafür sind die De-Stijl- und die Bauhaus-Bewegung oder die holländische Architektengruppe »Opbouw«, in der sich Mart Stam für eine avantgardistische Architektur organisierte. Oftmals entstehen diese Gruppen als Abspaltung akademischer Zirkel oder als Gegenbewegungen.
Dabei verstehen sich die Architekten der klassischen Moderne als Avantgarde-Künstler. Der Begriff, der ursprünglich einer militärischen Terminologie entstammt, bezieht sich auf das künstlerische Schaffen einer kleinen Gruppe, die vorausschauend der großen Masse den Weg bahnen will. Im undurchschaubaren Gestrüpp soll das Verlangen des modernen Bewusstseins nach einer menschlichen, aufgeklärten und freien Welt vollzogen werden. Der Künstler ist dabei ein Vermittler. Er soll dieses neue, moderne Bewusstsein in Werken und Handlungen in die Gesellschaft einführen. Analog zum technischen und industriellen Fortschritt soll die Weiterentwicklung einer sozialen Lebensform etabliert werden.
Die Wohnung bietet sich in diesem Zusammenhang als Experimentierfeld für verschiedene Entwürfe eines geglückten Existenzvollzugs an. So wird in den 20er-Jahren der Wohnungsbau zu einem zentralen Thema der Architekten. Es entstehen Siedlungen des Neuen Bauens in Berlin, Dessau, Celle und Karlsruhe sowie Ernst Mays Siedlung in Frankfurt. 1928 erscheint die nachhaltige Publikation *Beiträge zum Wohnungsbau*, 1929 ist die Kleinwohnung das Leitmotiv des CIAM-Kongresses in Frankfurt. Walter Gropius wird von der Reichsforschungsgesellschaft beauftragt, eine Untersuchung über wirtschaftliche Strategien innerhalb der Wohnformen für das Existenzminimum vorzustellen.

## Die Situation in Stuttgart – Paul Schmitthenner und Paul Bonatz

Der südwestdeutsche Raum wurde nach dem Ersten Weltkrieg durch die Architekten der »Stuttgarter Schule« geprägt: Paul Bonatz, Paul Schmitthenner und den Stadtplaner Heinz Wetzel. Ihr Vorbild war Theodor Fischer, der als Professor an der Technischen Hochschule in Stuttgart lehrte. 1908 tritt Paul Bonatz mit 31 Jahren die Nachfolge Fischers am Stuttgarter Lehrstuhl an.
Bonatz und Schmitthenner hatten sich eindeutig gegen die Konzeption der Siedlung von Mies van der Rohe im *Schwäbischen Merkur* von 1926 ausgesprochen: »In vielfältigen horizontalen Terrassierungen drängt sich in ungewöhnlicher Enge eine Häufung flacher Kuben am Abhang hinauf, der eher an eine Vorstadt Jerusalems erinnert als an Wohnungen in Stuttgart.«

*Westeingang des Hauptbahnhofs; die Fensterverstrebung erinnert an mittelalterliches Maßwerk*

*Wohnzimmer von Richard Döcker mit Willi-Baumeister-Gemälde*

Beide Architekten waren Mitglieder der 1928 gegründeten Vereinigung »Block«, die der Gruppe »Der Ring« gegenüberstand. Während »Der Ring« um eine Architekturmoderne rang, versuchten die »Block«-Architekten eine traditionalistische Richtung durchzusetzen. Die neue Baukunst sollte ohne Bruch mit dem Formenvokabular der Vergangenheit verwirklicht werden. In der Frühphase der »Stuttgarter Schule« werden Bauelemente des Späthistorismus aufgenommen und durch eine Abstraktion in eine vereinfachte Formgebung überführt. Das Hauptwerk von Paul Bonatz, der Stuttgarter Hauptbahnhof von 1914, zeigt diese architektonische Überzeugung durch die Verwendung von rustiziertem Quaderbossenwerk und einer Fenstergestaltung, die mit der Assoziation mittelalterlichen Maßwerkes spielt. Der Einsatz ornamentaler Werkstoffgestaltung und Stilzitate, die an einem öffentlichem Gebäude angebracht werden, gehören zum historistischen Formenvokabular. Am Stuttgarter Hauptbahnhof zeigt sich, dass die Stilfrage, die Anfang des 19. Jahrhunderts durch Heinrich Hübsch mit seiner Schrift *In welchem Stile sollen wir bauen* angeregt wurde, Anfang des 20. Jahrhunderts noch nicht abgeschlossen ist. Das Bahnhofsgebäude zeigt die Auseinandersetzung von Stil und Funktion, die seit dem Klassizismus und Karl Friedrich Schinkels virtuos kombinierten Funktions- und Stilfragen ein architekturtheoretisches Thema ist.

Im Gegensatz zu den Vertretern der Stuttgarter Schule distanzieren sich die Weißenhof-Architekten von der Stilfrage und vollziehen einen radikalen Schnitt mit der Vergangenheit. Durch eine Reduktion auf die Grundformen architektonischen Bauens wird das Stilproblem überwunden. Der klassische Kanon, der von antiken Baumeistern vorgegeben wurde, verliert seine Autorität. An seine Stelle tritt eine sozialutopische Begeisterung für fortschrittliche Möglichkeiten neuer Baustoffe und Organisationsformen von Wohnungen. Erst in der Postmoderne wird Stil durch Zitate in die Baukunst wieder aufgenommen. Hier jedoch, wie bei der Stuttgarter Staatsgalerie von James Stirling, als eine ironische Haltung, die sich willkürlich am Repertoire der Epochen bedient.

## Weißenhof- und Kochenhofsiedlung – zwei Wohnmodelle

Der Vergleich von Weißenhof- und Kochenhofsiedlung ist fruchtbar, um die gegensätzlichen Tendenzen der Architektur-Moderne in Stuttgart zu beleuchten. Sie war kein einheitliches Phänomen, denn traditionalistische und progressive Architekten lagen seit Beginn des 20. Jahrhunderts im Wettstreit. Symptomatisch waren dabei die Auseinandersetzungen der Architekten des »Block« und des »Ring«. Das Protokoll einer Gemeinderatssitzung vom 8. Mai 1926 verweist auf eine Spaltung der Stuttgarter in unterschiedliche Sektionen: Der Weißenhof-Architekt Richard Döcker wurde dem »linken Flügel«, der Repräsentant der Stuttgarter Schule, Paul Schmitthenner, dem »rechten Flügel« zugeordnet.[9]

Schon vor den 30er-Jahren entwickelte sich eine konservative und eine progressive Fraktion innerhalb der Architektenschaft, die ihren Ausdruck in den zwei Siedlungsprojekten am Stuttgarter Killesberg – Kochenhof und Weißenhof – fand.

Schon während der Vorbereitungen für die Werkbund-Ausstellung auf dem Weißenhof regte sich die Kritik. Die

*Großbürgerliches Wohnzimmer in einer New Yorker Zeitschrift für Interieurgestaltung, 1898*

namhaften Repräsentanten der Stuttgarter Schule, Schmitthenner und Bonatz, drangen 1926 darauf, dass eine »Gegenausstellung«[10] von hundert Wohneinheiten auf dem gegenüberliegenden Gelände, dem Kochenhof, zu errichten sei.

*Platzsituation vor den Häusern von Bruno Taut, Walter Gropius und Jacobus J. P. Oud an der Schnittstelle Pankok-/Bruckmannweg*

Paul Schmitthenner legte im Dezember 1927 der Stadt ein Programm für eine Gegensiedlung in unmittelbarer Nachbarschaft zur Weißenhofsiedlung vor, bei der er verschiedene Bausysteme und Baustoffe gegenüberstellen wollte. Der Vorschlag, der letztendlich auf dem Kochenhof-Gelände verwirklicht wurde, kam jedoch von der Württembergischen Arbeitsgruppe des Deutschen Werkbundes, die völlig unabhängig von Schmitthenner Ende 1932 für das Gebiet ein Siedlungskonzept entwickelt hatte.

Angestrebtes Ziel war es, Experimente zum Thema »Deutsches Holz« vorzuführen und so die deutsche Forst- und Holzwirtschaft zu fördern. Die Bauleitung übertrug man dem Weißenhof-Architekten Richard Döcker, der daraufhin das Konzept für eine Siedlung mit Dauerhäusern aus Holz und Holzfachwerk entwickelte. Außer der angestrebten Holzbauweise sah Döckers Entwurf keine einschränkenden Planvorschriften vor.

Doch seine Planung für den Kochenhof konnte Döcker nach den veränderten politischen Verhältnissen nach 1933 nicht mehr verwirklichen. Im März 1933 legte Paul Schmitthenner der Stadt ein vernichtendes Gutachten vor, kritisierte Döckers fortschrittlichen Formalismus und bezeichnete seine Bauten der Weißenhofsiedlung als verfehlt und misslungen.

*Modellansicht der Kochenhofsiedlung*

Da Stuttgarts Oberbürgermeister Karl Lautenschlager inzwischen durch NS-Oberbürgermeister Karl Strölin ersetzt worden war, wurde Döcker kurzerhand die Leitung entzogen. Strölin verdrängte den Werkbund aus dem Projekt und übertrug die Ausführung der Kochenhofsiedlung Paul Schmitthenner.

Schmitthenner stellte im Mai 1933 einen detaillierten Bebauungsplan für die 25 Gebäude der Kochenhofsiedlung auf. Zwei Monate später war Richtfest. Bauen durften 27 regional bekannte Architekten – darunter Paul Bonatz, Wilhelm Tiedje, Walter Körte und deren Studenten. Paul Schmitthenner selbst verwirklichte drei Häuser. Die vorgegebenen technischen und künstlerischen Richtlinien waren sehr eng gefasst. Im Gegensatz zur Weißenhofsiedlung sollten nur tradierte Techniken präsentiert werden. Zur Anwendung kamen Fachwerk-, Block- und Tafelbau. Es galt eine strikte Satteldach-Pflicht – selbst für Nebengebäude wie Schuppen und Garagen. Die Holz-Fassaden mussten alle verputzt und verschalt, mindestens aber bemalt werden. Es durften, außer bei Gesimsen oder Fensterrahmen, keine offenen Holzstrukturen sichtbar sein.

Die Ergebnisse der nur dreimonatigen Bauzeit konnten während der »Ausstellung Deutsches Holz für Hausbau und Wohnung Stuttgart 1933« vom 23. September bis zum 29.

Oktober 1933 besichtigt werden. Ziel der Ausstellung war es, die Besucher von der Wirtschaftlichkeit und der Haltbarkeit des Holzbaus zu überzeugen. Wie bei der Weißenhofsiedlung waren die Häuser während der Öffnungszeiten auch innen zu besuchen.
Im Krieg wurden viele Häuser zerstört und danach komplett verändert aufgebaut. Da die Häuser von Anfang an privaten Bauherren gehörten, sind viele Bauten stark individuell verändert worden.

## Die 30er-Jahre und die Nachkriegszeit

In den 30er-Jahren wurde der Konflikt von Traditionalisten und Modernisten parteipolitisch fixiert. Für die Nationalsozialisten galten Architekten, die sich zur Moderne bekannten, als »baubolschewistisch«[11]. Die Architekten des Neuen Bauens wurden von der Möglichkeit, sich am öffentlichen Baudiskurs zu beteiligen, abgeschnitten. Wer sich nicht völlig anpasste, bekam Berufsverbot oder zog die Emigration ins amerikanische oder schweizerische Ausland vor.
In Stuttgart wurden, im Gegensatz zu Berlin, Hamburg, München und Nürnberg, nur wenige Projekte von Reichsseite aus geplant. Dazu gehörten ein Verwaltungsgebäude für die Organisation des Heeres. Dieses Generalkommando V, von Oberbürgermeister Strölin propagiert, sollte das Stuttgarter Wahrzeichen der Weimarer Republik, die Weißenhofsiedlung, ersetzen. Die Siedlung sollte abgerissen und durch ein Zentrum der Militärverwaltung, das den südwestdeutschen Raum organisieren sollte, ersetzt werden. Den Mietern der Häuser am Weißenhof wurde gekündigt. 1938 wurde ein Wettbewerb zur Neubebauung ausgeschrieben und das Gelände an das Deutsche Reich verkauft – mit dem Ziel, die Siedlung abzureißen. 1939 standen die Häuser leer. Doch die Neubebauung wurde durch den Kriegsbeginn verzögert, aufgeschoben und letztlich nicht ausgeführt. Im Garten des Hauses von Max Taut wurde ein Bunker eingerichtet, der mit einem Flak-Geschütz ausgestattet war. Dadurch wurde die Weißenhofsiedung im Jahr 1944 auch das Ziel eines Bombenabwurfs, dessen Druckwelle einige Häuser zerstörte.
Während die Moderne nach dem Zweiten Weltkrieg in der Schweiz und Skandinavien stark rezipiert wurde, hatte man in Deutschland große Schwierigkeiten an die Errungenschaften der Weimarer Republik anzuknüpfen. Die Definitionen der Moderne hatten sich zerstreut und sich in mehreren Strömungen eigenständig weiterentwickelt. Unter dem Schlagwort des »Neuen Empirismus« bevorzugte man Architektur, die sich auf skandinavische Einflüsse bezog. Natürliche Materialien für den Außenbau und ein undogmatischer Umgang mit Dachformen kennzeichnen den Stil, der vor allem im Schweden entwickelt wurde.
Die Diskussion um den Denkmalschutz der Weißenhofsiedlung wurde erstmals nach dem Teilabriss zweier Häuser öffentlich geführt. Die Gebäude von Adolf Rading und Bruno Taut fielen 1956 dem Abriss zum Opfer, den die Bundesvermögensverwaltung durchführte. Als jedoch die beiden Häuser von Le Corbusier und Pierre Jeanneret bedroht waren, entschloss man sich, die gesamte Anlage unter Ensembleschutz zu stellen. Seit 1958 stehen die Gebäude der Weißenhofsiedlung unter Denkmalschutz. Diese Tatsache dokumentiert die zunehmende Akzeptanz einer neu etablierten Moderne in der Stuttgarter Architektenschaft.
Doch der Denkmalschutz der Weißenhofsiedlung war zunächst noch ein Einzelfall im südwestdeutschen Raum. Noch in den 60er-Jahren wurden Monumente moderner Architektur wie das Kaufhaus Schocken von Erich Mendelsohn oder das Krankenhaus in Waiblingen von Richard Döcker abgerissen.

*Die beiden Häuser von Le Corbusier/Jeanneret und das Einfamilienhaus von Hans Scharoun markieren die südlichen und nördlichen Eckpunkte der Siedlung*

## Entstehung, Geschichte & Renovierung

6.10.1907 Gründung des Deutschen Werkbundes (DWB), ein Zusammenschluss von Künstlern, Architekten, Industriefirmen und Kaufleuten, der zunächst bis 1933 existierte. Ziel des Werkbundes: »Der Bund will eine Auslese der besten in Kunst, Industrie, Handwerk und Handel tätigen Kräfte vollziehen.«

1919–1933 Die Weimarer Republik brachte nach dem 1. Weltkrieg in vieler Hinsicht einen Neubeginn. Erstmalig in seiner Geschichte erhält Deutschland ein demokratisches Staatswesen. Die Abkehr vom feudalen Obrigkeitsstaat brachte eine Änderung überkommener Wertvorstellungen und eine Neuorientierung auf kulturellem und sozialem Gebiet. Schwere wirtschaftliche Krisen als Kriegsfolge, Inflation und hohe Arbeitslosigkeit erzwingen »Notstandsprogramme«; das Hauptproblem ist die große Wohnungsnot.

1920 Zur Behebung der Wohnungsnot wird das Heimstättenbaugesetz verabschiedet, »das auch weniger vermögenden Interessenten die Errichtung von Wohneigentum in Einzelhäusern ermöglichen soll.«

1925 In der Architekturzeitschrift *Die Form* nimmt der Werkbund auch zu architektonischen und städtebaulichen Fragen Stellung. Das aktuelle Thema Wohnungsbau wird besonders intensiviert. Der Vorschlag zur Verwirklichung eines Demonstrationsvorhabens für neuzeitlichen Wohnungsbau wird diskutiert.

Die Möglichkeit zur Realisierung der Werkbund-Ausstellung »Die Wohnung 1927« bahnt sich in Stuttgart an; Initiatoren und Fürsprecher sind:

- Peter Bruckmann, 1. Vorsitzender des DWB und dessen württembergischer Arbeitsgemeinschaft, Mitglied des Württembergischen Landtags, Silberwarenfabrikant aus Heilbronn
- Gustaf Stotz, Geschäftsführer der Württembergischen Arbeitsgemeinschaft des DWB
- Dr. Karl Lautenschlager, Oberbürgermeister der Stadt Stuttgart
- Dr. Daniel Siegloch, Technischer Bürgermeister der Stadt Stuttgart

30.3.1925 Beschluss des Gesamtvorstandes des DWB: »Der Vorstand des DWB beauftragt den Vorsitzenden der Württembergischen Arbeitsgemeinschaft eine Ausstellung ›Die Wohnung‹ vorzubereiten, die in Stuttgart 1926 stattfinden soll.«

27.6.1925 Denkschrift des DWB an den Stuttgarter Gemeinderat (Ausschnitt): »Die Rationalisierung auf allen Gebieten unseres Lebens hat auch vor der Wohnungsfrage nicht Halt gemacht, und wenn die wirtschaftlichen Verhältnisse unserer Zeit jegliche Verschwendung verbieten und die Erzielung größter Wirkungen mit kleinsten Mitteln erfordern, so heißt das für den Bau von Wohnungen, wie für den Wohnbetrieb selbst, die Verwendung solcher Materialien und solcher technischer Einrichtungen, die auf eine Verbilligung der Wohnungsanlagen sowie auf eine Vereinfa-

## Chronologie

### Wichtige Ereignisse

*Ausstellungsbesucher vor den Häusern von Josef Frank und Max Taut in der Rathenaustraße*

chung der Hauswirtschaft und eine Verbesserung des Wohnens selbst abzielen.« Ferner werden »hygienische und ästhetische Forderungen sowie eine zeitgemäße formale Gestaltung und die Anwendung neuer technischer Einrichtungen« in den Vordergrund gestellt.

1.7.1926 Mies van der Rohe legt dem Gemeinderat den endgültigen Lageplan für die Weißenhofsiedlung vor.

29.7.1926 Der Gemeinderat der Stadt Stuttgart entscheidet sich endgültig für das Werkbund-Projekt »Weißenhofsiedlung« und genehmigt die vorläufige Architektenliste.

27.8.1926 Festlegung der Ausstellung auf das Jahr 1927. Die Stadt beauftragt Mies van der Rohe mit der Gesamtplanung und Richard Döcker mit der örtlichen Bauleitung.

Dez. 1926 Die Pläne aller Architekten werden von der Bauabteilung angenommen.

1.3.1927 Beginn der Bauarbeiten.

23.7.1927 Eröffnung der Werkbund-Ausstellung »Die Wohnung 1927«. Neue Baumethoden und Baumaterialien werden auf dem Experimentiergelände westlich der Weißenhofsiedlung vorgeführt. Schwerpunkt der Ausstellung bildet die Weißenhofsiedlung mit 61 Wohneinheiten – 13 Einfamilien-, 8 Reihen- und 2 Doppelwohnhäuser sowie 36 Stockwerkswohnungen –, die aus dem städtischen Wohnungsbauprogramm finanziert werden.

9.10.1927 Die Ausstellung, die von 500.000 Personen besucht wurde, wird geschlossen. Nach dem Willen des Gemeinderates sollen »die Ausstellungsbauten dem allgemeinen Wohnungsmarkt überlassen werden.«

1927–1933 Die lebhafte Diskussion und Kritik in der Öffentlichkeit während und nach der Ausstellung gilt vor allem den auf Sachlichkeit ausgerichteten kubischen Baukörpern, den flachen Dächern und den funktionalen Möbeln, die »so gar keine Gemütlichkeit aufkommen lassen.« Anstoß nehmen vor allem die Heimatschutzverbände. Ein Karikaturist zeichnet die Siedlung als Araberdorf.

Nach 1933 Ächtung der Siedlung während der Nazidiktatur als »Kulturbolschewismus« und »Schandfleck Stuttgarts«.

1939 Abriss der gesamten Siedlung geplant.

1.7.1939 Alle Bewohner müssen ausziehen. Grundstücke und Wohngebäude gehen in das Eigentum des Deutschen Reiches über.

1939–1945 Durch den Kriegsbeginn kommt es nicht zum Abriss; durch Kriegseinwirkungen wird ein erheblicher Teil der Siedlung zerstört.

1945–1956 Die Bundesrepublik Deutschland wird Eigentümerin der Weißenhofsiedlung. Für die Bauunterhaltung ist die staatliche Bauverwaltung zuständig. Die überwältigende Aufgabe des Wiederaufbaus der zerstörten Stadtgebiete Stuttgarts fördert nicht die Sensibilisierung für die Erhaltung und Wiederherstellung des international bedeutenden Architekturdokumentes am Weißenhof. Im Gegenteil, die Bauverwaltung füllt die Lücken mit Ein- und Mehrfamilienhäusern konventioneller Bauweise, die sich in keiner Weise in die Siedlung einfügen. Erhalten gebliebene Häuser werden umgebaut. Der Bestand der Siedlung verfällt.

1958 Die Siedlung wird unter Denkmalschutz gestellt.

23.7.1977 50-jähriger Jahrestag der Eröffnung der Werkbund-Ausstellung. Gründung des Vereins »Freunde der Weißenhofsiedlung e. V.«.

21.12.1977 Die Initiatoren der »Freunde der Weißenhofsiedlung«, Bodo Rasch, Frei Otto und Bertold Burkhardt, verfassen den Aufruf zur Erhaltung und Wiederherstellung der Weißenhofsiedlung. Von mehr als 1.000 Persönlichkeiten des Bauens, der Kunst, der Politik und der Architekturkritik wird dieser Aufruf unterstützt.

März 1981 Planungsauftrag der Bundesrepublik zur Sanierung der Weißenhofsiedlung.

1981–1987 Denkmalgerechte Instandsetzung von elf Wohnhäusern der Siedlung in drei Bauabschnitten.

23.7.1987 Zum 60. Geburtstag der Eröffnung der Weißenhofsiedlung wird in der Akademie der Bildenden Künste in Stuttgart eine Ausstellung über die Sanierung der 11 Wohngebäude der Siedlung gezeigt.

Juli 2002 Der 75. Jahrestag der Weißenhofsiedlung wird in Stuttgart mit zahlreichen Ausstellungen sowie einem internationalen Architekturkongress gewürdigt.

2004 Geplante Eröffnung des Weißenhof-Museums im Doppelhaus von Le Corbusier und Pierre Jeanneret.

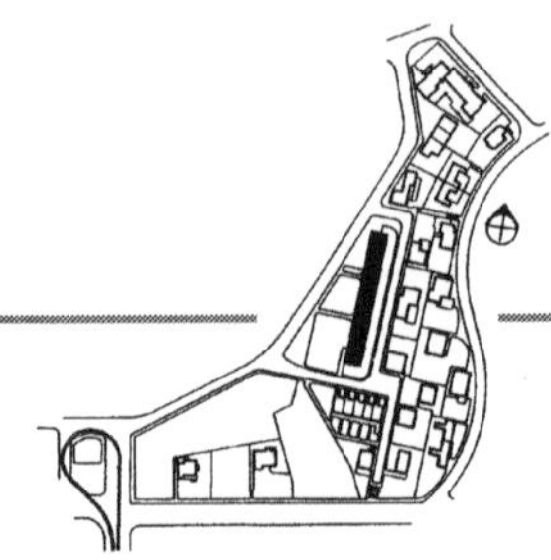

## Der Funktionalismus

# Ludwig Mies van der Rohe

## Wohnblock

Ludwig Mies van der Rohe hatte die künstlerische Leitung der Werkbund-Ausstellung in Stuttgart inne. Er erstellte das Siedlungskonzept, den Lageplan des Architektur-Ensembles und war an der Auswahl der Architekten beteiligt. Er ließ den einzelnen Architekten die Freiheit, den Typus des Hauses selbst zu bestimmen. Doch ein Merkmal mussten alle Häuser aufweisen: das Flachdach. Es gehörte zu den programmatischen Bedingungen, welche die Weißenhofsiedlung als geschlossene, eindeutig moderne Siedlung kennzeichnen sollten.

Der Wohnblock von Mies van der Rohe ist ein langgestreckter, rechteckiger Bau, der während der Ausstellungszeit 1927 noch ohne Anstrich präsentiert wurde. Er verließ die Architektur der vierflügeligen Mietskaserne mit Innenhof und wählte einen Bautypus, der üblicherweise für Büros vorgesehen war. Rück- und Vorderfront sind von der Gestaltung nicht zu unterscheiden. Er verzichtete auf eine repräsentative Gestaltung der einzelnen Geschosse oder der Fassade und vermied so eine Hierarchie der Ansichtigkeit der Architektur. Die Dachterrasse wird durch T-förmige, aufgesprengte Dachansätze geöffnet. Während am Weißenhof die Stahlträger noch unter Putz verdeckt waren, treten sie in seinen späteren Hochhäusern deutlich in Erscheinung. In Chicago, wo er nach der Emigration einen Großteil seines Werks für das Illinois Institute of Technology baute, radikalisierte Mies van der Rohe den Stahlskelettbau.

Für die Innenausstattung seiner Wohnungen im Wohnblock der Weißenhofsiedlung lud Mies van der Rohe 29 Architekten und Gestalter ein. Das Kollektiv des Schweizerischen Werkbundes war ebenso vertreten wie Lilly Reich und der Frankfurter Künstler Ferdinand Kramer.

*Nördliche Stirnwand des Mies-van-der-Rohe-Baus; hinter dem Schaufenster befand sich früher ein Milchladen*

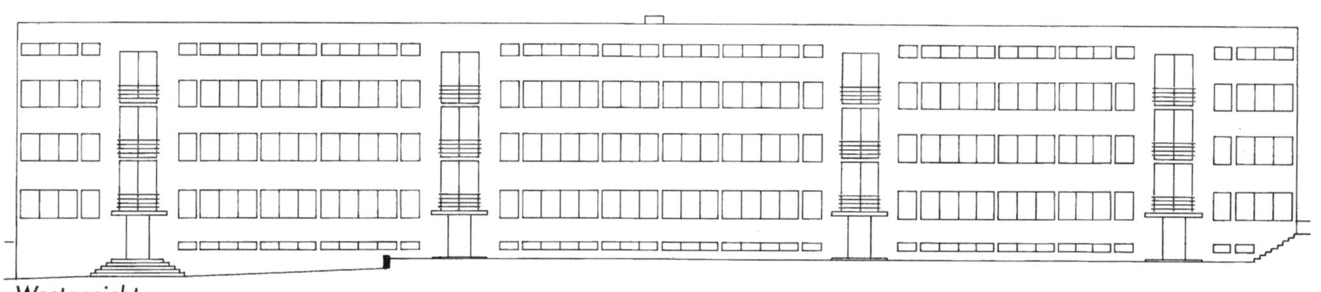

*Westansicht*

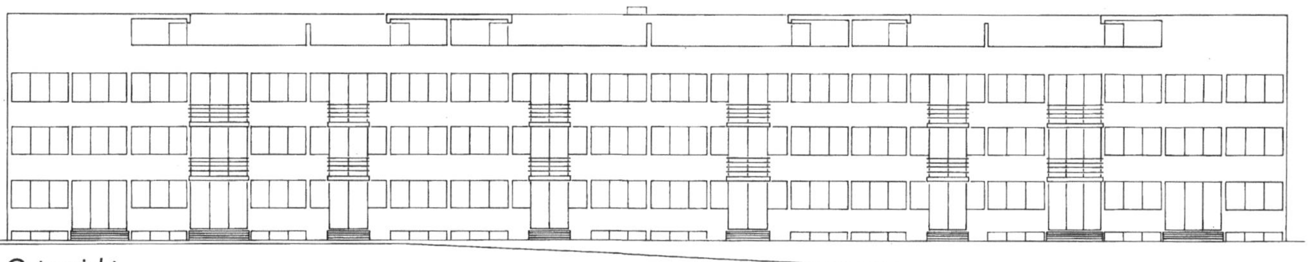

*Ostansicht*

*Für eine Werbekampagne von Mercedes-Benz wählten die Fotografen den Wohnblock als Hintergrund. Das Automobil als Chiffre für Geschwindigkeit und Modernität findet sich auch als Staffage auf Plänen von Le Corbusier und Mart Stam*

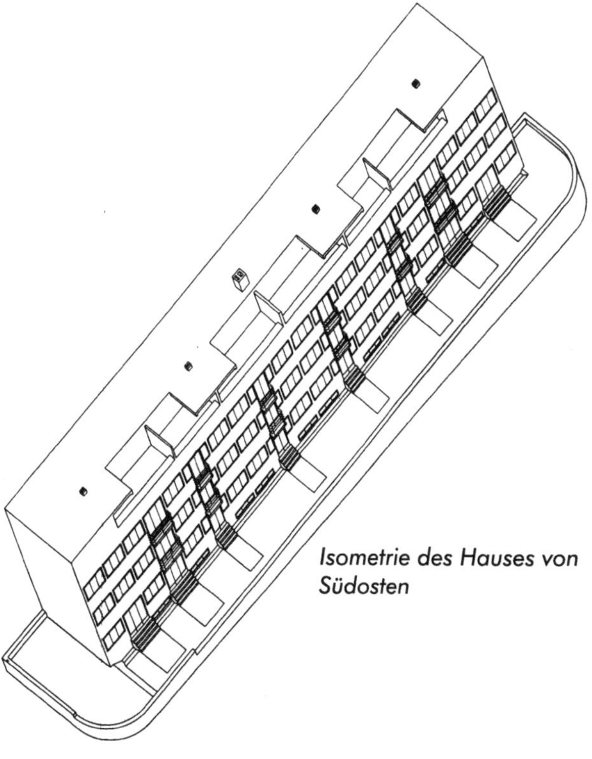

*Isometrie des Hauses von Südosten*

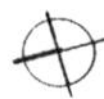
*Grundrisse und Ansichten im Maßstab 1:400*

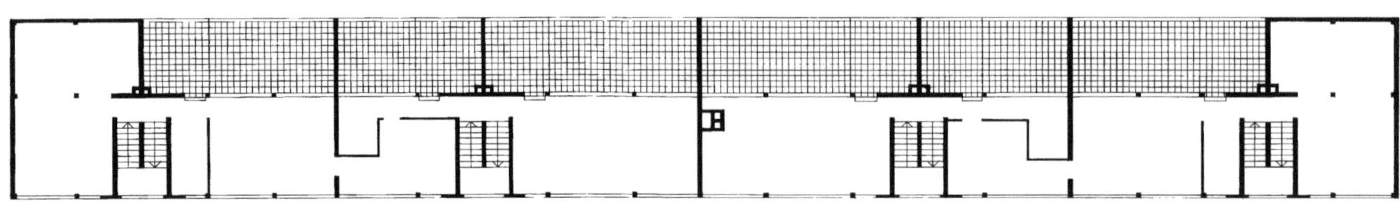
*Dachgeschoss*

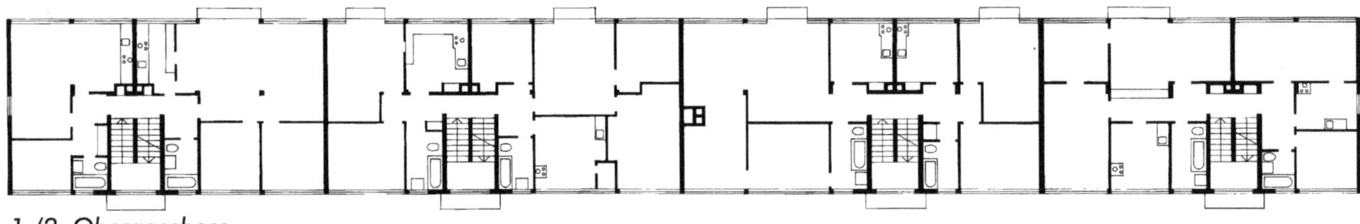
*1./2. Obergeschoss*

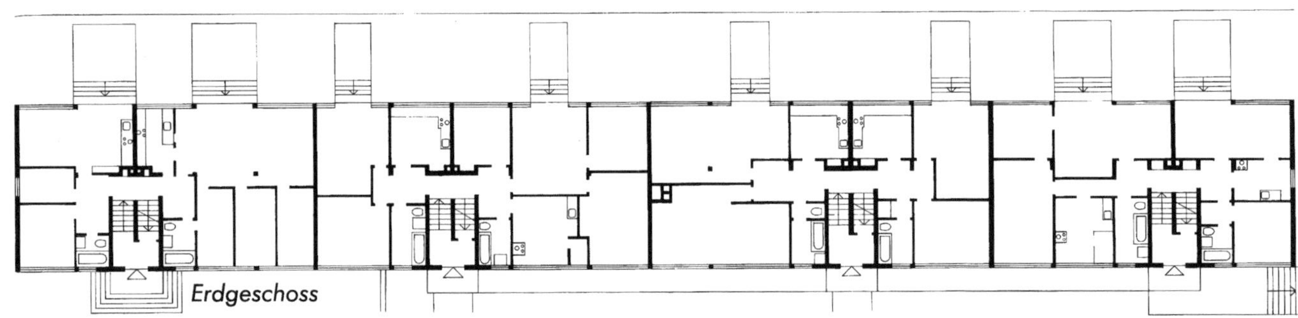
*Erdgeschoss*

## Das Gebäude im Detail

**Konstruktion**
Stahlskelettbauweise, Ausfachung Backsteinmauerwerk, 4 cm dicke außenliegende Wärmedämmung, Innen- und Außenputz, Hohlsteindecken zw. Stahlträgern, Zwischenwände Bimsdielen, vorgefertigte Platten oder Sperrholztafeln, Holzfenster

**Raumprogramm**
**Untergeschoss:** Vorrats- und Abstellräume, zentrale Warmwasserheizungsanlage, Laden auf Straßenebene
**Erdgeschoss, 1. OG, 2. OG:** 24 Geschoss-Wohnungen, 2–4-Zimmer-Wohnungen, je mit Küche, Bad und WC
**Obergeschoss:** Dachgärten, Waschküchen, Trocken- und Abstellräume

**Innenausbau**
Neben Mies van der Rohe 29 weitere Architekten: Lilly Reich (Mitarbeiterin von Mies van der Rohe), Heinz und Bodo Rasch (Stuttgart), Schweizer Werkbund Kollektiv, Ferdinand Kramer (Frankfurt), Franz Schuster (Frankfurt), Adolf G. Schneck (Stuttgart), Hans Zimmermann (Stuttgart), Camille Graeser (Stuttgart) u. a.

**Heutige Situation**
Im Krieg stark beschädigt, danach starke Veränderungen der Wohnungsgrundrisse; 1984–86 Sanierung, zusätzlicher Ausbau von 1-Zimmer-Dachgeschoss-Appartements

*Bauphase des Gebäudes – gut zu erkennen: die Stahlstützen, die mit Backsteinen ausgefacht werden*

## Ludwig Mies van der Rohe – der Funktionalismus

»Wir kennen keine Form-, sondern nur Bauprobleme. Die Form ist nicht das Ziel, sondern das Resultat unserer Arbeit. Es gibt keine Form an sich. Das wirkliche Formwollen ist bedingt, mit der Aufgabe verwachsen, ja der elementarste Ausdruck ihrer Lösung. Form als Ziel ist Formalismus und das lehnen wir ab.«[12] Mies van der Rohes kategorische Ablehnung einer subjektiven Gestaltungsvorliebe hat er in seinem Wohnblock auf dem Weißenhof umgesetzt. Hier zeigte er sein Verständnis von Architektur: der Bau sollte aus den Prinzipien der Konstruktion abgeleitet werden. Die funktionalistische Gestalt seines Bauwerkes offenbart dabei die Struktur. Jeweils drei Fensterreihen verweisen auf die Geschosse. Die Treppenhäuser werden als vertikale Achsen an der Fassade aufgezeigt.

Die Konstruktion als Stahlskelett ermöglichte eine freie Grundrissgestaltung, bei der lediglich Küche und Bad als fixierte Räume angelegt waren. Diese Konzeption hat Mies van der Rohe programmatisch auf der Werkbund-Ausstellung vertreten. Für die Unterteilung des Innenraums entwickelte Mies van der Rohe Trennwände aus Holz, die flexibel im Inneren angebracht wurden. Schlaf-, Wohn- und Arbeitsbereich konnten durch Zick-Zack-Formen oder T-Formen getrennt werden. So konnte eine Wohnform installiert werden, die sich den individuellen Bedürfnissen anpasste. Der Raum verlor seine Statik und konnte für unterschiedliche Lebenssituationen genutzt werden.

Diese Konzeption verfolgte Mies van der Rohe auch in der Auswahl der Innenarchitekten. In seinen Wohnblock hatte er Gestalter eingeladen, Wohnlösungen für Menschen in verschiedenen Lebenssituationen zu entwickeln: für Junggesellen, die berufstätige Frau oder für Familien mit Kindern. Aus der Gruppe des Schweizerischen Werkbundes reisten 13 Innenarchitekten an, die sechs Wohnungen gestalteten. Lilly Reich stattete eine Wohnung aus und unterstütze Mies van der Rohe bei der Möblierung seiner eigenen drei Wohnungen. Lilly Reich war die wichtigste Frau, die an der Weißenhofsiedlung beteiligt war. Seit 1912 war sie Mitglied im Werkbund.

Während Mies van der Rohe eine Wohnung nutzte, um das System der flexiblen Trennwände aus Sperrholz zu demonstrieren, zeigte er in den anderen seinen neu entwickelten Freischwinger-Stuhl. Mies van der Rohe hatte das Prinzip von Mart Stam, den Stuhl von seinen vier Beinen zu lösen, erweitert. Auf seinen Stühlen konnte man wippen.

Die stützenlosen Großräume, die später Mies van der Rohes Werk kennzeichnen, werden in der Weißenhofsiedlung vorweg genommen. Die Räume können alle Funktionen annehmen und weisen als »Einraumbauten« ein Höchstmaß an Flexibilität auf.

### Der Freischwinger

Im Frühjahr 1927 begann Mies mit den Versuchen, bei denen er eine Methode von Mannesmann aus dem Jahr 1886 nutzte: Nahtlose, dünnwandige Rohre aus Präzisionsstahl werden kalt gezogen und gebogen. So wurde das Gestell sehr leicht und elastisch. Sitz- und Rückengeflecht wurden aus Naturrohrgeflecht gefertigt, das Lilly Reich entworfen hatte.

**Designer:** Ludwig Mies van der Rohe
**Jahr:** 1927
**Modell:** B42
**Material:** Gestell Stahlrohr, vernickelt oder versilbert, Geflecht Naturrohr
**Maße:** B 46 cm, T 63 cm, H 82 cm, Sitzhöhe 46 cm
**Hersteller:** Tecta, Lauenförde

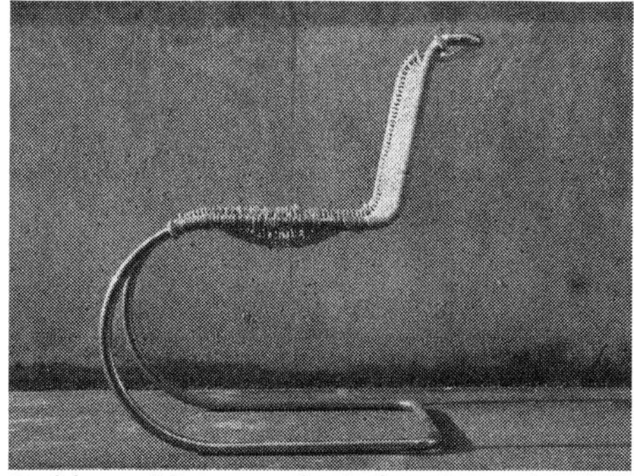

*Stuhl von Mies van der Rohe; dieses Modell zeigte er 1927 in der Ausstellung*

Im Jahr 1929 entstand der Barcelona-Pavillon mit seinen eingeschobenen, nicht-tragenden Wänden aus edlem Material. Hier wurde die Struktur, den Innenraum flexibel zu unterteilen, als Kunstform weiterentwickelt. Obwohl Mies van der Rohe die Form eines Gebäudes aus seiner Funktionalität und Nutzung ableitete, spielte hier die Auswahl der Baustoffe eine entscheidende Rolle. Durch die Reduktion auf die konstruktiven Elemente konnten die edlen Materialien wie Travertin, Onyx und Opalglas ihre ästhetische Qualität entfalten. Die Ästhetik des Seagram-Buildings in New York, das zwischen 1954 und 1958 entstand, zeigt ebenfalls die Verbindung edler Werkstoffe. Getöntes Glas dient hier einem bronzierten Rahmenwerk als Füllelement. Durch eine Platzsituation wird der zurückgesetzte Turm als Solitär hervorgehoben.
Mit seiner funktionalistisch ausgerichteten Architekturauffassung bezog sich Mies van der Rohe auf Vorstellungen, die mit der Nobilitierung des Ingenieurs im 19. Jahrhundert begannen. Viollet-le-Duc hatte bereits 1860 in seiner Schrift *Entretiens sur l'Architecture* die Nutzung der konstruktiven Baumethoden gefordert. Eine Form war nicht eine unabhängige Frage der künstlerischen Gestaltung, sondern das Ergebnis einer geordneten Struktur. Stahlbeton als neuer Baustoff ermöglichte nun die herkömmlichen Bedingungen des Bauens zu überwinden. Tragen und Lasten wurden durch das Skelett übernommen.
Mies van der Rohes Entwürfe waren von Anfang an anschauliche Zeugnisse der Idee, dass Tragwerk und Verkleidung getrennt werden müssten. Seine frühen Wettbewerbsentwürfe von 1919 und 1920 zeigen sein Bemühen, die Eigenschaften des Baumaterials aufs Äußerste auszuschöpfen. Das Glashochhaus mit prismatischer Gliederung, das in Berlin am Bahnhof Friedrichstraße errichtet werden sollte, besaß ein verglastes Stahlskelett mit 20 Stockwerken. Durch versetzte Glasflächen entstanden reiche Spiegelungen und Lichtreflexe. Ein anderes Projekt, ein Hochhaus mit polygonaler Gliederung, war ebenfalls ein Experiment, das die freie Gestaltung der Fassade mit Glas thematisierte. Die experimentierenden Ansätze der 20er-Jahre verwandelte er bei seinen Arbeiten in den USA in nachhaltige Baukunst. Seine Hochhäuser in Skelettkonstruktion mit vorgehängten Glaswänden wurden zu einen Bürotypus, der weltweit Schule gemacht hat.

*Ankleidezimmer im Wohnblock mit Stahlrohrmöbeln von Mies van der Rohe und Lilly Reich; durch den gelben Samtvorhang ließ sich der Raum als separate Einheit abtrennen*

*Wohnzimmer mit Ohrenbackensessel und Regalkonstruktion, durch eine flexible Trennwand konnte eine individuelle Raumsituation erzeugt werden*

## Mies van der Rohes Entwurfsziel – Zitate

»Wirtschaftliche Gründe fordern heute beim Bau von Mietwohnungen Rationalisierung und Typisierung ihrer Herstellung. Diese immer steigende Differenzierung unserer Wohnbedürfnisse aber fordert auf der anderen Seite größte Freiheit in der Benützungsart. Es wird in Zukunft notwendig sein, beiden Tendenzen gerecht zu werden. Der Skelettbau ist hierzu das geeigneteste Konstruktionssystem. Er ermöglicht eine rationelle Herstellung und läßt der inneren Raumaufteilung jede Freiheit. Beschränkt man sich darauf, lediglich Küche und Bad ihrer Installation wegen als konstante Räume auszubilden und entschließt man sich dann noch, die übrige Wohnfläche mit verstellbaren Wänden aufzuteilen, so glaube ich, daß mit diesen Mitteln jedem berechtigten Wohnanspruch gedient werden kann.«
*Mies van der Rohe in »Bau und Wohnung« 1927, S. 77*

»Ich wende mich nicht gegen die Form, sondern nur gegen die Form als Ziel. Und zwar tue ich das aus einer Reihe von Erfahrungen heraus und der dadurch gewonnenen Einsicht. Form als Ziel mündet immer in Formalismus. Denn dieses Streben richtet sich nicht auf ein Innen sondern auf ein Außen. Aber nur ein lebendiges Innen hat ein lebendiges Außen. Nur Lebensintensität hat Formintensität. Alles Wie wird getragen von einem Was.
Das Ungeformte ist nicht schlechter als das Übergeformte. Das Ungeformte ist nichts, und das andere ist Schein. Wirkliche Form setzt wirkliches Leben voraus. Aber kein Gewesenes und auch kein Gedachtes. Hier liegt das Kriterium.«
*Mies van der Rohe in »Die Form« 1927, S. 59*

*Spätwerk: die Neue Nationalgalerie in Berlin von 1961*

## Weitere Bauten

Hochhaus, Wettbewerbsentwurf, Berlin, 1920
Haus Tugendhat, Brünn, Tschechien, 1928
Deutscher Pavillon, Barcelona, 1929
Fabrikgebäude, Vereinigte Seidenwebereien AG, Krefeld, 1932–33
Illinois Institute of Technology, Chicago, 1940
Minerals Research Building, Chicago, 1942–43
Engineering Research Building, Chicago, 1944
Alumni Memorial Hall, Chicago, 1945–46
Seagram Building, New York, 1956
Neue Nationalgalerie, Berlin 1961–1968
Federal Center, Chicago, 1964

**Städtebau**
Wohnsiedlung, Berlin, 1925
Komplex der Illinois Institute, 1939–1956

## Biografisches zu Mies v. der Rohe

| | |
|---|---|
| 27.3.1886 | geboren in Aachen |
| 1899–1901 | Besuch der Gewerbeschule und Maurerlehre in Aachen |
| 1902–1911 | Mitarbeiter in verschiedenen Architekturbüros in Aachen und Berlin, z. B. Peter Behrens |
| 1912–1914 | Freier Architekt in Berlin |
| 1914–1918 | Kriegsdienst |
| 1918 | Mitglied der »Novembergruppe« |
| 1919–1933 | Freier Architekt in Berlin |
| 1924 | Mitglied des Deutschen Werkbundes |
| 1925–1927 | Entwurf und Bau eines Mietwohngebäudes in der Weißenhofsiedlung |
| 1929 | Bau des Deutschen Pavillons auf der Weltausstellung in Barcelona |
| 1930–1933 | Direktor des Bauhauses in Dessau |
| 1938 | Berufsverbot durch die Nazidiktatur, Emigration in die USA |
| 1938–1958 | Direktor der Architekturabteilung des Illinois Institute of Technology, Chicago |
| 17.8.1969 | gestorben in Chicago |

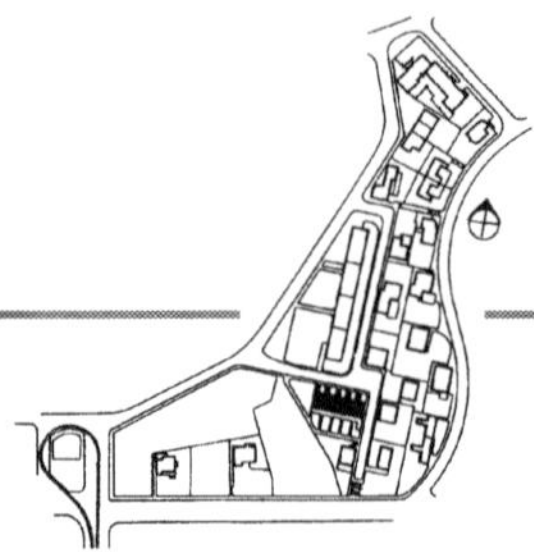

De Stijl

## Jacobus J. P. Oud

### 5 Reihenhäuser

Aus Holland wurden zwei Architekten eingeladen, Mart Stam und Jacobus Johannes Pieter Oud. Ouds enger Kontakt zu den Vertretern der De-Stijl-Bewegung machte seine Teilnahme unverzichtbar, da man die fortschrittlichsten Architekten in Stuttgart versammeln wollte.
Durch intelligente Ausnutzung der geringen Grundfläche und praktische Einbauten sind Ouds Reihenhäuser ein Beispiel optimaler Raumorganisation. Auf zwei Geschossen stellte Oud Wirtschafts-, Wohn- und Schlafräume für eine Familie bereit. Die Küche ist als zentraler Raum angelegt und erhält somit als Wirtschaftsraum eine gleichwertige Bedeutung wie Esszimmer und Wohnräume. Durch den Verzicht auf Korridore gewinnt Oud zusätzlichen Wohnraum, der gut übersehbar ist und eine mühelose Beaufsichtigung der Kinder gewährleistet. Gleichzeitig gewinnt der Gast bei einem Besuch Einblick in die Zonen der profanen Hausarbeit und kann das Erdgeschoss auf einen Blick erfassen. Das Fehlen eines Dienstbotenzimmers zeigt, dass Oud nicht für den großbürgerlichen Bewohner, sondern für den Arbeiter eine Wohnung realisiert hat.
Die fünf Reihenhäuser hatten mit 150 Reichsmark die niedrigste Miete in der Siedlung. Durch einen kleinen hofähnlichen Bereich, der zur Straßenseite ausgerichtet ist, haben Ouds Wohnhäuser trotz der kalkulierten Schlichtheit eine private Zone. Hier schließt sich eine geschlossene Wirtschaftsfront an, die nördlich ausgerichtet ist. Im Süden öffnet sich der Wohntrakt durch große Fenster zum Garten. Die zwei Klingelanlagen, an der südlichen Garten- und an der nördlichen Straßenseite, verweisen auf Ouds Gebäudekonzeption: Der Haupteingang befand sich an der Gartenseite, die Klingel am Wirtschaftshof war für Lieferanten gedacht.

*Blick auf die nach Süden ausgerichtete Gartenseite, die ursprünglich als Haupteingang diente*

*Grundrisse im Maßstab 1:200*
*Ansichten im Maßstab 1:400*

*links: Grundriss Obergeschoss*
*rechts: Erdgeschoss*

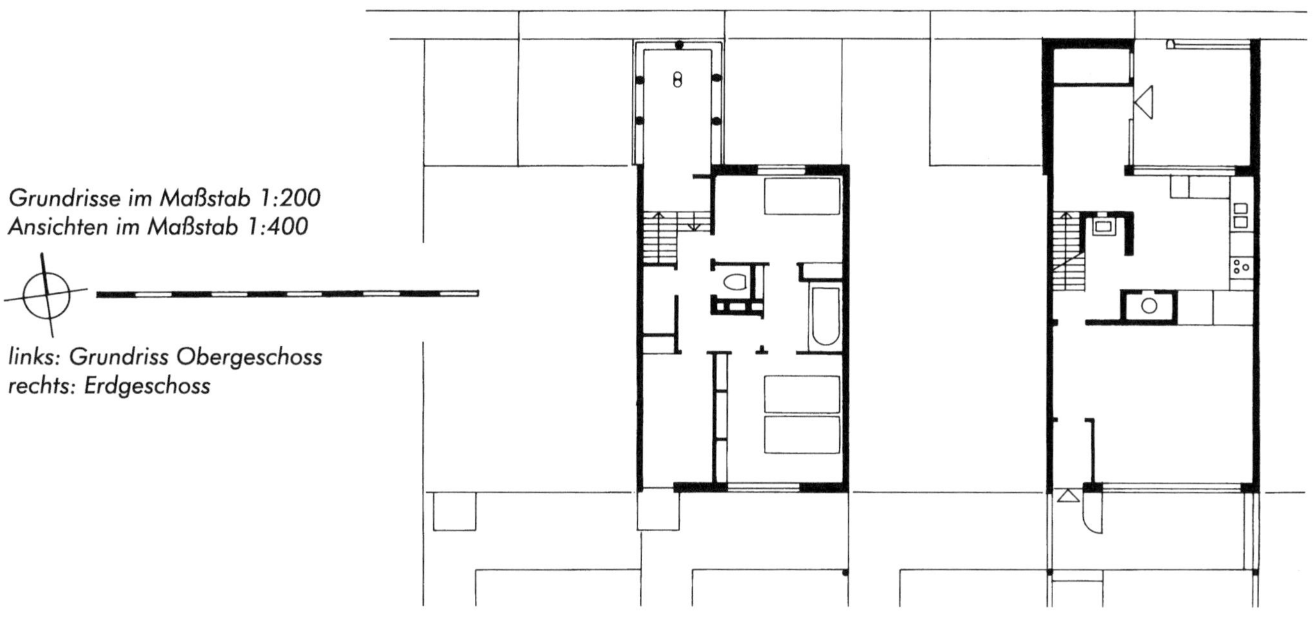

*Nordansicht*

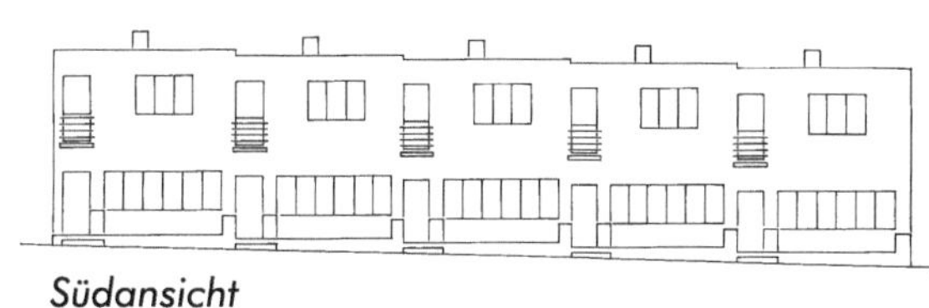

*Südansicht*

## Das Gebäude im Detail

**Konstruktion**
Ortbetonbauweise, Tragwände 15 cm Leichtbeton, Außenwände 24 cm Leichtbeton mit Hohlräumen, Stahlbetondecken, Innenwände 4 cm bewehrte Ziegel, Stahlfenster

**Raumprogramm**
Untergeschoss: Vorrats-, Abstellraum, Kohlenraum
Erdgeschoss: Wohn- und Essraum, Küche mit Ofen zur Warmluftheizung, Waschküche, Bügel-, Trockenraum
Obergeschoss: 3 Schlafräume, Bad, WC

**Innenausbau**
Außer Oud verschiedene Architekten:
R. Lutz (Stuttgart), S. van Ravestein (Utrecht), F. Kramer (Frankfurt)

**Heutige Situation**
Im Krieg stark beschädigt, Wiederaufbau, Veränderungen im Innern; 1983–84 originalgetreue Sanierung

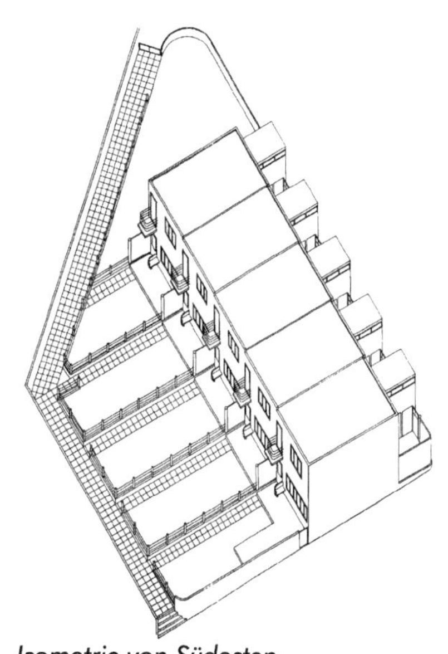

*Isometrie von Südosten*

## Oud und die De-Stijl-Bewegung

»Als Architekt interessierte ich mich für alles, was auf dem Gebiete der modernen Kunst lag; denn ich witterte, daß auf dem Gebiet der Architektur Ähnliches geschehen müsse«,[13] schrieb Oud in den 50er-Jahren in einem Rückblick auf seine Bekanntschaft mit dem Architekten Theo van Doesburg, den er 1915 in Leiden kennen lernte. Die Freundschaft mit ihm gipfelte in der Zeitschrift *De Stijl*, die am 16. Juni 1917 erstmals erschien und das Gründungsdokument der Bewegung darstellt. Van Doesburg schrieb das Vorwort, Oud und Mondrian waren mit Beiträgen vertreten.
In ihren Aufsätzen kritisierten sie das launische Gefühlspathos, das mit einer großen Geste monumentale Architekturen hervorbringt. Das Zufällige sollte von seinen wechselhaften Übergangserscheinungen zu einer objektiven Form geläutert werden. Der Stil stand hier für die Suche nach Strukturen, die hinter den Naturerscheinungen liegen. »Entkleidet man die Natur ihrer Formen, so bleibt der Stil übrig«[14] hatte Theo van Doesburg bereits 1912 festgestellt. Die allgemeingültige Form hinter der Erscheinung sollte in den Werken der bildenden Kunst offenbart werden. In einer radikalen Ausprägung erschien diese Forderung in den Geometrien der Gemälde Piet Mondrians. Die Vertreter des »De Stijl« entwickelten eine Tektonisierung der Formensprache und verbanden die Zweidimensionalität des Gemäldes mit den drei Dimensionen der Architektur und Möbel: Die Staffelei, Stühle und Tische im Atelier Mondrians waren in verschiedenen Farben gestrichen und erzeugten ein gemaltes Raumbild. Der berühmte Stuhl von Gerrit Rietveld, der aus Holzteilen in unterschiedlichen Farben besteht, ist ebenso vor diesem Hintergrund zu sehen wie sein 1924 gebautes Haus Schröder, das durch die Übertragung malerischer Prinzipien auf die Architektur gekennzeichnet ist.
Oud arbeitete ebenfalls mit der Verbindung von Malerei und Architektur. Vor seinen Weißenhof-Häusern hatte Oud 1925 das Café »De Unie« in Rotterdam gebaut. Die Fassade ist in rechteckige Flächen in den Primärfarben aufgeteilt. Die farbigen Fenstersprossen fungieren als kompositorische Gliederungselemente des Baus und zeigen die Übertragung malerischer Gestaltungsprinzipien auf die Architektur. Die Fassade erinnert an die gegenstandslosen Gemälde Mondrians. Selbst wenn Oud die Architektur in einem Brief als technisches Produkt in Analogie zum Auto oder Dampfschiff beschreibt, kann er seine Begeisterung für die Malerei nicht verbergen: Moderne Architektur bedeutet »der Versuch, durch Rationalisierung und Standardisierung im Kleinen, die größte Leistung zu erreichen, der Wohn-Ford: Licht, Luft und Farbe. [...] In [...] allen Entwürfen habe ich versucht – wie es in meiner Absicht lag – den ästhetischen Gewinn aus meiner Stijl-Zeit hinsichtlich Form und Farbe – besonders Farbe – mit dem alltäglichen Bauen und Wohnen zu kombinieren, in dem Bestreben, das moderne Wohnen in seiner ganzen Realität hinzunehmen.«[15]

*Musterküche von Oud mit Arbeitsplatte am Fenster*

## De-Stijl-Möbel

**Designer:** Gerrit Rietveld
**Jahr:** 1918
**Modell:** Rot und Blau
**Material:** Buche (Gestell), Armlehnen schwarz anilingebeizt, Sitz blau, Rückenlehne rot, Schnittkante gelb lackiert
**Maße:** Breite 65,5 cm, Tiefe 83 cm, Höhe 86,5 cm, Sitzhöhe 33 cm
**Hersteller:** Cassina, Mailand

*Oud kannte Rietvelds Möbel durch seinen Kontakt zu De Stijl*

## Ouds Entwurfsziel – Zitate

»Grundlegender Ausgangspunkt für die Gestaltung des Typs war in erster Linie die Lage des Hauses zur Sonne. Die Wohnabteilung wurde nach dem Süden, die Wirtschaftsabteilung nach dem Norden gelegt. Soweit hier von einer Trennung gesprochen werden kann, wurde sie weiter durchgeführt in den Zugängen zur Wohnung: Dienstverkehr von Norden, Wohnverkehr (Bewohner, Besucher) von Süden durch den Garten. Vorteil dieser Anordnung ist, daß unnützer Raum in der Wohnung vermieden wird. Voraussetzung für diese Disposition ist, daß die Wohnung in zwei Straßen mündet. Sie sollen beide gleich anständig sein. Dies wird hier als Prinzip vorgeschlagen (die ausgeführten Bauten können es, da es sich bloß um eine Reihe handelt, nicht zeigen.)«
*Jacobus J. P. Oud in »Bau und Wohnung« 1927, S. 87*

»Ich will, daß man es in meiner Wohnung bequem hat. Bei mir soll man gut sitzen und Licht und Luft haben und rein soll es auch sein... Ich weiß nicht, ob die Welt in Zukunft vom Standard regiert werden wird (ohne Standard wird sie sicher aber nicht regiert werden!); ich weiß nicht, ob es in Zukunft nur Bauen oder auch Kunst geben wird.«
*Jacobus J. P. Oud »Kunst und Standard«, Neue Züricher Zeitung, 9.9.1927*

»Für mich ist das Rationelle nur Ausgangspunkt (ganz gewissenhaft, doch nur Ausgangspunkt). Funktion und Form sind in stetiger Wechselwirkung und so entsteht der Bau. Warum sollte ich es leugnen, daß ich dieses Fenster in diesem Raum schön finde. Ich pfeife auf die reine Funktion ohne Form: auch auf die Wohnmaschine!«
*Jacobus J. P. Oud an Wedepohl, Sept./Okt. 1927*

## Weitere Bauten

Ferienhaus »De Vok«, Noordwijkerhout, 1917
Wohnhäuser »Tusschendijken«, Rotterdam, 1918–1920
Café »De Unie«, Rotterdam, 1925
Shell-Gebäude, Den Haag, 1938–1942
Sparkasse, Rotterdam, 1942–1950
ESVEHA-Gebäude, Rotterdam, 1950
Bürogebäude, Versicherungsanstalt de Utrecht, Rotterdam, 1954
Lyzeum, Den Haag, 1956
Kongresszentrum, Den Haag, 1956–1963
Rathaus, Almelo, 1962

**Städtebau:**
»Hoek van Holland«, sozialer Wohnungsbau, 1924
»Kiefhoek«, sozialer Wohnungsbau, 1925

*Multifunktionaler Windfang zur Gartenseite: über ihm Stauraum, seitlich ist ein Regal fest installiert*

## Biografisches zu Jacobus J. P. Oud

| | |
|---|---|
| 9.2.1890 | geboren in Purmerend, Holland |
| 1908–1910 | Ausbildung an der Quellinus Kunstgewerbeschule in Amsterdam |
| 1910–1912 | Studium an der Technischen Hochschule in Delft |
| 1912 | Volontariat bei Theodor Fischer, München |
| 1913–1917 | Mitarbeit bei Petrus J. H. Cuypers und J. Stuyt, Amsterdam |
| 1917 | Mitglied der De-Stijl-Gruppe mit Rietveld, Mondrian u. a. |
| 1917–1920 | Beiträge in Theo van Doesburgs Zeitschrift *De Stijl* |
| 1918–1933 | Stadtbaumeister in Rotterdam |
| 1926–1927 | Entwurf und Bau von 5 Reihenhäusern in der Weißenhofsiedlung |
| 1933–1963 | Freier Architekt |
| 5.4.1963 | gestorben in Wasenaar, Holland |

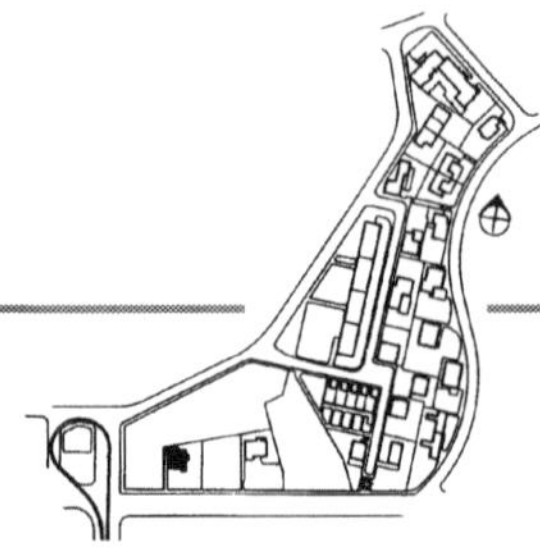

Der Rationalismus

# Victor Bourgeois

## Einfamilienhaus

Der belgische Konsul wandte sich 1927 an die Ausstellungsleitung und schlug vor, sein Land durch einen modernen Architekten auf der Werkbund-Ausstellung vertreten zu lassen. Man einigte sich auf Victor Bourgeois, der von Henry van de Velde empfohlen wurde und bereits 1922 durch das Siedlungsprojekt Cité Moderne in Brüssel aufgefallen war.

Das Wohnhaus von Victor Bourgeois unterlag, ebenso wie die Häuser von Schneck, nicht dem Bebauungsplan von Mies van der Rohe. Es wurde auf dem benachbarten Staatsgelände gebaut und durch den privaten Bauherren Dr. Walter Boll aus Stuttgart finanziert. Das Württembergische Finanzministerium hatte das Grundstück an der Friedrich-Ebert-Straße als Erweiterung des städtischen Ausstellungsgeländes zur Verfügung gestellt. Ursprünglich hatte man Adolf Loos für den Bau des Einfamilienhauses vorgesehen und dadurch den Wunschkandidaten des Bauherren Walter Boll berücksichtigt. Doch die Ausstellungsleitung lehnte die Beteiligung von Adolf Loos ab, da er sich dem Werkbund gegenüber kritisch geäußert hatte und während eines Stuttgart-Besuchs 1924 anlässlich der Ausstellung »Die Form« mit der Ausstellungsleitung in Streit geraten war.[16]

Der Block des zweigeschossigen Wohnhauses von Bourgeois wird durch einen Vorsprung aufgebrochen. Er besitzt die Maße des Treppenhauses, das dadurch von außen erkennbar wird. Der Innenraum soll während der Ausstellung farbig getönt gewesen sein, denn der Stuttgarter Maler Willi Baumeister wurde eingeladen, die Farbgestaltung des Interieurs zu übernehmen. Baumeister war nicht nur bei Bourgeois tätig; seine Gemälde wurden in den Häusern von Döcker und LC gezeigt. Zudem entwarf Baumeister das Ausstellungsplakat und gestaltete die Einladungskarte.

*Der abgerundete Balkon verschleift die blockartigen Kuben der Südfassade des Einfamilienhauses*

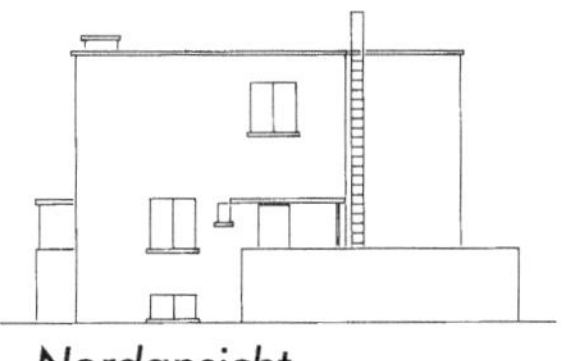
*Nordansicht*

*Ostansicht*

*Südansicht*

*Westansicht*

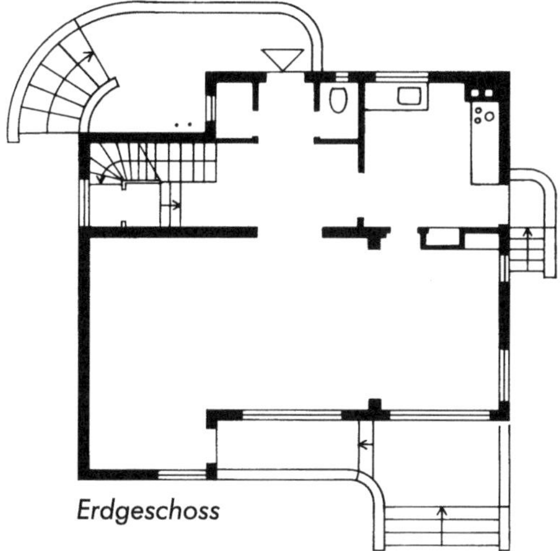
*Erdgeschoss*

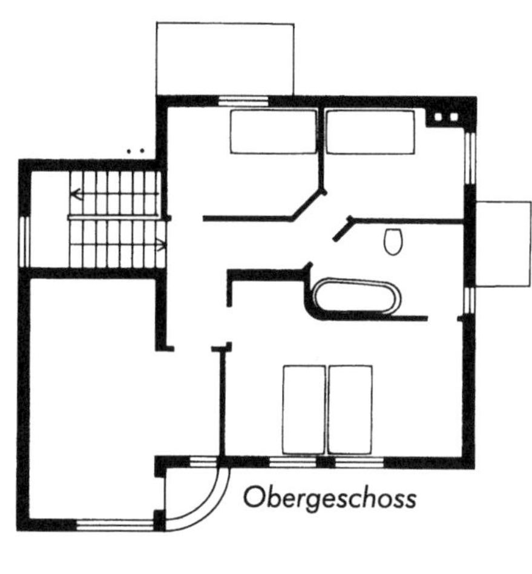
*Obergeschoss*

*Grundrisse im Maßstab 1:200*
*Ansichten im Maßstab 1:400*

## Das Gebäude im Detail

**Konstruktion**
Außenwände Bimshohlblocksteine 25 cm, innen und außen verputzt, Decken und Zwischenwände System »Feifel«

**Raumprogramm**
Untergeschoss: Heizung, Abstell- und Vorratsräume
Erdgeschoss: Eingang, WC, Garderobe, Küche, Wohn-Essraum, Terrasse
Obergeschoss: 3 Schlafräume, Arbeitsraum, Bad

**Innenausbau**
Victor Bourgeois

**Heutige Situation**
Im Krieg beschädigt; danach Umwandlung zum Zweifamilienhaus. 1986 äußere Restaurierung

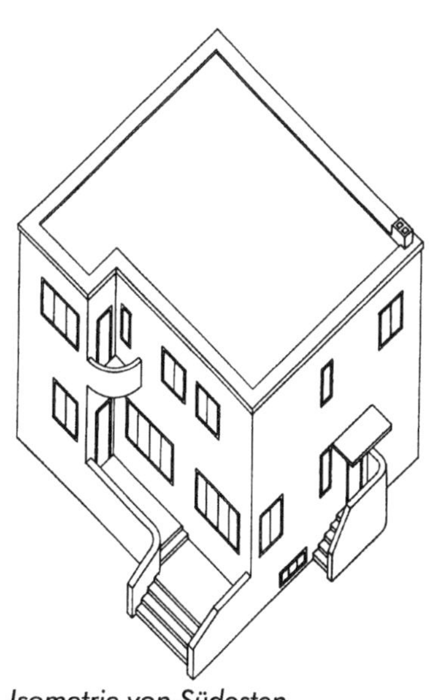
*Isometrie von Südosten*

## Die belgische Architektur-Moderne

Die moderne Architektur wurde in Belgien durch die Künstlerpersönlichkeiten Victor Horta und Henry van de Velde geprägt, die Ende des 19. Jahrhunderts Brüssel zum Zentrum der modernen Architektur-Bewegung machten. Beide haben bis zum Zweiten Weltkrieg die belgische Avantgarde stark dominiert, so dass in den 20er-Jahren eine radikale Architektenschaft des Neuen Bauens wenig in Erscheinung treten konnte.
Victor Hortas Hôtel Tassel ist beispielhaft für die Architektur der Art Nouveau. Mit dem Wohnhaus, das er 1893–97 in Brüssel realisierte, leitete er einen radikalen Wandel in der Typologie des bürgerlichen Wohnens ein. Mit der Organisation der Räume und der Anordnung des Grundrisses nahm Horta die zweistöckigen Wohneinheiten von Le Corbusier vorweg. Anstatt der üblichen Korridore setzte er eine große Treppe, die zu den verschiedenen Ebenen des Hauses führte. Die Wertschätzung, die seine Arbeiten bereits früh erfuhren, erzeugte eine starke Verbreitung des Jugendstils, der in Belgien eine besondere Ausprägung erfuhr.
Henry van de Velde, der in seiner künstlerischen Auffassung der Arts-and-Crafts-Bewegung nahe stand, entwickelte Architektur aus einer ethisch-künstlerischen Sichtweise. Bereits in seinem ersten Bau, dem Haus Bloemenwerf, das 1895–1896 entstand, manifestierte sich van de Veldes Architekturverständnis: Neben dem Wohnbau gestaltete er das Besteck und die Kleidung der späteren Bewohner. In Deutschland, wo van de Velde den größten Teil seines beruflichen Lebens verbrachte, begründete er die Kunstgewerbeschule in Weimar, die später durch Walter Gropius als »Bauhaus« die wichtigste Kunstschule der Moderne werden sollte.
Die Architektur-Moderne der zweiten Generation, die in Deutschland, Holland und der Schweiz zentrale Figuren des Neuen Bauens hervorbrachte, war in Belgien weniger stark. Der Wiederaufbau nach dem Ersten Weltkrieg stimulierte zwar die Bauwirtschaft, doch weniger die Architekten mit radikal-modernen Architekturauffassungen profitierten vom Bau-Boom als die etablierten Größen Victor Horta, Albert von Huffel, Michel Polak und Jean De Lignes.
Während im niederländischen Nachbarland moderne Architektur in den 20er-Jahren als identitätsstiftende Kunstform begriffen wurde und durch staatliche Bauaufträge gefördert wurde, waren es in Belgien vor allem private Bauherren, die sich für Vorstellungen moderner Architekten interessierten. So wundert es nicht, dass hervorragende Leistungen im Bau von Einfamilienhäusern erreicht wurden. Einen Höhepunkt der belgischen Moderne bilden die Einfamilienhäuser von Victor Bourgeois, Gaston Eysselinck, Huib Hoste und Léon Stynen.
Die meisten dieser Architekten waren Mitglieder der »Société Belge des Urbanistes et Architects Modernes« (SBUAM), die 1923 von Louis van der Swaelmen gegründet wurde und sich später in der Schule von »La Chambre«, dem »belgischen Bauhaus« vereinigte, die Henry van de Velde 1928 gegründet hatte. Diese ausgesprochen moderne Richtung hatte nur bescheidenen Erfolg mit dem Bau einiger durchgrünter Vorstadtsiedlungen. Die Vorort-Bebauungen von Selzaete, 1921–23, Kapelleveld von Huib Hoste, 1923–26, gehörten ebenso wie die Cité Moderne von Victor Bourgeois zu den wenigen Zeugnissen eines radikal-modernen Siedlungsbaus. In der Cité Moderne konnte Bourgeois in mehreren Zeilen seine Ideen zu einer puristischen Architektur verwirklichen. Seine Bauwerke stellen Prototypen einer Siedlung der rationalistischen Sachlichkeit dar. Ihre rationelle Bauweise, ihr purifizierter Formenkanon sowie ihr sozialer Impetus stehen einerseits in der Tradition von Tony Garniers Cité Industrielle und wurden andererseits von Ernst May in dessen Frankfurter Siedlungsbauten rezipiert.
Mit dem Bau seines eigenen Wohnhauses und dem Bau für den Bildhauer Oscar Jespers 1928 in Brüssel setzte Bourgeois die Architektur einer kubischen Einfachheit fort. Victor Bourgeois studierte an der Académie Royale des Beaux-Arts in Brüssel und war ab 1920 als freier Architekt tätig. Als Vizepräsident der CIAM von 1928 bis 1940 beschäftigte er sich stark mit den Fragen des Wohnungsbaus.
Der CIAM, der 1928 als »Congrès Internationaux d'Architecture Moderne« gegründet wurde, vereinigte in den Vorkriegsjahren die führenden Architekten der Moderne. Fast alle Protagonisten einer fortschrittlichen Architektur waren mit dem CIAM verbunden. Während die Gruppen »De Stijl« oder »Der Ring« auf eine regionale Verbindung der Architekten beschränkt blieben, versammelten sich in den Kongressen der CIAM Architekten unterschiedlicher Nationalitäten. Bourgeois konnte in diesem international angelegten Forum stärker auf die junge Architektenschaft einwirken als durch seine realisierten Bauten. Durch seine theoretischen Schriften und Veröffentlichungen ist Victor Bourgeois' Wirken in der CIAM nachhaltig in die Diskussion um moderne Architektur eingegangen.
Nach dem Zweiten Weltkrieg knüpften nur wenige belgische Architekten stilistisch an die Errungenschaften der Moderne an. Die Nachkriegsjahre waren durch eine Abkehr von einem ursprünglichen Purismus der 20er-Jahre gekennzeichnet. Selbst Victor Bourgeois fand in seinen Industriebauten und dem Rathaus in Ostende zu einer monumentalen Formensprache, die wenig mit experimentellen Konstruktionsweisen verwandt war.
Typisierte Hochhäuser an den Stadträndern und Abrisse im Stadtzentrum gehörten zu den städtebaulichen Maßnahmen, welche die 50er-Jahre prägten. Die Apartmenthäuser in Antwerpen-Kiel von Renaat Braem und die Wohnsiedlung Champs des Manoevres in Lüttich zeugen von diesen Umgestaltungen im Städtebau. Erst Ende der 50er-Jahre konnte eine junge Generation belgischer Architekten neue Impulse geben. Die Bauten von Charles Vandenhove, Lucien Kroll, Jacques Dupuis und André Jacqmain prägen die Vorstellung von zeitgenössischer Architektur bis in die 80er-Jahre.

## Bourgeois' Entwurfsziel – Zitat

»Mehr als je sind wir der Meinung, daß der Kult der unabhängigen Form, der ›Formalismus‹, vernichtet werden muß. Ist seine Anwendung an sich schon unheilvoll, so ist er geradezu verderblich in seiner Form als Arbeitsmethode für die Jüngsten und die weniger Begabten, denn diese bedienen sich seiner als billiger Möglichkeit, Originalität zu beweisen.

Zeigen wir uns nicht unerbittlich gegen die Versuchung des Formalismus, so werden wir alsbald einen neuen Jugendstil haben, der weit gefährlicher ist als der alte; handelt es sich doch diesmal nicht um einige kraftlose und exzentrische Formen, die man auf eine Fassade setzt, sondern um die Entstehung ganzer Viertel, gleich fantastisch nach Aussehen und Umfang.

Ist auf Grund der Eroberung der Materialien alles erlaubt, so denke der von kühnem Erfindungsgeist durchglühte Architekt um so mehr an seine Grenzen!«

*Victor Bourgeois in »Bau und Wohnung« 1927, S. 147*

*Ansicht des Einfamilienhauses von Victor Bourgeois von Nord-Westen*

## Biografisches zu Victor Bourgeois

| | |
|---|---|
| 29.8.1897 | geboren in Charleroi, Belgien |
| 1914–1919 | Studium an der Academie Royale des Beaux Arts in Brüssel |
| 1920 | Freier Architekt in Brüssel |
| | Professor an der Ecole Nationale Superieure d'Architecture in Brüssel und an der Universität in Charleroi |
| 1922–1925 | Cité Moderne Berchem-Saint-Agathe |
| 1926–1927 | Entwurf und Bau eines Einfamilienhauses in der Weißenhofsiedlung |
| 1928–1940 | Gründungsmitglied und Vizepräsident der CIAM |
| 27.4.1962 | gestorben in Brüssel |

## Weitere Bauten

Wohnhaus, Brüssel, 1925
Wohnhaus für Oscar Jespers, Brüssel, 1928
Apartmenthaus, Brüssel, 1935
Villa La Jeannerie, St. Genius Rhode, 1936
Postgiroamt, Brüssel, 1938–1951
Wohnblock der Gesellschaft »Azote«, Lüttich, 1949
Rathaus, Ostende, 1954

**Städtebau**
Cité Moderne, Berchem-Sainte-Agathe, 1922–25

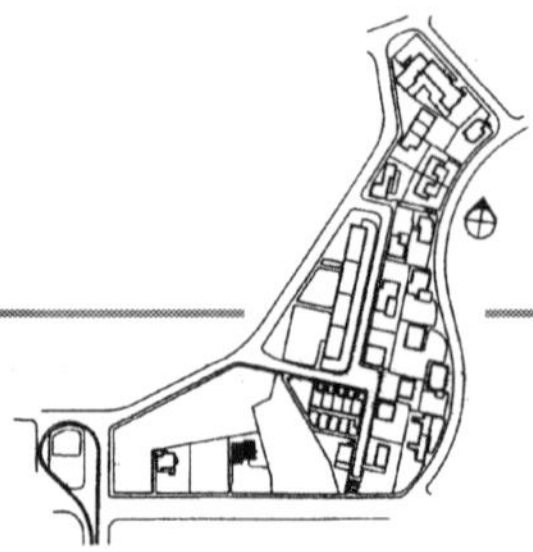

Die Neue Sachlichkeit

# Adolf Gustav Schneck

## Einfamilienhaus

Adolf Gustav Schneck gehörte zu den lokalen Vertretern des Neuen Bauens. Wie Wilhelm Riphan in Köln, Karl Schneider in Hamburg oder Otto Ernst Schweizer in Karlsruhe konnte er in der Region seine Vorstellungen einer modernen Architektur verwirklichen. Zusammen mit Richard Döcker, Hugo Keuerleber und den Brüdern Bodo und Heinz Rasch kann er in Stuttgart als Wegbereiter der frühen Moderne im Süddeutschland der 20er-Jahre gewertet werden. Schneck absolvierte eine handwerkliche Ausbildung, verfügte jedoch über Kenntnisse, die weit über die in einer Lehre erworbenen hinausgingen. Das Fehlen eines akademischen Grades blockierte anfangs seine Karriere als Architekt. Das Gremium, das über die Auswahl der Weißenhof-Architekten entschied, sprach sich in der frühen Auswahlphase gegen eine Beteiligung des »Innenarchitekten« Schneck an der Siedlung aus.[17] Erst Ende der 20er-Jahre konnte die Qualität seiner Häuser den Makel, kein Diplom vorzuweisen, überwinden und Schneck erhielt eine Professur für Innenausstattung und Möbelbau an der Kunstgewerbeschule in Stuttgart. 1946 wurde er deren Rektor und widmete sich der Wiedereinrichtung der Werkstätten.
Der Weißenhof war teils in städtischem Besitz, teils im Besitz des Landes. Schneck wurde 1927 vorgesehen, auf dem benachbarten Staatsgelände eine Beamtensiedlung zu bauen. Vom groß angelegten Siedlungsentwurf wurden letztlich nur zwei Wohnhäuser mit privaten Bauherren realisiert. Ein Haus davon hat Schneck selber bewohnt. Obwohl das Haus in der Friedrich-Ebert-Straße 114 zunächst nicht dem Bebauungsplan Mies van der Rohes unterlag, wurde es später in das Programm der Werkbund-Ausstellung »Die Wohnung« mit aufgenommen.

*Ein spartanisch eingerichtetes Kinderschlafzimmer im Haus Schneck mit Stockbetten*

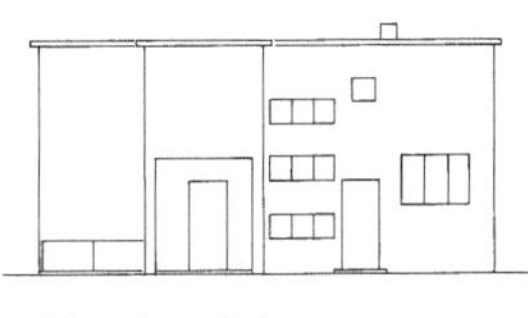

*Nordansicht*

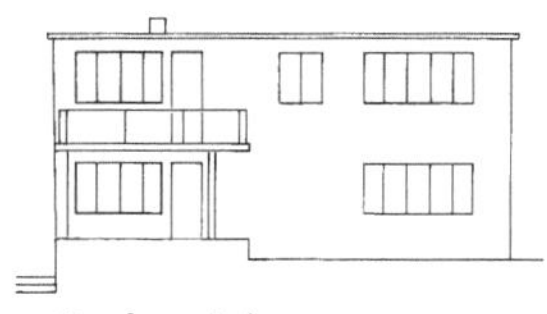

*Südansicht*

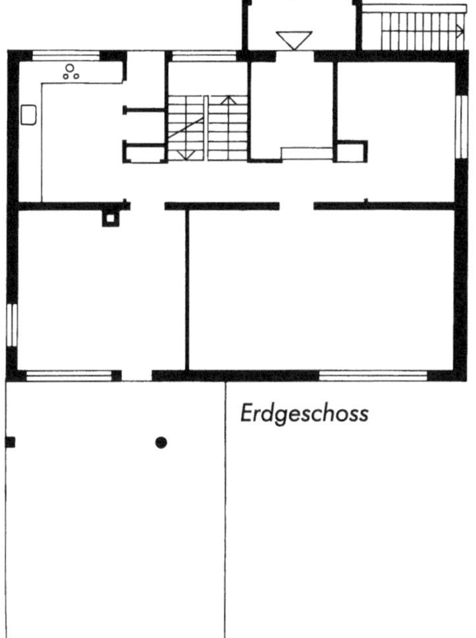

*Erdgeschoss*

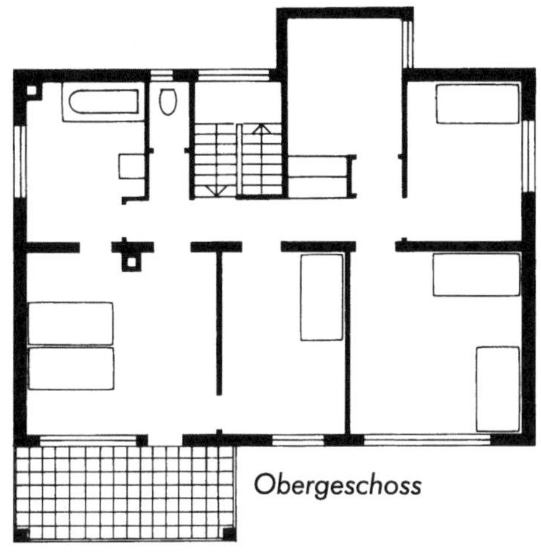

*Obergeschoss*

*Grundrisse im Maßstab 1:200*
*Ansichten im Maßstab 1:400*

## Das Gebäude im Detail

**Konstruktion**
Bimshohlblocksteine außen und innen verputzt, tragende Mittelwand, Stahlbetondecken, nichttragende Innenwände, teilweise Sperrholztafeln

**Raumprogramm**
**Untergeschoss:** Keller, Waschküche, Trocken-, Bügelraum, Heiz- und Kohlenraum, Warmwasserzentralheizung, Vorratsraum, WC
**Erdgeschoss:** Eingang mit Garderobe, Wohnraum, Essraum mit Zugang zur Terrasse, Arbeitsraum, Küche mit Speisekammer
**Obergeschoss:** 3 Schlafzimmer, 1 Gästezimmer, 1 Mädchenzimmer, Bad, WC, Terrasse/Sonnenbad

**Innenausbau**
Adolf G. Schneck

**Heutige Situation**
Im Krieg stark beschädigt; Wiederaufbau als zwei eigenständige Stockwerkswohnungen; 1985 äußere Restaurierung

# Adolf Gustav Schneck

## Einfamilienhaus

Neben Richard Döcker war Adolf Gustav Schneck als zweiter Stuttgarter an der Weißenhofsiedlung beteiligt. Bereits 1924 war er als Kurator der Ausstellung »Die Form ohne Ornament« in Erscheinung getreten und hatte sich als Möbelgestalter einen Namen gemacht. Mies van der Rohe lud Schneck darum ein, seine Entwürfe im Mietshausblock zu zeigen. Dort präsentierte Schneck Möbel aus der Serie »Die billige Wohnung«, die in den Deutschen Werkstätten in Hellerau produziert worden waren.
Schnecks Wohnhaus auf dem Staatsgelände steht in unmittelbarer Nachbarschaft zu seinem Beitrag für die Werkbundausstellung von 1927. Mies van der Rohe hatte Schneck das nahe Grundstück im Bruckmannweg 1 zugewiesen, um die beiden Häuser in eine räumliche Beziehung zu bringen und auf Schnecks Konzeption, den südwestlichen Teil der Beamtensiedlung zu bebauen, zu verweisen.
Zwei weitere Häuser für private Bauherren errichtete Schneck ein Jahr später in der Siedlung. Im oberen Teil der Straße Am Weißenhof variierte er den Gebäudetypus, den er bereits auf der Werkbund-Ausstellung gezeigt hatte: zweigeschossige Einfamilienhäuser mit fixierter »Konstruktionsmittelwand« und variabel gruppierten Wohnräumen.
Da die Stadtverwaltung die Gebäude der Weißenhofsiedlung nach der Machtergreifung der Nationalsozialisten als misslungen einstufte, wurde 1939 ein Wettbewerb für die Neubebauung des Killesbergs ausgeschrieben. Auch Adolf Gustav Schneck beteiligte sich mit Entwürfen für eine Neugestaltung der Siedlung als Militärgelände für das Generalkommando V der Wehrmacht. Durch den Ausbruch des Krieges kam es jedoch nicht zum Abriss.

*Westfassade des Einfamilienhauses im Bruckmannweg; am Gestell der Terrasse lässt sich ein Sichtschutz anbringen*

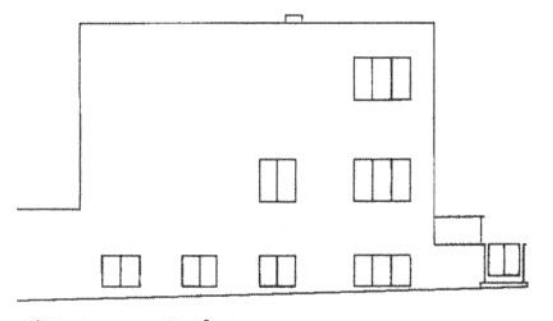
*Ostansicht*

*Westansicht*

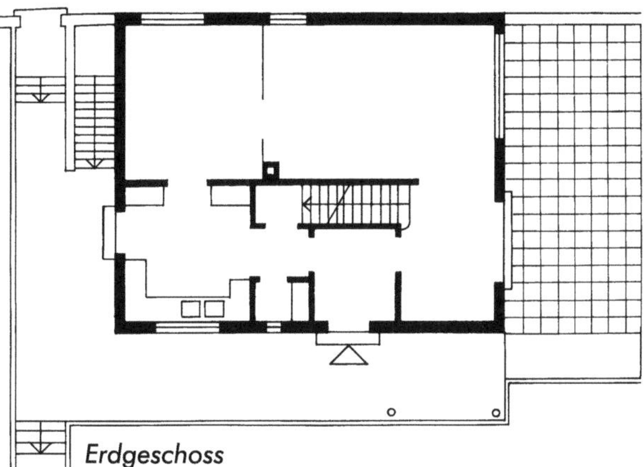
*Erdgeschoss*

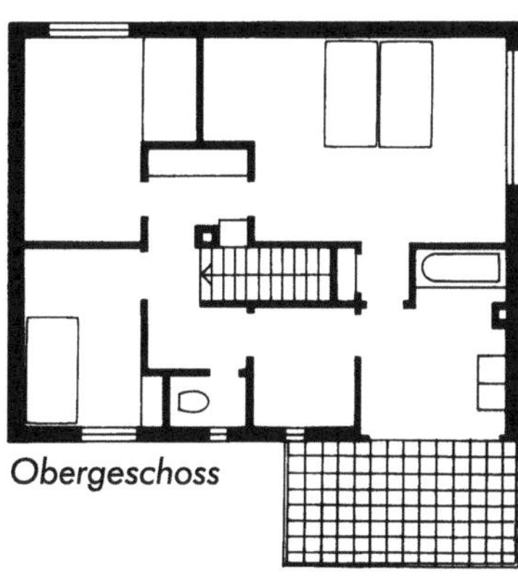
*Obergeschoss*

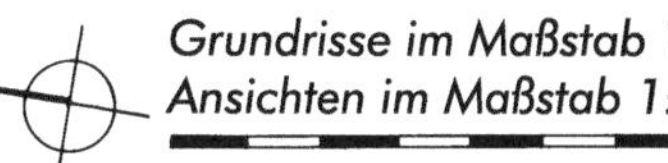
*Grundrisse im Maßstab 1:200*
*Ansichten im Maßstab 1:400*

## Das Gebäude im Detail

**Konstruktion**
Bimssteine innen und außen verputzt, tragende Mittelwand, Stahlbeton-Balkendecken

**Raumprogramm**
Untergeschoss: Bügel- und Trockenraum, Heiz- und Kohlenraum, Warmwasserzentralheizung, Waschküche, Abstell- und Vorratsräume
Erdgeschoss: Eingang mit Garderobe, Flur, Wohn- und Essraum, kleines Terrassenzimmer, Küche mit Speisekammer
Obergeschoss: 3 Schlafzimmer, Schrankraum, WC, Bad, Terrasse als Licht-Luftbad

**Innenausbau**
Adolf G. Schneck

**Heutige Situation**
Im Krieg stark beschädigt; Wiederaufbau als zwei eigenständige Stockwerkswohnungen; 1985 äußere Restaurierung

*Isometrie von Süden*

## A. G. Schneck – Architektur und Möbel

Schnecks Bauten sind weniger revolutionär als reformerisch. Zusammen mit Hans Poelzig und Josef Frank bildet seine Architektur eine solide Form des Neuen Bauens, ohne Anspruch auf radikale oder provozierende Veränderungen. Schneck entwickelte Konzeptionen, um einen entwicklungsfähigen Typus in verschiedenen Varianten vorzuführen. Vorbild war dabei der Typus der englischen Arbeiterhäuser.
Für sein Musterhaus im Bruckmannweg verwendete er Liasitstein, einen Werkstoff, der dem Bimshohlblockstein ähnelt, den viele Architekten der Weißenhofsiedlung gebrauchten. Diese Steine zeichnen sich durch Leichtigkeit und Robustheit aus und waren deshalb gut für den Mauerwerksbau geeignet.
Die zweigeschossigen Einfamilienhäuser schließen mit einem Flachdach ab. Doch während es bei Le Corbusier als Dachterrasse genutzt wurde oder bei Josef Frank Ausdruck einer intellektuellen Haltung war, unterliegt es bei Schneck einem praktischen Zweck. »Das flache Dach ist keine formale Angelegenheit, sondern eine Forderung, die wirtschaftliche Gründe bedingen.«[18] Schneck wollte der Hausfrau die Bewirtschaftung eines weiteren Stockwerkes ersparen, denn der Dachraum, der durch ein Satteldach eine weitere Zone geschaffen hätte, wurde sonst häufig als Trockenraum für Wäsche genutzt.
Der Grundriss der Wohnhäuser entwickelt sich um eine zentrale »Konstruktionsmittelwand«[19] mit tragender Funktion. Sie wurde in der Längsrichtung der Einfamilienhäuser eingezogen. Diese Grundrissformel ermöglichte es, Treppenraum und Wohnräume zu verschieben. Im Haus Nr. 12 verläuft die Treppe entlang dieser Mittelwand, im Haus Nr. 11 wurde der Lauf rechtwinklig zur Wand installiert. Durch die Verbindung von Bad und Balkon hat Schneck die Idee durch Luft und Licht den hygienischen Anforderungen der Moderne gerecht zu werden, am wirkungsvollsten verwirklicht.

*Badezimmer, links ist durch die geöffnete Tür das Schlafzimmer zu sehen (Haus 11)*

Der Balkon ist nur über das Bad zu erreichen und erscheint so als erweiterte Raumzone des Innenbereichs.
1927 entwickelte Schneck mit der Firma Schildknecht eine Serie schlichter Typenmöbel, die preisgünstig hergestellt werden konnten. Er besaß Mitte der 20er-Jahre Renommee als Möbelspezialist, das ihm später den Ruf an vier Kunstgewerbeschulen einbrachte. »Es ist die Gesinnung der Sachlichkeit, der klaren Formen und Verhältnisse, die den Möbeln Schnecks ihre einheitliche Form geben. [...] Es bedeutet keine Schwächung des Verdienstes, daß Architekt Schneck im Betrieb auf fabrikmäßig hergestellte Möbel [...] eingegangen ist«[20], schrieb Gustaf Stotz, Geschäftsführer der Württembergischen Arbeitsgemeinschaft des Deutschen Werkbundes, 1924 über die Möbel Schnecks. Sie verkauften sich sehr gut, denn sie waren preisgünstig und verzichten auf provozierende Ausführungen in Material und Gestaltung. Seine gestalterischen Fähigkeiten hatte er an der Stuttgarter Kunstgewerbeschule bei Professor Bernhard Pankok und den Stuttgarter Werkstätten ausgebildet. Hier sollten nach Vorbild der Münchner Kunstgewerbeschule von 1898 handwerklich erfahrene Möbelentwerfer einen Entwurf von der Konzeption bis zur Produktion realisieren.

*Stuhl mit Armlehnen, nach Entwurf von Adolf Gustav Schneck*

*Wohn- und Arbeitszimmer in Haus 11 in der Friedrich-Ebert-Straße*

## Schnecks Entwurfsziel – Zitat

»Bei meinem Vorschlag, ein Einzelhaus zu bauen, das in Gruppen verwendet und als Reihenhaus erstellt werden kann, habe ich versucht, den Grundriß so zu lösen, daß man weder mit der Anlage der Treppe noch mit der der übrigen Räume festgelegt ist. Mein Grundriß wird durch eine Mittelwand, die zugleich Tragwand ist, in zwei Räume geteilt.
Innerhalb dieser Räume ist eine größere Freiheit und Beweglichkeit in der Gestaltung der Wohnanlage möglich. Dieser nicht mehr starre Grundriß ist aus den Versuchen entstanden, den Dachstock entbehrlich zu machen. Die Hausfrau hat eine Treppe weniger zu steigen und ein Stockwerk weniger zu bewirtschaften. Das bedeutet bei richtiger Anordnung der Räume eine wesentliche Arbeitsersparnis.«
*Adolf G. Schneck in »Bau und Wohnung« 1927, S. 118*

*Das »Haus auf der Alb« in Bad Urach dient heute als Tagungszentrum der Landesregierung*

## Weitere Bauten

Haus auf der Alb, Bad Urach, 1929

- Im Mai 1929 erhielt Schneck den Auftrag, ein Erholungszentrum in Bad Urach zu errichten. Das Haus auf der Alb gehört zu den Hauptwerken des Architekten und wurde von der Fachpresse deutlich positiv bewertet. Hier knüpft er an seine Häuser der Mustersiedlung Weißenhof an, entwirft die Möbel, gestaltet den Innenausbau und die architektonische Hülle. Das Gebäude besaß in den 20er-Jahren exemplarischen Charakter und hat wenig Nachfolger gefunden. Erst in den 30er-Jahren wurden italienische, russische und reichsdeutsche Erholungsheime aus politisch-ideolgischen Gründen gebaut, die sich einem Gemeinschaftsgedanken einer Klasse oder Nation verpflichteten.[21] Die Nutzung des Gebäudes ist an der Fassade ablesbar. Diese »Transparenz« entspricht der Vorstellung einer puren, auf die Funktion ausgerichteten Architektur. Der Gebäudekomplex besteht aus zwei Trakten, die in einem flachen Winkel zueinander angeordnet sind. Der Gesellschaftstrakt ist aufgeständert, das Treppenhaus fungiert als Gelenk, die Terrasse ist dem Bau vorgelagert. Im Haus auf der Alb zeigt sich Schnecks Kompositionsprinzip, zwei Baukörper in gegenseitiger Durchdringung anzuordnen.

Gehörlosenheim, Stuttgart-Botnang, 1947–1950
Haus Dr. Eberle, Stuttgart, 1949
Haus Dr. Schairer, Stuttgart, 1949
Erholungsheim, Brühl, 1950–1954
Haus Dr. Stoll, Reutlingen, 1956

## Biografisches zu Adolf G. Schneck

| | |
|---|---|
| 7.6.1883 | geboren in Esslingen/Neckar |
| 1897–1900 | Sattler- und Polsterlehre im elterlichen Betrieb |
| 1900–1907 | Gesellenzeit, Besuch der Gewerbeschule in Basel |
| 1907–1917 | Übernahme des elterlichen Betriebs, daneben Studium an der Kunstgewerbeschule Stuttgart und an der Technischen Hochschule Stuttgart bei Bonatz |
| 1919–1921 | Selbständiger Architekt und Möbelentwerfer |
| 1921–1949 | Lehrtätigkeit an der Kunstgewerbeschule Stuttgart, später Professor und Lehrstuhlinhaber |
| 1924 | Künstlerische Leitung der Ausstellung »Die Form« |
| 1926–1927 | Entwurf und Bau von 2 Einfamilienhäusern in der Weißenhofsiedlung. Gestaltung einer Wohnung im Haus von Mies van der Rohe |
| 1928 | Bau diverser Beamtenhäuser auf dem Weißenhof-Gelände |
| 1933–1945 | keine Bautätigkeit |
| 1948 | Gründungsmitglied des neuen Werkbunds Baden-Württemberg, zahlreiche Ehrungen |
| 27.3.1971 | gestorben in Schmiden bei Stuttgart |

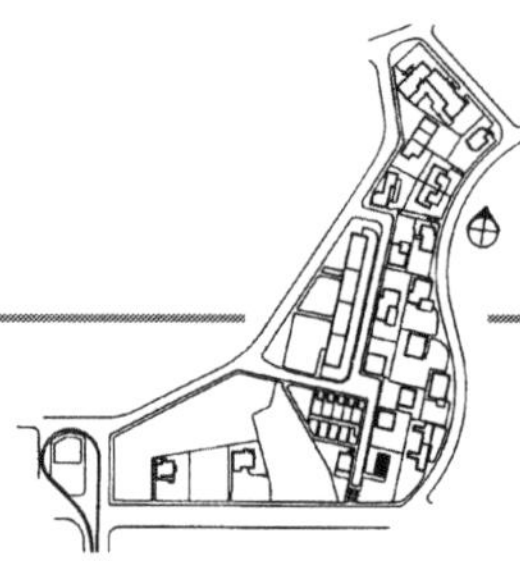

Der Purismus

# Le Corbusier/Jeanneret

## Einfamilienhaus

Le Corbusier war Anfang der 20er-Jahre bereits berühmt. Seine Teilnahme am Wettbewerb für den Völkerbundpalast in Genf sowie seine Schriften hatten ihn bekannt gemacht. Le Corbusier nahm zusammen mit Pierre Jeanneret, seinem Vetter zweiten Grades, an der Werkbundausstellung auf dem Weißenhof teil. Beide haben auf dem Stuttgarter Killesberg zwei Gebäude realisiert: ein Einfamilienhaus und ein Zweifamilienhaus.
Das Einfamilienhaus ruht auf einer Betonplatte. Als Alfred Roth, der Schweizer Bauleiter der Häuser von Le Corbusier, in Stuttgart die Baustelle besichtigte, war die Fundamentplatte bereits abgegossen und gebunden. Durch einen Irrtum hatte man den Geländeschnitt falsch eingeschätzt; die Platte lag zu hoch. Der Eingang, der für das erste Geschoss konzipiert war, konnte nun nicht mehr mit einer Rampe zum Bruckmannweg verbunden werden. Dieser Fehler hatte zur Folge, dass man heute durch den Kellereingang in das Wohnhaus gelangt und der vorgesehene Eingangsbereich im ersten Stock als horizontales Fenster erscheint.
Die einzelnen Geschosse des Einfamilienhauses werden durch horizontale Fensterbänder belichtet. Das Obergeschoss wird durch eine Dachterrasse abgeschlossen. Le Corbusier verwendet im Bereich der Dachterrasse ein kennzeichnendes Merkmal seiner Architektur: Indem er den Sturz um die kubische Hausform zieht, erreicht er eine Öffnung und einen gestalteten Abschluss der Dachsituation. Ein Stahlskelettbau übernimmt die tragende, konstruktive Funktion innerhalb des Gebäudes, so dass er den Grundriss frei gestalten und die Geschosse in das Skelett einziehen konnte. Der Raum des ersten Geschosses geht über zwei Etagen und besitzt ein Galeriegeschoss, das als Arbeitsraum ausgewiesen ist.

*Die Glasfassade zieht sich über zwei Stockwerke und sorgt für Helligkeit im Wohnzimmer; Ansicht von Südwesten*

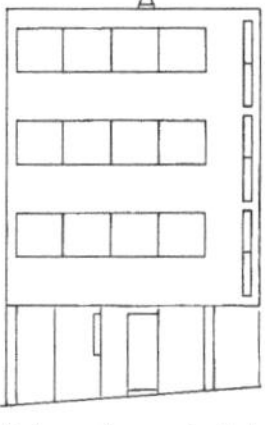

*Nordansicht*

*Ostansicht*

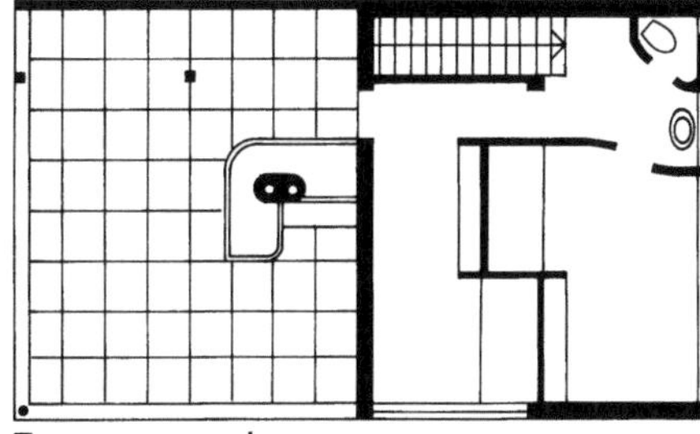

*Terrassengeschoss*

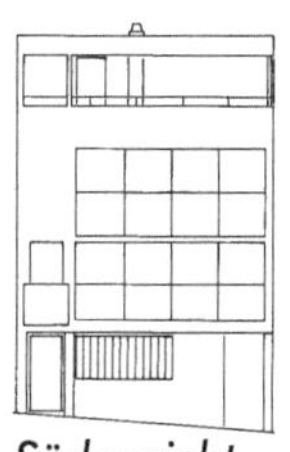

*Südansicht*

*Westansicht*

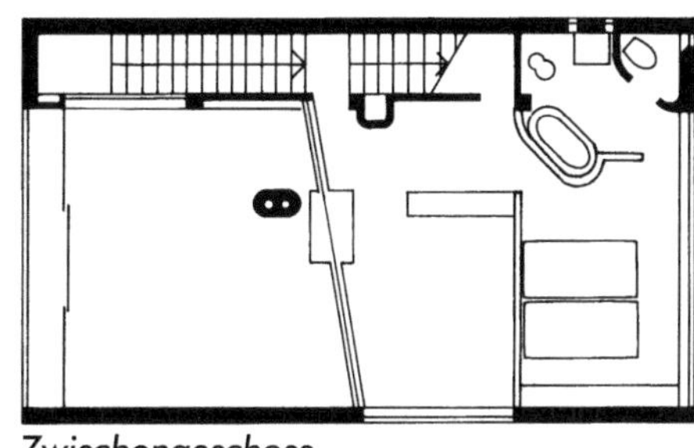

*Zwischengeschoss*

## Das Gebäude im Detail

**Konstruktion**
Stahlbeton-Skelettbau mit großformatigen Bimshohlblocksteinen ausgemauert, Stahlbetondecken (Schilfrohrzellendecke), massive Stahlbetontreppe mit Tonplatten belegt, Horizontal-Holzschiebefenster, betonierte Einbauschränke, begehbare Dachterrasse

**Raumprogramm**
Untergeschoss: Eingang, Garderobe, WC, Heizung und Kohlenraum, Vorratsraum, Waschküche
Erdgeschoss: Vorplatz, Wohnraum in Verbindung mit Essraum, Küche, Mädchenzimmer
Zwischengeschoss: Elternschlafraum, Ankleideraum, Bad, WC, Kofferraum
Terrassengeschoss: Kinderzimmer, Gästezimmer, WC, Dachterrasse

**Innenausbau**
Le Corbusier, Pierre Jeanneret, Mitarbeit Alfred Roth

**Heutige Situation**
Das Haus wurde im Krieg beschädigt; denkmalgetreue Restaurierung von 1982–1983

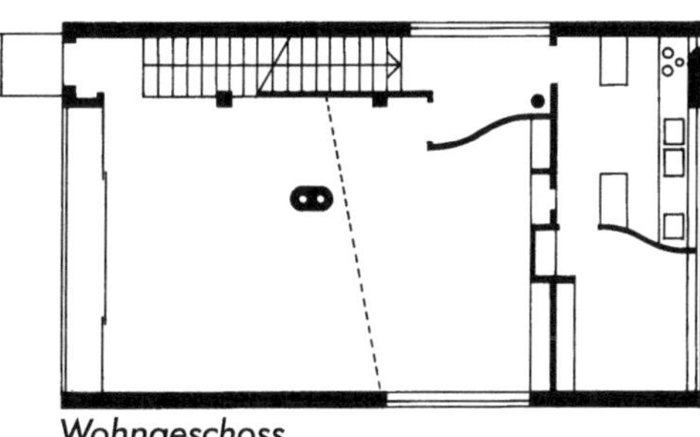

*Wohngeschoss*

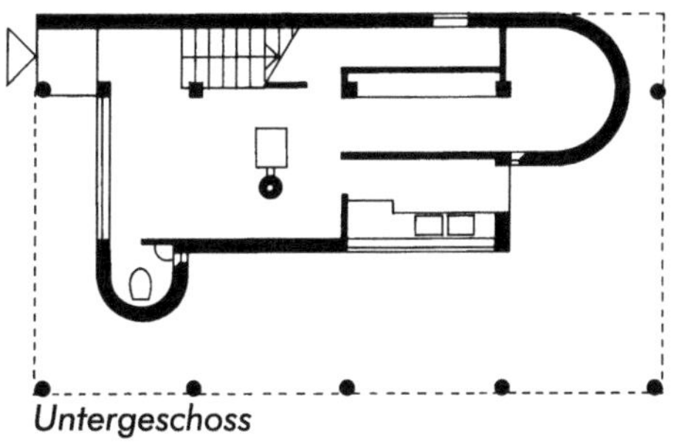

*Untergeschoss*

*Grundrisse im Maßstab 1:200*
*Gebäudeansichten im Maßstab 1:400*

*Das zurückgesetzte Erdgeschoss schwindet in späteren Entwürfen; im Plan Voisin schweben Le Corbusiers Häuser auf Piloten*

*Der Wohnraum des Einfamilienhauses mit Blick auf das Zwischengeschoss; Foto nach der Restaurierung von 1987*

## Die Stadt auf Stelzen

*Der Plan Voisin – eine Stadtvision von Le Corbusier*

1925 entwarf Le Corbusier mit dem Plan Voisin einen »Neubau« von Paris. Seine Stadtplanung ist beispielhaft für ein modernes Verständnis von menschlichem Zusammenleben, Organisation von Verkehr und Großstadtarchitektur. In seiner Schrift *Feststellungen* von 1929 betont Le Corbusier die Beispielhaftigkeit seines Entwurfs: »Das, was für das Zentrum von Paris gilt, gilt für die ganze Stadt und für alle Städte. Durch Anordnung und Aufwertung wird sich das Problem von heute lösen lassen [...]. Die Sache muß sich aus sich selbst entwickeln: Ursache – das Maschinenwesen; unheilvolle Auswirkung – das Maschinenwesen; neue Grundlage für den Städtebau – das Maschinenwesen; Wunder der Lösung – das Maschinenwesen.«[22]
Le Corbusier leitet die Organisationsform der Stadt von der einer Maschine ab. Sie ist das Paradebeispiel eines harmonischen Funktionierens innerhalb der Kulturgemeinschaft der Menschen. Die Maschine ist in seinen Schriften eine durchgängige Metapher, die in Zusammenhang mit kulturellem Fortschritt gesehen wird. Die Städte der Zukunft werden wie Maschinen funktionieren, die Häuser sind wie eine »Wohnmaschine«[23] organisiert. Automatisierung und ein reibungsloser Ablauf sind dabei positive, moderne Errungenschaften, die der fortschreitenden Industrialisierung zu verdanken sind.
Die Evolution hat den Menschen zum Kulturmenschen von heute entwickelt. Diesen Menschen sind Auto, Flugzeug, Dampfer, Telefon, Rundfunk, Elektrizität und weitgehende Mechanisierung der Alltagsverrichtungen Selbstverständlichkeiten, verkündet Le Corbusier. Die Ausführung gleichförmiger Handlungen ist für den Architekten eine Seite der menschlichen Natur. Der moderne Bewohner entfremdet sich nicht in der technisierten Maschinenstadt.
Der Ausgangspunkt für eine Stadterneuerung durch den Plan Voisin liegt im Aufbau einer Straßenebene, die den Erfordernissen des Verkehrs gerecht wird. Bisherige Straßensysteme bildeten für Le Corbusier eine willkürliche, chaotische Ansammlung von gefluchteten Achsen. In diesem undurchdringlichen Netzwerk ist eine schnelle Fortbewegung von Gütern und Personen unter Benutzung technischer Einrichtungen unmöglich.
Der Plan Voisin sieht daher Hochhäuser mit 60 Stockwerken und einer Höhe von 220 Metern vor, die auf Pfeilern ruhen und im freistehenden Erdgeschoss Raum für den Verkehr, die Rohrleitungen und die »Eingeweide«[24] der Stadt bieten. Die Betonpfeiler tragen auskragende Bänder, die den Passanten als Gehsteige dienen. Bis zu 40.000 Personen können in einem Turmbau arbeiten. Der Flaneur des 19. Jahrhunderts bleibt in Le Corbusiers Stadtentwurf auf der Strecke. Er ist der »tausendjährige Fußgänger«, dessen Tempo vom Schritt vorgegeben wird. Der moderne Verkehrsteilnehmer durchstreift die Stadt jedoch im Rennwagen mit rasender Beschleunigung.

## Le Corbusiers und Jeannerets Entwurfsziel – Zitat

Zum Doppelhaus: »Die Problemstellung besteht darin, daß ein und derselbe Raum von bestimmter minimaler Fläche die Funktion des Wohnhauses bei Tag und bei Nacht erfüllt. Alle unsere Lebensfunktionen lassen sich nach den ihnen zugehörigen Bodenflächen unterscheiden. Die Sparsamkeit des Hausbaus liegt in der Sparsamkeit der Fläche. Im transformablen Haus macht Le Corbusier den Vorschlag, die Aufteilung nach Flächen und Räumen nicht als bleibende festzulegen, sondern als veränderliche. Er verlangt vom Bewohner, daß er selbst, als Träger der Funktionen, die Aufteilung durch bewegliche Wände nach Gebrauch vornimmt. Die Arbeit, die er dadurch leistet am Abend und am Morgen und sonstwie nach Belieben, kommt zum Teil der Bewertung des eingesparten Raumes gleich. Dazu gibt sich die Möglichkeit der freiesten Raumausnützung durch Anordnungen, die der Bewohner selbst trifft. Es gibt in jedem Haus Funktionsstellen, die unverändert bleiben müssen und nicht durch andere verdrängt werden können; die Küche, das Bad, das Klosett, Nebenräume.
Le Corbusier hat in seinem Haus dafür gesorgt, daß zu gewissen Zeitpunkten die Möglichkeit besteht, nicht von der Transformabilität abhängig zu sein. Der Frühstücksraum, der Arbeitsraum des Herrn, die Bibliothek sind Aufenthaltsräume mit bleibender Konsistenz. In hohem Maße gehört dazu der Dachgarten als sommerlicher Wohnraum.«

Zum Einfamilienhaus: »Der Grundriß ist das Bild der Wohngesinnung. Verändertes Wohnen drückt sich zunächst in verändertem Grundriß aus. Er ist die geistige Struktur des Hauses.
Wir leben aber nicht in der Fläche, sondern im Raum. Der Raum ist bestimmt durch seine Höhe, wofür unser Raumgefühl sehr empfindlich ist. Le Corbusier löst das Problem so, daß er zum Raum minimale Flächen und minimale Höhen vereinigt, aber das bisherige System abgeschlossener Zimmer und Zellen verläßt. Er durchbricht die Trennungswände und bildet eine dynamisch zusammenhängende Raumfolge. Er trennt die verschiedenen Funktionsstellen durch halbhohe Wände oder bewegliche Membranen, wobei er sich nicht ängstlich an das straffe, rechtwinklige System hält, sondern seine Wände biegt und rundet, wie es die Funktionsfläche nach ihrer Bedeutung verlangt. Der Bewohner kommt dadurch in ein ganz neues Raumverhältnis. Dieses ist nicht festgelegt, sondern ändert sich je nach dem Standpunkt; es wird aktiv, weil die Anregung besteht, aus Raumandeutungen Vorahnungen und Ergänzungen zu bilden. Der Raum öffnet und weitet sich nach allen Seiten, er verliert die mathematischen Grenzen. Er wird erst durch den Bewohner.«
*Alfred Roth in »2 Wohnhäuser« 1927, S. 30/31*

*Le Corbusiers Zeichnung des Doppelhauses; sie wurde während der Restaurierung gefunden*

## Biografisches zu Le Corbusier

| | |
|---|---|
| 6.10.1887 | geboren in La Chaux-de-Fonds, Schweiz |
| 1901 | Besuch der Kunstschule in La Chaux-de-Fonds; Ausbildung zum Graveur |
| 1905 | Bau des ersten Einfamilienhauses, Studienreisen nach Italien, Griechenland und Türkei |
| 1908–1909 | Mitarbeit bei Auguste Perret, Paris |
| 1910–1911 | Mitarbeit bei Peter Behrens, Berlin, und Heinrich Tessenow, Berlin |
| 1914–1915 | Entwicklung Dom-ino-Hausbausystem |
| 1917 | Übersiedlung nach Paris |
| 1920 | 1. Ausg. d. Zeitschrift »L'Esprit Nouveau« |
| 15.10.1920 | Entwurf »Maison Citrohan« |
| 1922 | Büro mit seinem Vetter Pierre Jeanneret |
| 1923 | Publikation »Vers une architecture«; Annahme des Pseudonyms Le Corbusier |
| 1925 | »Pavillon de L'Esprit Nouveau« auf der Pariser Kunstgewerbeausstellung |
| 1926–1927 | Entwurf und Bau von zwei Wohnhäusern in der Weißenhofsiedlung |
| 1927 | Veröffentlichung »5 Punkte zu einer neuen Architektur« |
| 1928 | Gründung der »CIAM« in Sarraz |
| 1930 | französische Staatsbürgerschaft |
| 1940–1944 | Theoretische Studien der Malerei |
| 1945–1965 | Freier Architekt in Paris |
| 27.8.1965 | gestorben in Roquebrune, Cap Martin |

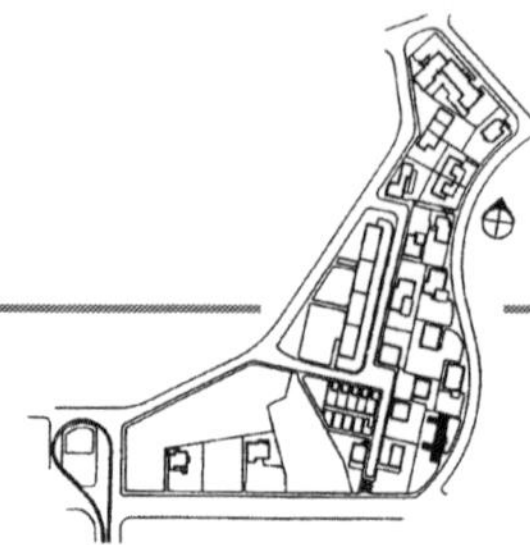

## Le Corbusier/Jeanneret

### Zweifamilienhaus

Le Corbusiers Zweifamilienhaus schließt die Weißenhofsiedlung nach Süden ab. Zusammen mit den Gebäuden von Behrens und Scharoun bildet es eine Klammer, welche die Hangbebauung des Killesbergs einfasst. Das Zweifamilienhaus ruht auf einem breiten Sockel, über dem sich ein vorkragender Kubus erhebt. Eine einläufige Treppe führt zum Erdgeschoss, das zurückgesetzt und rotbraun gestrichen ist. Dadurch verliert das Geschoss an optischer Ausdehnung und wird reduziert.
Seine tragende Funktion wird aufgehoben und von schlanken Pfeilern übernommen, die sich durch alle Stockwerke ziehen. Das Wohngeschoss im ersten Stock wird durch ein horizontales Fensterband durchschnitten, das auf der Dachterrasse als fenstlerloser Rahmen aus Beton wieder aufgenommen wird. Die angesetzten Treppenhäuser lagern als Blöcke hinter den Wohneinheiten. Ebenso wie bei Mart Stam findet sich im Doppelhaus ein kleines Mädchenzimmer, das auf die späteren Bewohner verweist: Familien mit Haushaltshilfe oder Kindermädchen.
In der Schrift *Das neue Frankfurt* beschreibt Le Corbusier die Raumordnung im ersten Geschoss: »Das Haus erhält drei voneinander unabhängige Schlafzimmer, die untereinander verbunden sind [...] und die einen direkten Ausgang auf jenen berüchtigten Gang [...] haben, der so vielen Besuchern Kopfzerbrechen gemacht hat. Dieser Gang, der genau so breit ist wie der Gang aller Eisenbahnwagen der Welt, [...] verbindet die Zimmer mit dem Abort, der Waschgelegenheit, der Küche, dem Dachgarten und dem gewöhnlichen Garten.«[25] Auch die Nutzung verweist auf ein Eisenbahnabteil – das Arbeits- und Wohnzimmer ließ sich durch wenige Handgriffe in ein »Schlafwagenabteil« verwandeln.

*Charakteristisch: Das Obergeschoss ruht bei Le Corbusier auf Piloten aus Stahl, das Erdgeschoss tritt zurück*

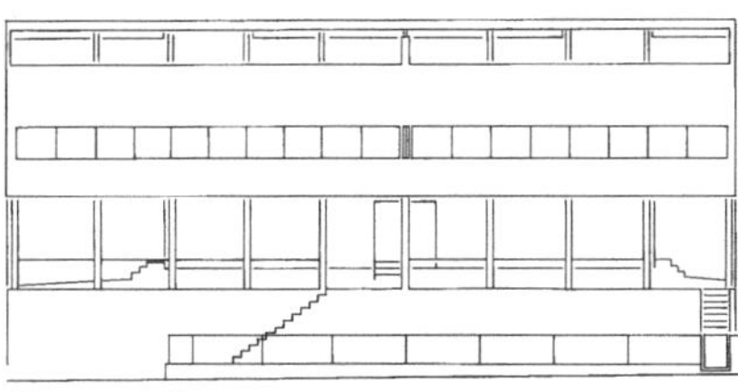
*Ostansicht*

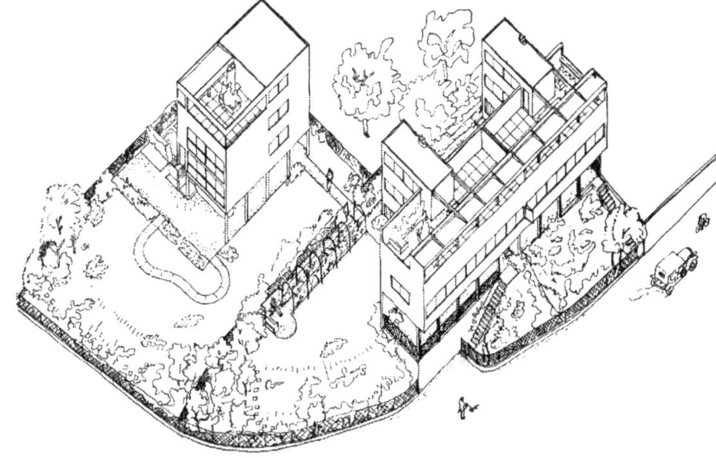
*Isometrie der Häuser von Le Corbusier und Jeanneret von Südosten*

*Nordansicht*

*Südansicht*

## Das Gebäude im Detail

**Konstruktion**
Stahlbetonskelettbau, sichtbare Stützen in Stahl, außen Bimshohlblocksteinausmauerung, Zwischenwände Backstein, übrige Ausführung wie Haus 13

**Raumprogramm**
Untergeschoss: Heizraum und Kohlenkeller
Erdgeschoss: Eingang und Garderobe, Waschküche, Vorrats- und Abstellraum, Mädchenzimmer
1. Obergeschoss: Wohnraum, der durch Schiebewände in Schlafkabinen unterteilbar ist (Schiebebetten), Küche, Frühstücksraum, Bad, WC
Terrassengeschoss: Arbeitsraum und Bibliothek, Dachterrasse mit Sonnenbad und Dachgarten

**Innenausbau**
Le Corbusier, Pierre Jeanneret, Mitarbeit Alfred Roth

**Heutige Situation**
Das Haus wurde im Krieg beschädigt; denkmalgetreue Restaurierung des Äußeren sowie der Wohnung von Haus 15 von 1983–1984; von 2002 bis 2004 erfolgt der Umbau von Haus 14 in ein Informationszentrum, Haus 15 wird als Musterwohnung eingerichtet

*Das Geländer und der Verlauf der Stufen im Treppenhaus des Doppelwohnhauses besitzen skulpturale Ästhetik*

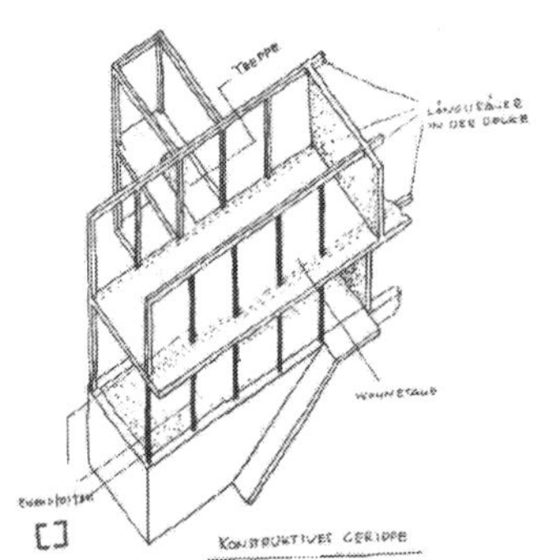


*Konstruktives System: Rückseite Stahlbetonstützen, vorne freistehende Stahlstützen, Stahlbetonlängsträger, Stahlbetonstegdecke*

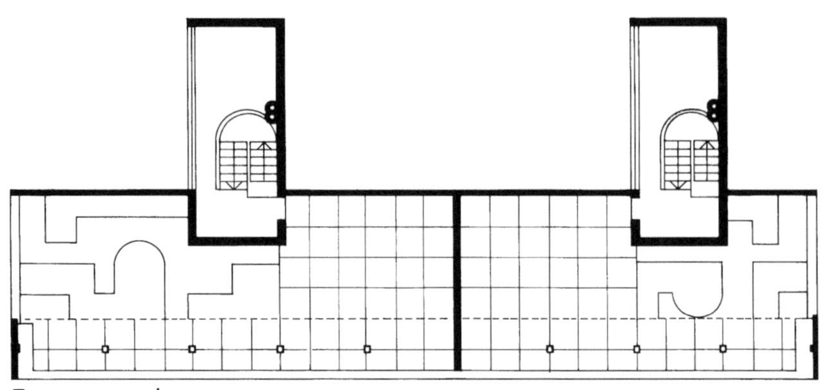

*Terrassengeschoss*

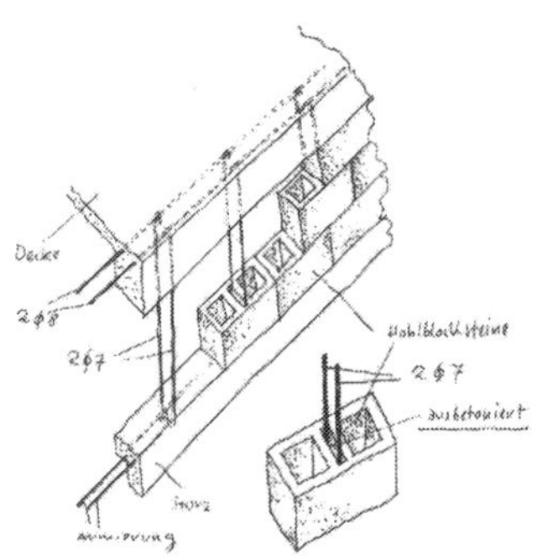


*Konstruktionsprinzip des durchlaufenden Fenstersturzes an der Ostfassade*

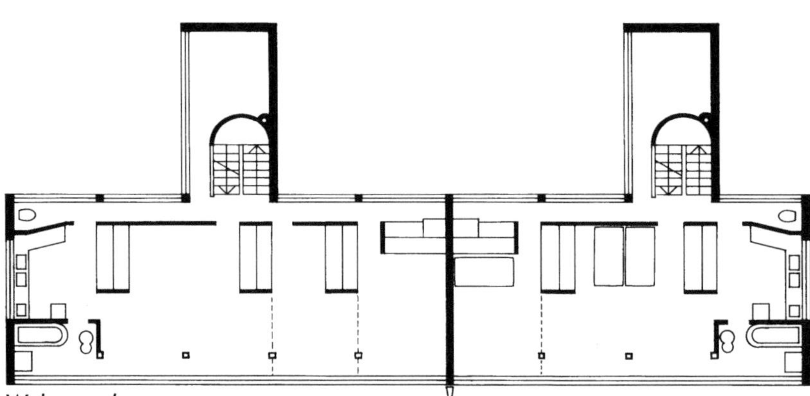

*Wohngeschoss*

## Farbgebung

Le Corbusiers Gebäude besitzen eine lebendige Farbigkeit. Im Einzelnen wurden folgende Farben verwendet: weiß (Nordfassade), rosa (Süd-, Ost- und Westfassade, nur außen), hellblau (innen und außen), ultramarinblau, coelinblau, hellgrün (engl. grün – nur beim Doppelhaus), grau, hellgrau, dunkelgrau, blasser ocker (Blumentrog auf der Dachterrasse), siena gebrannt rein, umbra gebrannt. Diese Palette wurde sowohl für die Fassade wie für die Innenräume verwendet.
*[vgl. Info Bau 2/83, S. 70]*

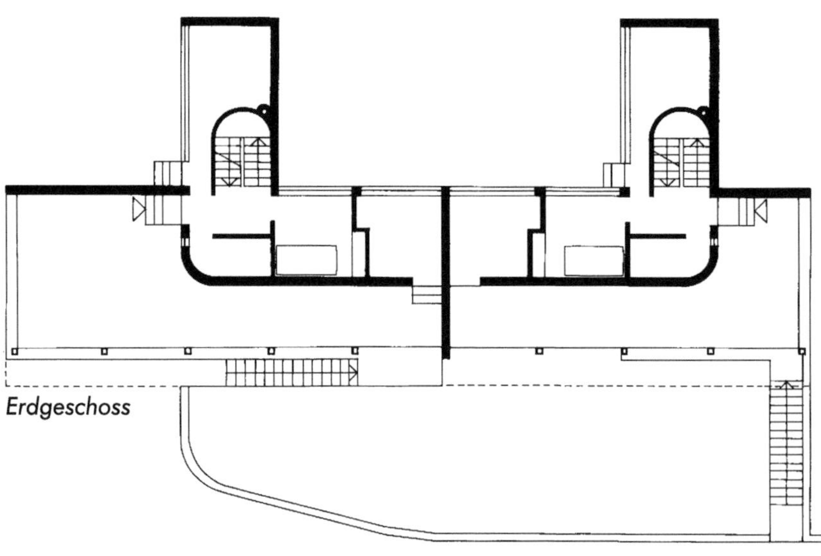

*Erdgeschoss*

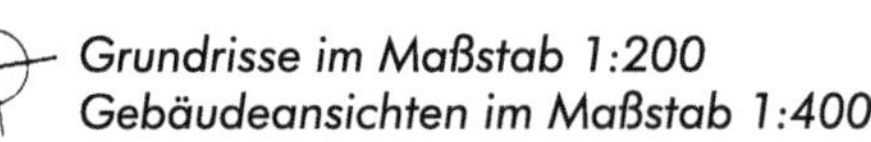

*Grundrisse im Maßstab 1:200*
*Gebäudeansichten im Maßstab 1:400*

## Le Corbusier – Brutalismus und Gestaltung

Die Architektur von Le Corbusier ist durch die Klarheit der Formen und die Verwendung von unverkleideten Werkstoffen gekennzeichnet. Sichtbare Stahlstützen ziehen sich durch alle Geschosse. Unverputzter Sichtbeton besticht durch seine Materialästhetik. Le Corbusiers Vorliebe für Beton ohne Anstrich und Putz zeigt sich auch in dem Begriff »beton brut«, den er ab den 50er-Jahren geprägt hat und aus dem sich der Begriff des Brutalismus ableitet. Er beschreibt eine materialgerechte Architektur, deren Funktionszusammenhänge unmittelbar nachzuvollziehen sind.
In seiner revolutionären Architekturauffassung zeigte sich Le Corbusier auch als hervorragender Kenner der Architekturgeschichte. In seinen Aufsätzen bezog er sich auf die Proportionslehren der Renaissance. Le Corbusier schätzte Leon Battista Alberti und ließ sich von antiken Bauten wie dem Parthenon oder der Hadriansvilla beeinflussen. Seine Auseinandersetzung mit architektonischen Schönheitslehren zeigt, dass Le Corbusier trotz seiner Abkehr von traditionellen Architekturauffassungen eine Ästhetik verfolgte, die sich an gestalterischen Grundideen orientierte. Er griff Gedanken der De-Stijl-Bewegung, der Futuristen und der russischen Konstruktivisten auf und entwickelte dadurch den 5-Punkte-Plan (siehe S. 50), der ein Schema für die Massenherstellung von Wohnhäusern darstellen sollte.
In seiner 1922 publizierten Schrift *Vers Une Architecture* untersucht Le Corbusier die Wirkungsästhetik der Architektur und formulierte die Aufgabe der Baukunst: »Der Ingenieur, beraten durch das Gesetz der Sparsamkeit und geleitet durch Berechnung, versetzt uns in Einklang mit den Gesetzen des Universums. Er erreichte die Harmonie. Der Architekt verwirklicht durch seine Handhabung der Formen eine Ordnung, die reine Schöpfung seines Geistes ist: Mittels der Form rührt er intensiv an unsere Sinne und erweckt unser

*Blick vom Wohn-/Schlafbereich auf Bad und Küche in Haus 14, als Beleuchtung dient eine spröde Glühlampe*

*Der schmale Flur mit 58 cm Breite erinnert an den Gang eines Zugabteils; trotzdem gibt es noch eine Waschgelegenheit und einen Einbauschrank*

Gefühl für die Gestaltung; die Zusammenhänge, die er herstellt, rufen in uns tiefen Widerhall hervor, er zeigt uns den Maßstab für eine Ordnung, die man als im Einklang mit der Weltordnung empfindet, er bestimmt mannigfache Bewegungen unseres Geistes und unseres Herzens: so wird die Schönheit uns Erlebnis.«[26]
Die Werke von Architekten und Ingenieuren greifen die Prinzipien des Kosmos auf. Der Ingenieur wird durch die notwendigen Bedingungen der Funktion motiviert, der Architekt findet seinen Ausgangspunkt in der Formgebung. Die Schönheit eines Gebäudes beeinflusst durch die Verbindung von Alltäglichem mit Gestaltetem das Wohlbefinden der Bewohner.
Im Gegensatz zu Walter Gropius, der in der Gestaltung den Gegensatz von Kunst und Handwerk aufheben wollte, verfolgte Le Corbusier eine architektonische Richtung, die Rhythmus, Maßverhältnisse und Konstruktion zu verbinden versuchte. »Für die Augen ist alles Geometrie [...]. Die architektonische Komposition ist geometrisch und in erster Linie etwas Visuelles – etwas, was eine Beurteilung der Quantitäten, der Zusammenhänge anregt; Würdigung der Proportionen. Die Proportionen rufen Empfindungen hervor.«[27]
Durch die Beschäftigung mit Maßverhältnissen und Dimensionen entwickelte Le Corbusier 1942 den Modulor. Der Modulor stellt den Versuch dar, der Architektur eine mathematische Ordnung zu geben, die sich am Maß des Menschen orientiert. Le Corbusier geht von einer stehenden Figur aus, die ihren linken Arm am Kopf vorbei in die Höhe streckt. Aus dieser Grundfigur entwickelt er einen harmonischen Maßstab, der auf Proportionslehren des Goldenen Schnitts und der Fibonacci-Reihe referiert.
Er fasst seine Idee des Modulor zusammen: »Der Mensch sieht die Dinge der Architektur mit seinen Augen, die 1,70 Meter über dem Boden sind. Man kann nur Absichten verwirklichen wollen, die dem Auge erreichbar sind [...]«.[28]

**Le Corbusier/Pierre Jeanneret**
Haus 14/15 • Rathenaustraße 1–3
Zweifamilienhaus

## Fünf Punkte zu einer neuen Architektur

**1. Die Pfosten:** Ein Problem auf wissenschaftlichem Weg lösen, heißt zunächst seine Elemente unterscheiden. Bei einem Bau kann man daher ohne weiteres die tragenden von den nichttragenden Teilen trennen. An Stelle der früheren Fundamente, auf welchen das Gebäude ohne rechnerische Kontrolle ruhte, treten Einzelfundamente und an Stelle der Mauern einzelne Pfosten. Pfosten wie Pfostenfundamente werden nach den ihnen zukommenden Lasten genau berechnet. Diese Pfosten ordnen sich in bestimmten gleichen Abständen an, ohne dabei auf die innere Anordnung des Hauses Rücksicht zu nehmen. Sie steigen unmittelbar vom Boden auf, bis zu 3, 4, 6 usw. Meter und heben das Erdgeschoß empor. Die Räume werden dadurch der Erdfeuchtigkeit entzogen; sie haben Licht und Luft; das Bauterrain bleibt beim Garten, welcher infolgedessen unter dem Haus durchgeht. Dieselbe Fläche gewinnt man auf dem flachen Dache nochmals.

**2. Die Dachgärten:** Das flache Dach erfordert zunächst konsequente Ausnützung zu Wohnzwecken: Dachterrasse, Dachgarten. Andererseits verlangt der Eisenbeton einen Schutz gegen die Veränderlichkeit der Außentemperatur. Zu starkes Arbeiten des Eisenbetons wird durch Erhaltung einer bleibenden Feuchtigkeit auf dem Dachbeton verhindert. Die Dachterrasse genügt bei den Forderungen (regenfeuchte Sandschicht, mit Betonplatten bedeckt, in den Fugen derselben Rasen; die Erde der Blumenbeete mit der Sandschicht in direkter Verbindung).
Auf diese Weise fließt das Regenwasser äußerst langsam ab; Abfallrohre im Innern des Hauses. Es bleibt somit eine latente Feuchtigkeit auf der Dachhaut stehen. Die Dachgärten weisen üppigste Vegetation auf. Es können Sträucher, sogar kleine Bäume bis zu 3 bis 4 Meter Höhe ohne weiteres gepflanzt werden.
Auf diese Weise wird der Dachgarten zum bevorzugtesten Ort des Hauses. Allgemein bedeuten die Dachgärten für eine Stadt die Wiedergewinnung der gesamten verbauten Fläche.

**3. Die freie Grundrißgestaltung:** Das Pfostensystem trägt die Zwischendecken und geht durch bis unter das Dach. Die Zwischenwände werden nach Bedürfnis beliebig hereingestellt, wobei keine Etage irgendwie an die andere gebunden ist. Es existieren keine Tragwände mehr, sondern nur Membranen von beliebiger Stärke. Folge davon ist absolute Freiheit in der Grundrißgestaltung, das heißt freie Verfügung über die vorhandenen Mittel, was den Ausgleich mit der etwas kostspieligen Betonkonstruktion leicht schafft.

**4. Das Langfenster:** Die Pfosten bilden mit den Zwischendecken rechteckförmige Fassadenöffnungen, durch welche Licht und Luft reichlich eintreten. Das Fenster reicht von Pfosten zu Pfosten, es wird somit ein Langfenster. Die gestelzten Hochfenster verschwinden dadurch und ebenso die unangenehmen Fensterpfosten und Pfeiler. Die Räume sind auf diese Weise von Wand zu Wand gleichmäßig beleuchtet. Experimentelle Versuche haben ergeben, daß ein so beleuchteter Raum achtmal stärkere Beleuchtungsintensität aufweist, als derselbe mit Hochfenstern und gleicher Fensterfläche. Die gesamte Geschichte der Architektur dreht sich ausschließlich um die Maueröffnungen. Der armierte Beton bringt auf einmal durch das Langfenster die Möglichkeit der maximalen Beleuchtung.

**5. Die freie Fassadengestaltung:** Dadurch, daß man den Fußboden über die Tragpfosten hinauskragt, balkonartig rings ums Gebäude, rückt man die ganze Fassade über die Tragkonstruktion hinaus. Sie verliert dadurch die tragende Eigenschaft, und die Fenster können in beliebiger Länge weitergeführt werden, ohne direkte Beziehung zur inneren Einteilung. Es kann ein Fenster für ein Wohnhaus ebensogut 10 m lang sein, wie 200 m für einen Palastbau (unser Projekt für den Völkerbundsbau in Genf). Die Fassade besitzt somit eine freie Gestaltung. Die dargestellten fünf grundlegenden Punkte bedeuten eine fundamental neue Ästhetik. Es bleibt uns nichts mehr von der Architektur früherer Epochen, so wenig wie uns der literarisch-historische Unterricht an den Schulen noch etwas geben kann.
*Le Corbusier und Pierre Jeanneret in »Bau und Wohnung« 1927, S. 27/28*

*Abends wurden die Stahlrohrbetten aus den Einbauschränken herausgezogen und verwandelten den Wohnraum in ein Schlafzimmer, Haus 15*

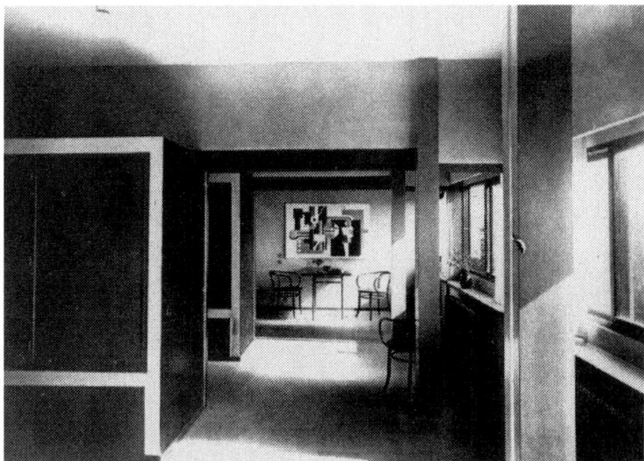

*Der transformable Wohn-Schlafraum in Haus 14, Blick zum Wohnbereich – tagsüber befanden sich die Betten in den Einbauschränken aus Beton*

*Den Bewohnern bietet sich durch die Fensterbänder ein eindrucksvoller Blick über den Stuttgarter Talkessel*

## Weitere Bauten

Die 5 Punkte der architektonischen Konzeption Le Corbusiers finden sich u. a. in folgenden Bauten:

- Dom-ino-System (1914–15), ein Konstruktionsschema für vorgefertigte Stahlbetonbauten
- Entwurf für das Maison Citrohan, Paris (1920), das den Prototyp einer von der jeweiligen Lage unabhängigen »Wohnmaschine« darstellt
- Die Villa Savoye in Poissy, die zwischen 1921 und 1931 entstand, ruht auf Piloten, dazwischen befinden sich Parkplätze. Rampen führen zu Wohnebenen und Dachgarten
- Unité d'Habitation in Marseille von 1952. Die Einheiten werden durch Appartements von 1½ Stockwerken gebildet, die je eine Höhe von 2,26 Meter haben. Sie werden ineinandergeschoben und führen zu einem zentralen Korridor. Die Maßeinheit ist der »Modulor«, der 1942 von Le Corbusier entwickelt wurde.

## Biografisches zu Pierre Jeanneret

| | |
|---|---|
| 1896 | geboren in Genf, Schweiz |
| 1913–1915 | Architekturstudium an der Ecole des Beaux-Arts in Genf |
| 1918–1921 | Weiterführung und Beendigung des Studiums |
| 1921–1923 | Mitarbeit im Büro der Brüder Perret |
| 1923–1940 | Zusammenarbeit mit seinem Cousin Le Corbusier |
| 1926–1927 | Entwurf und Bau von zwei Wohnhäusern in der Weißenhofsiedlung in Stuttgart |
| 1940 | Studien zum Bau mit Fertigteilen |
| 1951–1965 | eigene Bauten und Direktor der Architekturschule in Candigarh (Indien) |
| 1965 | Rückkehr in die Schweiz |
| 1967 | gestorben in Genf |

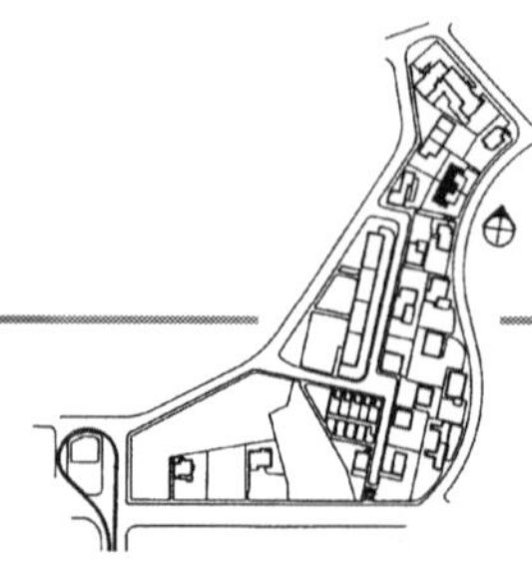

Der Akzidentismus

## Josef Frank

### Doppelhaus

Josef Frank vertrat als einziger Architekt der Generation nach Adolf Loos und Josef Hoffmann Österreich. In Wien hatte er bereits viele soziale Wohnbauten und Einfamilienhäuser errichtet. Das Doppelhaus für die Stuttgarter Siedlung war für zwei Familien geplant und folgt den gestalterischen Prinzipien, die sich bereits in seinen frühen Entwürfen zeigen: Frank arbeitet mit Raumausbuchtungen, kleinen Niveauunterschieden und abgesetzten Decken. In den Obergeschossen stufte Frank den Bau zurück und ließ eine Terrasse entstehen. Seine Architektur wurde immer mit einem Flachdach abgeschlossen. Das Flachdach hatte nicht nur funktionelle Bedeutung, sondern stand für Franks Überzeugung durch Abstraktion eine allgemein verständliche Weltsprache aus klaren Formen zu schaffen. »Wodurch ist es zum Symbol in der Modernen Architektur geworden? Es ist der deutlichste Ausdruck der Klarheit, die der Betrachter an anderen vielleicht wesentlicheren Merkmalen nicht so leicht erkennen kann. Ein Haus mit dem steilen Giebel birgt Geheimnisse und unbekannte Stellen. Das flache Dach ist der Ausdruck der nicht metaphysischen Weltanschauung, die überall Klarheit haben will«.[29]
Eine Besonderheit des Wohnhauses zeigt den experimentellen Charakter der Werkbund-Ausstellung. Frank führte zwei Möglichkeiten der Energieversorgung vor. Für den rechten Trakt hatte er eine Gasheizung, eine Gaswaschmaschine und einen Gasherd vorgesehen. In der linken Hälfte wurde alles elektrisch beheizt. Josef Frank prägte nicht nur die Wiener Kultur der 20er-Jahre, sondern hatte auch großen Einfluss auf die schwedische Moderne. Als er von den politischen Verhältnissen der 30er-Jahre gezwungen wurde, Wien zu verlassen, zog er nach Stockholm.

*Die nach Nordwesten ausgerichtete Rückseite des Hauses verfügt nur über kleine Fenster*

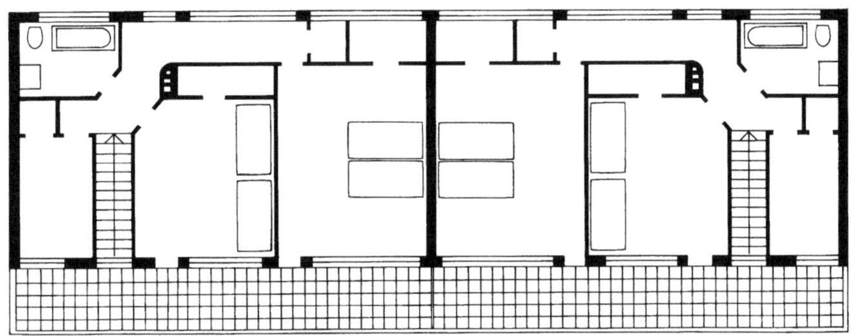

*Obergeschoss*

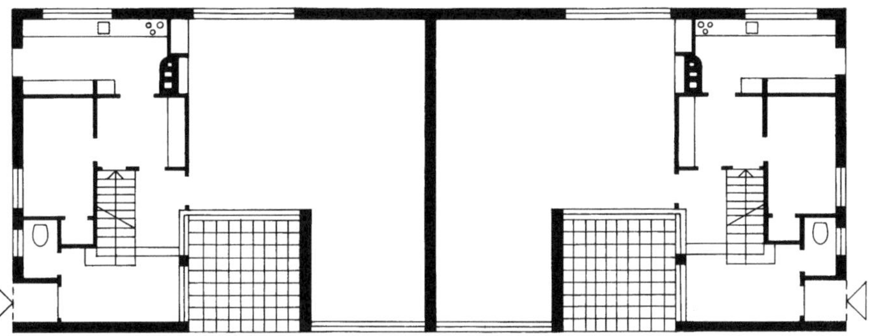

*Erdgeschoss*

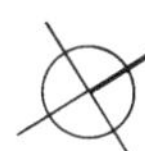

*Grundrisse im Maßstab 1:200*
*Gebäudeansichten im Maßstab 1:400*

## Das Gebäude im Detail

**Konstruktion**
Massivbauweise System »Feifel« ohne Holzverwendung, innen und außen verputzt, Massivdecken, Türen mit Stahlzargen, Schiebefenster und feste Verglasungen; Heizung Haus 26 elektrisch, Haus 27 Gas

**Raumprogramm**
Untergeschoss: Heizung, Waschküche, Vorratsraum
Erdgeschoss: Vorraum, Wohnraum mit Terrasse, Küche, Schlafraum, WC
Obergeschoss: 3 Schlafräume mit Schrankräumen, Bad, vorgelagerte Terrasse
*Die Grundrisse der beiden Wohnungen sind spiegelbildlich gleich*

**Innenausbau**
Josef Frank

**Heutige Situation**
Das Haus wurde im Krieg leicht beschädigt und 1984–1985 denkmalgerecht restauriert

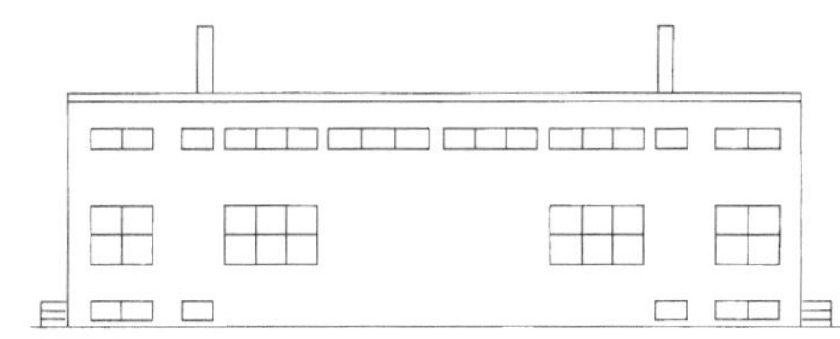

*Nordwestansicht*

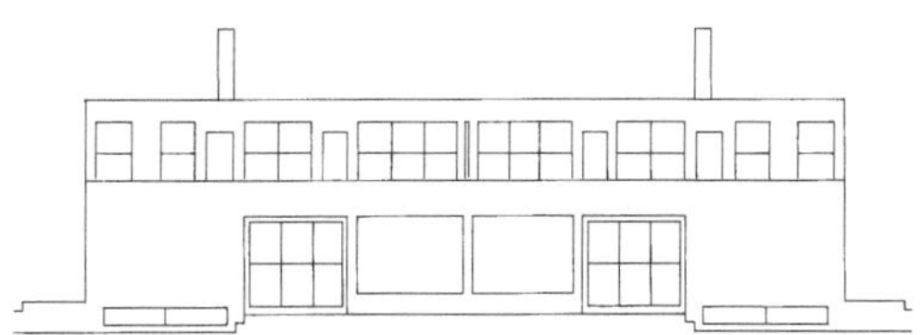

*Südostansicht*

*Wohnzimmer des »elektrischen Hauses«; die Möbel mit unterschiedlichen Stoffbezügen und Stilen verweisen auf Franks Akzidentismus*

## Josef Frank – der Akzidentismus

Josef Frank war ein Pionier der österreichischen Architektur, der die Moderne als undogmatische Richtung ohne starre architektonische Formgesetze verstand.
»Die alte Hausform existiert nicht mehr. Es haben sich aber industriell eigene Wohnformen von höchster Brauchbarkeit entwickelt. Soll nun unser Haus aussehen wie ein Schlafwagen oder ein Schiff? Nein. Wie denn? Wie ein Haus«[30], kommentiert Frank in seiner Schrift *Von einem Neuen Stil* die Diskussion um den modernen Wohntyp, die auf dem Weißenhof 1927 geführt wurde. Er greift die Zugmetapher von Le Corbusier und die Begeisterung für den stromlinienförmigen Schiffsbau, der sich in den Häusern von Hans Scharoun zeigt, auf, um die Hinfälligkeit fest gefügter Kategorien darzustellen. Später beschreibt er in einem Aufsatz mit dem Titel »Akzidentismus« die Zielsetzung seiner Architektur: »daß wir unsere Umgebung so gestalten sollen, als wäre sie durch Zufall entstanden«.[31]
Frank suchte einen Weg, im Gegensatz zu Kälte und Rigidität des Funktionalismus, traditionelle Unordnung absichtsvoll zu erschaffen, um so eine lebensfähige Moderne, welche die Welt behaglich und bewohnbar macht, zu erzielen. Für dieses Verfahren hat er den Begriff des Akzidentismus gewählt. Die abweichenden Geschehnisse des Alltags sollen in die Architektur mit einbezogen werden, ohne eine Gleichschaltung durch Standardisierung zu verfolgen.
Josef Frank vertrat eine Architektur, die sich nicht zwanghaft einem Stil, und sei er noch so revolutionär, unterordnen wollte. So konnte Franks flexibles Verständnis zur Architektur-Moderne und sein Engagement für den Österreichischen Werkbund die Polaritäten zwischen Josef Hoffmann und Adolf Loos in den Jahren 1928–33 überwinden. Die Wiener Werkbundsiedlung, deren Bebauungsplan Frank zwischen 1931 und 32 bearbeitete, wurde als gemeinsamer Beitrag zur österreichischen Baukunst verwirklicht. Ab 1927 begann er eine kritische Position gegenüber gewissen Erscheinungen der Moderne einzunehmen, was letztlich zum Austritt aus der CIAM führte.
1931 erschien Franks Buch *Architektur als Symbol*, in dem der Funktionalismus als Stilbegriff angegriffen wird. Seine Stellungnahme gegen eine radikale Moderne bezog sich jedoch fast ausschließlich auf Einrichtungs- und Gebrauchsgegenstände. Er unterschied klar zwischen den Bedingungen für die statische Hülle der Gebäude und das bewegliche Mobiliar. Der Innenraum durfte nicht den formalen Vorgaben des Gebäudes unterworfen werden. Für Josef Frank wiederholte der Drang, Bau, Mobiliar und Alltagsgeräte in einer einheitlichen Form zu gestalten, altes historistisches Stildenken. Während Mies van der Rohe oder Walter Gropius die Innenraumkonzeption als maßgebliche Bauaufgabe verstanden haben und mit neuen Materialien im Möbelbau experimentierten, versuchte Josef Frank sich mit der Gründung der Firma Haus & Garten von einem Gesamtkunstwerk-Konzept zu distanzieren.
Das Bauhaus, das alle Gestaltung im Bau zusammenfassen wollte, verkörperte für Frank einen ebenso doktrinären Funktionalismus wie die Wiener Werkstätten. In seinen Entwürfen verband Frank englische und japanische, biedermeierliche und zeitgenössische Einflüsse, die sich in den unterschiedlichen Möbeln ausdrücken. Dadurch wirken seine Innenräume »gewachsen« und haben den Charakter einer Stück für Stück gesammelten Einrichtung.
Nach der Emigration arbeitete Frank kaum mehr als Architekt, sondern fertigte Stoffe, Möbel und Objekte, die teilweise noch heute produziert werden.

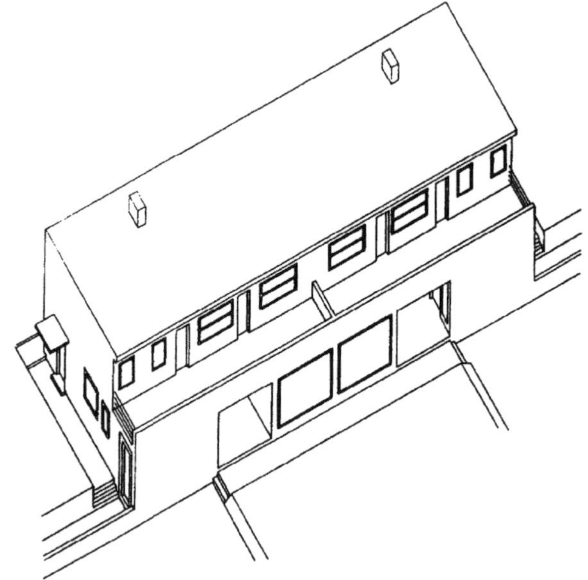

*Isometrie des Hauses von Südosten*

## Franks Entwurfsziel – Zitate

»Unsere Möbel und unser Gerät haben mit den Formen des Hauses nichts mehr zu tun, weil sie zu anderen Zwecken anders gebaut werden. Wer die Formen der Architektur, gleichgültig der alten oder der neuen, auf sie überträgt, schafft in dem Geist, der Palastgesimse auf Kleiderkasten setzte. Unser Geist ist aber der, der ein jedes Ding in seiner knappsten und charakteristischsten Form hergestellt haben will. Unser heutiges Leben ist reich genug, vieles übernehmen zu können, das wir nur gewohnt sind, wenn es auch aus einer früheren Entwicklungsperiode stammt. Frühere Menschen, räumlich eingeschränkt, mußten in allem modern sein. Man kann alles verwenden, was man verwenden kann. Was unbrauchbar wird, das wird von selbst abgestoßen.«
*Josef Frank, in »Bau und Wohnung« 1927, S. 54/55*

»1. Behauptung: Der moderne Mensch, der eine Zentralheizung hat, der in der Eisenbahn, im Automobil und im Luftschiff fährt, kann unmöglich auf einem Sessel aus der Zeit Ludwig des XV. sitzen. Dadurch, daß er auf diesem Sessel sitzt, beweist er, daß er es kann, ohne komisch oder auch nur auffallend zu wirken. Es wird bei obiger Behauptung übersehen, welch geringe Rolle in unserer Zeit die Form gegenüber der Zweckerfüllung spielt...
2. Behauptung: Das Haus und die Wohnung müssen industriell maschinell hergestellt werden wie die Glühlampe, das Telefon und das Automobil. Die Glühlampe soll leuchten, das Telefon soll den Schall übertragen, das Auto soll fahren und sein Wert liegt in dem, was draußen zu sehen ist...
Die Wohnung ist das Negativ des Menschen und bleibt dies während all seiner Wandlungen und hat deshalb eine seelische Funktion... Solange die Lebensform nicht gefunden ist, wie dies in Zeiten einer Entwicklung der Fall ist, ist das Typisieren auf Grund einer Herstellungsweise und nicht der Wohnkultur ein Übel...
Lehre: Du sollst nicht typisieren, denn das ist eine Angelegenheit der Industrie und nicht des Architekten. Typen entstehen von selbst, wenn sich ihre Brauchbarkeit erwiesen hat. Der Architekt ist kein Paragraphenschreiber, sondern ein Künstler.«
*Josef Frank in »Die Form« 1927, S. 289/290*

## Weitere Bauten

Wohnhaus, Wien, 1914
Wiedener-Hof, 213 Wohnungen, Wien, 1923–24
Winarsky-Hof, 534 Wohnungen, Wien, 1924
Wohnhaus Carlsten, Falsterbo, 1927
Gemeindebau, 254 Wohnungen, Wien, 1931–32
Leop.-Glöckel-Hof, 318 Wohnungen, Wien, 1931–32
Haus in der Wiener Werkbundsiedlung, 1931–1932
Wohnhaus Seth, Falsterbo, 1934–35
Haus Walter Wehtje, Falsterbo, 1935–36

**Städtebau**
Siedlungsanlage Gemeinde Wien, 1921–24
Generalplan für Wien, mit Peter Behrens, Josef Hoffmann, Adolf Loos und Oskar Strnad, 1923
Bebauungsplan Wiener Werkbundsiedlung, 1931–32

## Biografisches zu Josef Frank

| | |
|---|---|
| 15.7.1885 | geboren in Baden bei Wien |
| bis 1910 | Studium an der Technischen Hochschule Wien, Dissertation über Leon B. Alberti |
| 1910 | Freier Architekt |
| 1919–1925 | Professor an der Kunstgewerbeschule in Wien |
| 1925 | Gründung des Einrichtungshauses »Haus und Garten« zusammen mit Oskar Wlach |
| 1926–1927 | Entwurf und Bau eines Doppelwohnhauses in der Weißenhofsiedlung |
| 1928 | Gründungsmitglied der CIAM |
| 1930–1932 | Leitung der Internationalen Werkbundausstellung in Wien |
| 1932–1966 | Ständige Arbeiten für Svenskt Tenn (Möbel- und Einrichtungsfirma) |
| 1934 | Emigration nach Schweden |
| 1939 | Schwedische Staatsbürgerschaft |
| 8.1.1967 | gestorben in Stockholm |

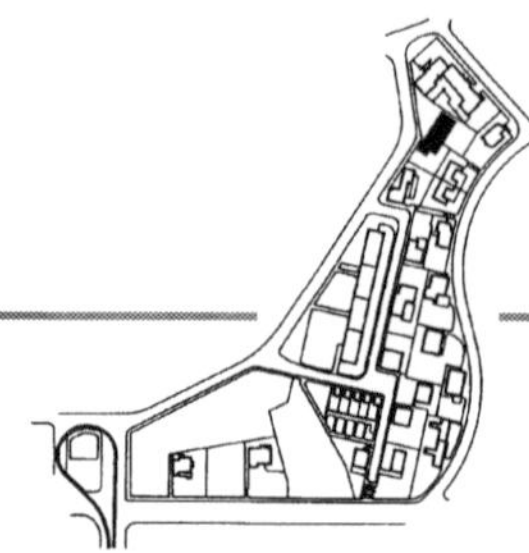

Der Konstruktivismus

# Mart Stam

## 3 Reihenhäuser

Mart Stam, der 1926 seinen Durchbruch als Architekt hatte, konnte innerhalb der Weißenhofsiedlung erstmals selbständig ein Projekt verwirklichen. Seit Anfang der 20er-Jahre hatte Stam im Büro von Max Taut und Hans Poelzig in Berlin gearbeitet und war mit 27 Jahren der jüngste Teilnehmer der Werkbund-Ausstellung.
Der Holländer hat drei Reihen-Einfamilienhäuser in der Weißenhofsiedlung gebaut. Die Westseite, die an der Straße gelegen ist, ist lavendelblau, die übrigen drei Fassaden sind in einem hellen Ockerton gestrichen. Ursprünglich hatte Stam einen Stahlskelettbau geplant, letztlich sind die Häuser jedoch als Mauerwerksbau mit Stahlstützen ausgeführt worden.
Der künstlerische Leiter Mies van der Rohe hatte die Häuser für den Mittelstand vorgesehen. Sie sollten von einer Familie mit Kindern und einer Haushaltshilfe bezogen werden, die im Obergeschoss ein Mädchenzimmer mit sechs Quadratmetern zur Verfügung hatte. »Das Einzelhaus, die Villa soll überwunden werden. Statt dessen soll ein Typus geschaffen werden, der vielleicht weniger den individuellen Wünschen Rechnung trägt, der aber in sehr großem Maß den allgemein menschlichen Bedürfnissen jeder Hausfrau und jeder Familie entspricht«[32], beschreibt Mart Stam 1927 sein Vorhaben für die drei Weißenhof-Häuser.
Von seinen Erfahrungen im Städtebau konnte er profitieren, als er im Wintersemester 1928/29 nach Dessau eingeladen wurde, um am Bauhaus zu unterrichten. 1930 bis 1933 ging Stam mit der Gruppe um Ernst May nach Russland, bevor er 1950 Direktor der Hochschule für Werkkunst in Dresden und der Kunsthochschule in Berlin-Weißensee wurde.

*Die Treppenläufe sind versetzt angeordnet; jede Treppe springt um die Stufenbreite der jeweils vorderen hervor*

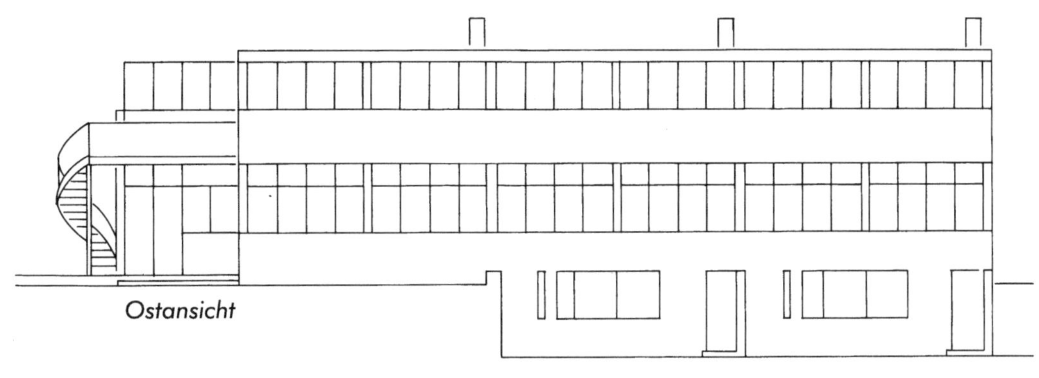

*Ostansicht*

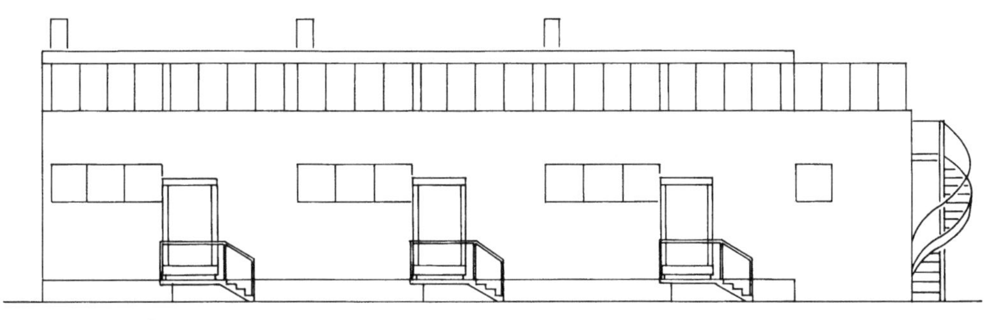

*Westansicht*

## Das Gebäude im Detail

**Konstruktion**
Mischbauweise Stahlskelett/Massivbauweise, Außenwände und Wohnungstrennwände Bimshohlblocksteine, innen Stahlskelett, Stahlbeton-Hohlkörperdecken, innen und außen verputzt, Stahlfenster

**Raumprogramm**
*Haus 28:* Untergeschoss: Heiz- und Kohlenraum (Luftheizung), Waschküche, Abstellraum
Erdgeschoss: Wohn- und Essraum, Arbeitsraum, Küche, WC, Terrasse
Obergeschoss: 3 Schlafräume, Bad, WC, Ankleidezimmer, Terrasse m. Verbindung zum EG (Wendeltreppe)
*Haus 29/30:* Untergeschoss: Heiz- und Kohlenraum (Luftheizung), Waschküche, Abstellraum, Arbeitsraum mit direkter Verbindung zum Wohnraum EG, Ausgang zur Terrasse
Erdgeschoss: Wohn- und Essraum, Küche, WC
Obergeschoss: 3 Schlafräume, Bad, WC, Ankleidezimmer

**Innenausbau**
Haus 28 und 29: Mart Stam; Haus 30: Marcel Breuer

**Farbgebung**
Entsprechend den späteren Farbanalysen war die Westseite lavendelblau, die übrigen 3 Gebäudeseiten in hellem Ockerton gestrichen

**Heutige Situation**
Das Haus wurde im Krieg kaum beschädigt; denkmalgerechte Restaurierung 1984/1985

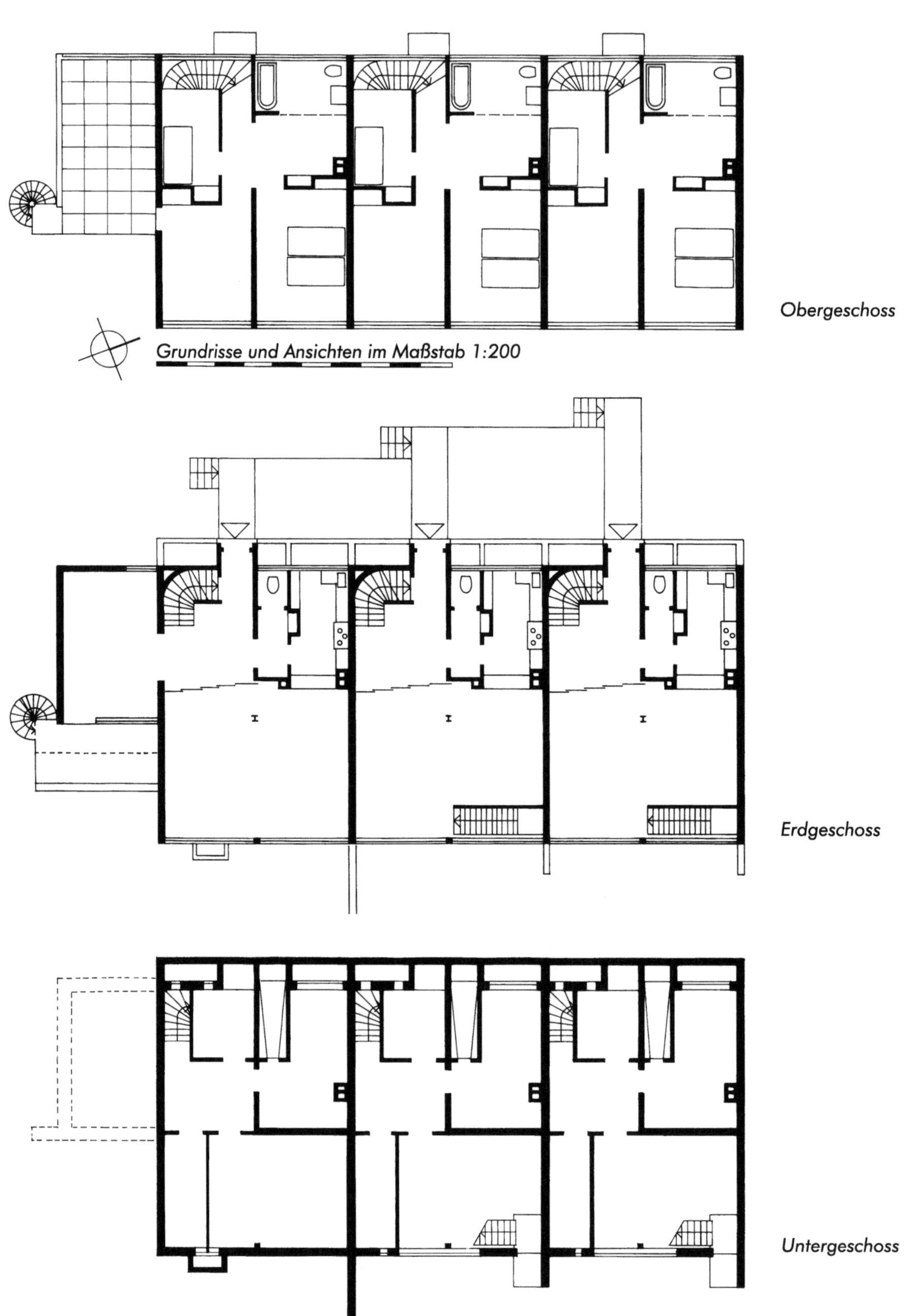
Obergeschoss
Grundrisse und Ansichten im Maßstab 1:200
Erdgeschoss
Untergeschoss

*Ansicht des Hauses von Osten; die Blockhaftigkeit des Kubus wird durch Fensterbänder aufgebrochen*

*Rekonstruktion eines Esszimmers im Erdgeschoss des Hauses von Mart Stam mit Gemälde von Piet Mondrian*

## Mart Stam – Flexibilität der Wohnung

Stams Reihenhäuser in der Weißenhofsiedlung nehmen die Richtung der Straße auf und staffeln sich entlang einer Achse. Die rechteckigen Eingangstüren akzentuieren die Fassade, ein Fensterband unterhalb der Traufe gliedert das Gebäude. Gegen Süden wird der Bau durch einen kubischen Anbau abgeschlossen, der als Dachterrasse genutzt werden kann. Die Häuser stehen für eine neue Raumauffassung, die eine Öffnung des geschlossenen Kubus postuliert. Die Durchdringung verschiedener Raumvolumina ist der holländischen Architektur ein zentrales Anliegen. Einerseits kann diese Durchdringung durch eine Schichtung verschiedener Ebenen erfolgen, andererseits durch das Ineinanderfließen von Außen- und Innenraum mittels einer Glasfassade.

Der gleitende Übergang von Innen und Außen kennzeichnet die Architektur von Mart Stam und wird nach 1927 ein Leitthema seiner Bauten. Seine Reihenhäuser zeigen dieses gestalterische Element an der Gartenseite, die nach Osten ausgerichtet ist. Eine verglaste Fensterzone im ersten und zweiten Geschoss lässt den Außenraum in den Wohnraum eindringen. Bereits 1927 hat der Architekturkritiker Siegfried Giedion die Weißenhof-Häuser von Mart Stam unter dem Aspekt einer Öffnung der Architektur für den Außenraum beschrieben: »Die Fenster haben keinen sichtbaren Sturz mehr, sie sitzen bis an die Decke, wodurch Landschaft und Innenraum sich in ungekannter Weise durchdringen können.«[33] Um diese Verbindung von Außen und Innen zu gewährleisten, verzichtete Mart Stam auf Vorhänge. Durch fein gerilltes Glas im ersten Stock bleiben die Bad-Fenster gleichzeitig transparent und undurchsichtig.

Eine Besonderheit bei Mart Stam ist die Treppe in Haus 28, die vom ersten Obergeschoss in den Garten führt. Die filigrane Eisentreppe ist an der südlichen Stirnseite des Gebäudes angebracht und erscheint in den Raum gehängt, ohne vom Boden aus abgestützt zu werden. Diese Verbindung von Außenraum und Innenraum mittels einer Treppenlösung hat Stam in der Weißenhofsiedlung entwickelt und in seinen Rotterdamer Wohnhäusern von 1936 fortgesetzt. In den Häusern 29 und 30 befindet sich der Zugang zum Garten im Untergeschoss.

Auch im Inneren der Häuser folgt Mart Stam den Gesetzen einer fließenden Verbindung verschiedener Räume. Eine Verbindung der Wohnzonen wird durch Schiebetüren erzeugt. Die Räume können nach Bedarf optisch und akustisch getrennt werden. Bei geöffneten Türen sind die Räume im Erdgeschoss für den Bewohner als Raum-Enfilade erfahrbar, die auf den ersten Blick zu erfassen ist. Im Obergeschoss exerziert Mart Stam das Prinzip der fließenden Räume durch Vorhänge und mobile Trennwände durch. Ein Vorhang ermöglicht, Flur und Ankleide voneinander zu trennen. Die Ankleide ist wiederum durch eine Schiebetür mit Bad und WC verbunden. So können Bad und WC um die Ankleide erweitert werden oder die Ankleide durch den Vorhang dem Flur zugeschlagen werden. Das Bad kann

## Weitere Bauten

Van Nelle Fabrik, Rotterdam, 1926–1930
Budge-Altersheim, Frankfurt, 1929–30
Drive-In-Flats, Amsterdam, 1936
Wohnhochhaus Linnaeusstraße, Amsterdam, 1962

**Städtebau**
Wohnhaussiedlung Baba, Prag, 1928
Siedlung Hellerhof, Frankfurt, 1928–1932
Magnitogorsk, UdSSR, 1930–1934 (Fünfjahresplan)
Makejevka, UdSSR, 1930–1934 (Fünfjahresplan)
Orsk, UdSSR, 1930–1934 (Fünfjahresplan)

dadurch an einer Raumseite so weit geöffnet werden, dass ein Gymnastikplatz entsteht.
Mart Stam entwickelte die Inneneinrichtung zweier Häuser. Sein Bauhaus-Freund Marcel Breuer war für ein weiteres zuständig. Der Innenraum von Stams Musterwohnungen zeigt die charakteristischen Elemente seines Bauens: Stams Vorstellungen einer klaren Raumgliederung und die Verwendung eines Stahlstützensystems als freistehendes Raumelement.
Neben seinem architektonischen Beitrag für die Werkbund-Siedlung leitete Stams Entwurf des ersten »hinterbeinlosen Stuhls« eine Revolution im Möbelbau ein. Der »hinterbeinlose Stuhl« widersetzt sich der herkömmlichen Definition des Sitzmöbels: Der architektonische Charakter, der den traditionellen Stuhl auszeichnet, wird aufgehoben. Der Stuhl setzt sich in direkten Bezug zum Benutzer, indem das statische Prinzip von Stütze und Last durch ein bewegliches Spiel der Kräfte ersetzt wird. Die vier Stuhlbeine werden durch einen Stahlrohrrahmen ersetzt, der durch eine U-Form für Ausbalancierung und Stabilität sorgt. Die Sitzflächen bestehen aus Holz oder Leder. Dieses frühe Stahlrohrmöbel kann tausendfach in Serie gehen und reagiert doch immer auf die individuelle Sitzposition im Moment des Benutzens.
Stams künstlerisches Umfeld wurde stark von den russischen Konstruktivisten geprägt: Stam arbeitete von 1930 bis 1934 in Russland und realisierte städtebauliche Projekte für den Fünfjahresplan. Der russische Maler El Lissitzky und dessen konstruktivistische Bildkompositionen und Rauminstallationen begeisterten ihn. Ein weiterer starker Einfluss kam durch den Kontakt zu Piet Mondrian zustande. In der Auffassung von Raumkonstruktion und Aufteilung beziehen sich beide auf die Schriften des holländischen Philosophen Mathieu Hubert Schoenemaerkers, der eine Gitterstruktur aus Waagerechten und Senkrechten der Schöpfung der Welt zugrunde legte. »Die Schöpfung wird beherrscht durch zwei Bewegungsrichtungen, die vertikale und die horizontale. Vertikal ist die Richtung des Aktiven [...] es ist die Strahlenbewegung. [...] Horizontal ist die Richtung des Passiven.«[34] Die Horizontale und Vertikale sind Gliederungselemente, die inhaltlich zugeordnet werden und von Mart Stam in der Avantgarde-Zeitschrift *ABC* in einen universalen, bedeutungsvollen Zusammenhang gestellt werden.
Die Titelseite der dritten Ausgabe von *ABC* fasst drei wichtige Punkte von Stams Architektur zusammen: Material, Konstruktion und die Abkehr vom Historismus. »Moderne Materialien sind das Resultat unserer Industrie. Sie werden durch den Chemiker aus den Rohstoffen aufgebaut und durch die Maschine hergestellt. Moderne Konstruktionen sind das Resultat unseres technischen Denkens. Sie werden durch die Statiker eindeutig erkannt und errechnet und durch die Maschine ausgeführt. Moderne Stilformen: Unsere Historischen Museen sind bereits überfüllt, unsere Kunstprofessoren überlastet. Es hat keinen Sinn mehr, weiter für sie zu arbeiten.«[35]

## Stahlrohrmöbel

Mart Stam experimentierte als Erster mit Stahlrohr, um ihn für den Möbelbau nutzbar zu machen. Die Idee, Stahlrohr zu verwenden, kam durch sein neues Fahrrad, dessen eleganter Lenker ihn faszinierte. Der »hinterbeinlose Stuhl«, den er 1926 auf dem Weißenhof entwarf, ruhte auf einer U-Form. Um den Stuhl zu festigen, benutze er Fittings, die aus der Montage von Gasrohren bekannt waren. An den Biegungen musste der Stuhl mit Einlagen verstärkt werden, dadurch war er weniger elastisch. Mies van der Rohe, der Stams Entwurf während der Werkbund-Ausstellung kennen lernte, verzichtete auf Einlagen und ermöglichte so das Federn des Freischwingers.
Nachfolger des Weißenhof-Stuhls:

**Designer:** Mart Stam
**Jahr:** 1927
**Modell:** S 33
**Material:** Gestell Stahlrohr, Sitz und Rückenlehne Kernleder
**Maße:** Breite 50 cm, Höhe 86 cm, Tiefe 64 cm, Sitzhöhe 46 cm
**Hersteller:** Thonet, Frankenberg

*Zuerst in der Weißenhofsiedlung gezeigt: hinterbeinloser Stuhl von Mart Stam aus dem Jahr 1927*

## Stams Entwurfsziel – Zitate

»Wie Bauen?
Es ist notwendig, daß Begriffe, Anschauungen, Gewohnheiten von Überbleibseln aus vergangenen Jahrhunderten gereinigt werden; es ist notwendig, daß man einen klaren, eindeutigen Begriff vom Wohnen aufstellt. Das Haus ist oft Maßstab des Wohlstandes, an dem ein Bürger den andern mißt. Das Wohnhaus, einerlei ob Mietshaus oder Besitz, ist dasselbe, was bis vor kurzem das große Gemälde in breitem vergoldetem Rahmen war, oder ein Möbel mit Schnitzwerk oder Intarsia: Merkmal des Wohlstandes. Für den, der redlich und klar denkt, ist das Haus Gebrauchsgegenstand. Für neunzig vom Hundert, für den Bürger ist es etwas anderes: es ist Repräsentation. Dahinter verbirgt sich der Stolz, zu zeigen, was man sich leisten kann, das falsche Bestreben, einen anderen Menschen zu überbieten, noch größer, prunkvoller und kostbarer zu wohnen als der Nachbar. Diese Einstellung dem Wohnhaus gegenüber, die in den Jahren der Kriegsgewinnler den expressionistischen Spielereien eine weite Entwicklungsmöglichkeit gab, ist heute Ursache der Zwiespältigkeit, die unsere Stadtviertel aufweisen. Diese Zwiespältigkeit, die an Unehrlichkeit grenzt, weil sie einen Wohlstand vorzutäuschen versucht, der nicht da ist, steht der modernen Architektur im Wege. Moderne Bauwerke können nur dort entstehen, wo diese Zwiespältigkeit überwunden ist, wo jedes Ding nur ist, was es ist, und das in seiner reinsten, vollkommensten Gestalt.
Das Wohnhaus hat immer [...] einen eigenen Typus gezeigt, und zwar darum, weil die vorhandenen Materialien, die Lebensgewohnheiten, verschieden waren. Es ist notwendig, den neuen Charakter dieser Aufgabe klar darzustellen. Zuerst muß dann dem Umstande Rechnung getragen werden, daß Wohnungsnot herrscht, daß Tausende von Familien keine Wohnung haben und als Untermieter eine demoralisierende Existenz führen. Für Leute mit kleinsten Löhnen soll gesorgt werden; um dies zu ermöglichen, um für wenig Geld kleine, gut brauchbare Häuser zu bauen, muß man zu einem äußerst gedrängten Häusertypus kommen. Man wird dazu gezwungen, Gewohnheiten, Traditionen aufzugeben, einer ökonomischen Lebensweise zuliebe. Man muß lernen, auf den repräsentativen Charakter zu verzichten; man muß sich daran gewöhnen, Menschen nach anderen Maßstäben zu bewerten als nach breiten Hausprofilen und kostbaren Materialien. Man muß seine Ansprüche einschränken, aber demgegenüber hat man das Recht, für das ausgegebene Geld ein Höchstmaß an Brauchbarkeit, an Bequemlichkeit zu fordern.
Die Arbeit im Hause soll beschränkt werden, das heißt, die Zahl der Staubwinkel, der Räumlichkeiten, der Möbel soll geringer werden. Der Haushalt wird so einfach wie möglich gestaltet, die Stütze nach Möglichkeit überflüssig gemacht. Sämtliche Arbeiten, welche, statt in jedem einzelnen Haushalt einzeln, in einer Anstalt für mehrere Familien gemeinsam gemacht werden können, müssen aus dem Haushalt verschwinden. Heutzutage backen wir uns nicht mehr jeder das eigene Brot. Wir werden in fünfzig Jahren auch nicht mehr waschen, Apfeltorten backen, Nudeln bereiten, oder Gemüse und Obst für die Wintermonate einmachen. Wir werden das nicht mehr tun, aus dem einfachen Grunde, weil es sehr unökonomisch sein wird. Unsere Wohnungen werden bescheiden, der Wirtschaftsteil auf das Unumgängliche beschränkt sein.«
*Mart Stam in »Bau und Wohnung« 1927, S. 125/126*

»Meine Forderungen:
1. Das Handwerkliche durch das Maschinelle
2. Das Launenhafte, Individuelle durch das Kollektive, Normalisierte
3. Das Zufällige durch das Exakte im modernen Bauen ersetzen.«
*Mart Stam in »ABC« Nr. 2/1924*

## Biografisches zu Mart Stam

| | |
|---|---|
| 5.8.1899 | geboren in Purmerend, Holland |
| 1911–1916 | Praktikum im Büro J. M. van Dermey |
| 1917–1919 | Studium in Amsterdam |
| 1919–1922 | Mitarbeit bei den Architekten Granpre, Moliere, Verhagen und Kok, Rotterdam |
| 1922 | Mitarbeit bei Taut und Poelzig in Berlin |
| 1923–1924 | Mitarbeit im Büro Moser in Zürich |
| 1925–1928 | Mitglied der Architektengruppe »de 8«, später »De 8en Opbouw«, Rotterdam |
| 1926 | Modell eines »hinterbeinlosen« Stuhles |
| 1926–1927 | Entwurf und Bau von 3 Reihenhäusern in der Weißenhofsiedlung |
| 1928 | Gründungsmitglied der CIAM |
| 1928–1930 | Wettbewerb und Bau eines Altersheimes in Frankfurt mit M. Moser und F. Kramer; Gastdozent am Bauhaus in Dessau |
| 1930–1934 | Im Team von Ernst May in der UdSSR, Mitarbeit bei Stadtplanungen |
| 1935–1948 | Freier Architekt in Amsterdam |
| 1939–1948 | Direktor der Kunstgewerbeschule in Amsterdam |
| 1948 | Direktor der Akademie der Bildenden Künste in Dresden |
| 1950–1953 | Direktor der Kunsthochschule in Berlin-Weißensee |
| 1966 | Übersiedlung in die Schweiz |
| 23.2.1986 | gestorben in der Schweiz |

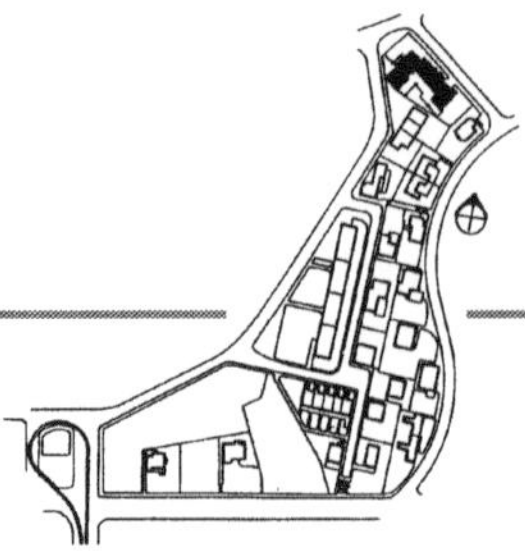

Das Neue Bauen

# Peter Behrens

## Terrassenhaus

Peter Behrens gehörte im Jahr 1927 bereits zur Vatergeneration des Neuen Bauens. Er konnte auf eine erfolgreiche Karriere als Industriedesigner bei der AEG und als Architekt zurückblicken. Für Mies van der Rohe und Le Corbusier, die in seinem Büro gearbeitet hatten, war Behrens' Einfluss von großer Bedeutung. Bevor er 1900 erste architektonische Arbeiten für die Künstlerkolonie auf der Mathildenhöhe in Darmstadt vorlegte, hatte er bereits ein Malereistudium absolviert und 1893 die Münchner Sezession mitbegründet. Eine Sezession, die für eine Abspaltung von der traditionellen Lehre steht, ist auch in seiner Architekturauffassung spürbar.

Sein Mehrfamilienhaus in Stuttgart setzt sich aus einem langgestreckten Querbau und zwei nach Südwesten angesetzten Kuben zusammen. Beide überragen den Längsbau um ein Geschoss und wirken so wie ein Doppelturm-Motiv. Die Fassade des Hauses staffelt sich auf vier Ebenen, die sich in abtreppender Folge anordnen. Behrens hatte die Baukörper so ineinander verschachtelt, dass ein Geschoss für das jeweils darüberliegende als Terrasse fungieren konnte. Der Zugang zu Licht und Sonne war so für alle Bewohner im Haus gewährleistet.

Während Mies van der Rohe eine geschlossene Gebäudeform wählte, bietet der Häuserkomplex von Behrens durch diese Verschachtelung eine weitere Variante des Wohnblocks. Auffällig ist das sich verkröpfende Traufgesims, das sich als schmales Profil um die Blöcke legt. Das Gesims ist ebenso wie die Vordächer und die altmodischen Sprossenfenster eine Reminiszenz an etablierte Gliederungselemente, die Behrens aus der Architekturgeschichte bekannt waren.

*Das Dach der unteren Wohnung bildet stets die Terrasse für die darüber liegende Wohnung*

*Grundrisse im Maßstab 1:200*
*Gebäudeansichten im Maßstab 1:400*

*Erdgeschoss*

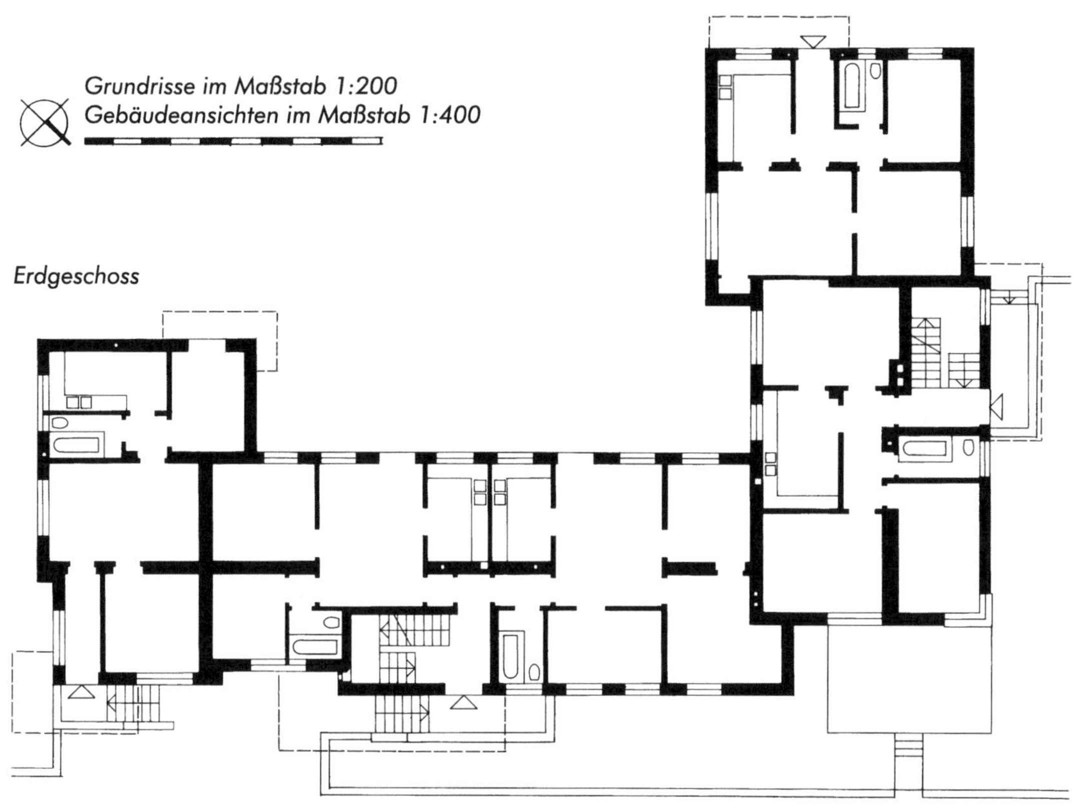

## Das Gebäude im Detail

**Konstruktion**
Außenwände Bimshohlblocksteine, Eisenbetondecken, Treppen aus Kunststein, Wände außen und innen verputzt

**Raumprogramm**
Untergeschoss: Vorrats- und Abstellräume, Waschküche, Bügelraum, Heiz- und Kohlenraum
Erdgeschoss: 4 Dreizimmerwohnungen mit Wohnraum, 2 Schlafräumen, Terrasse, Kü., Bad, 1 Vierzimmerwohnung
1. OG: 1 Dreizimmerwohnung, 2 Vierzimmerwohnungen
2. OG: 2 Dreizimmerwohnungen, 1 Vierzimmerwohnung
3. OG: 1 Dreizimmerwohnung, große Dachterrasse

**Innenausbau**
Peter Behrens lieferte für den Innenausbau einer für ihn vorgesehenen Wohnung keine Pläne; am Innenausbau der Wohnungen waren zahlreiche Architekten beteiligt, u. a. Paul Thiersch, Paul Griesser, Heinz und Bodo Rasch...

**Heutige Situation**
Der Mietwohnungsbau wurde im Krieg leicht beschädigt; 1950 wurden auf einzelnen Gebäudeteilen Satteldächer errichtet und die Terrassen teilweise überbaut. 1983–1984 wurden die Satteldächer und Terrassenausbauten wieder entfernt und das gesamte Gebäude denkmalgerecht restauriert

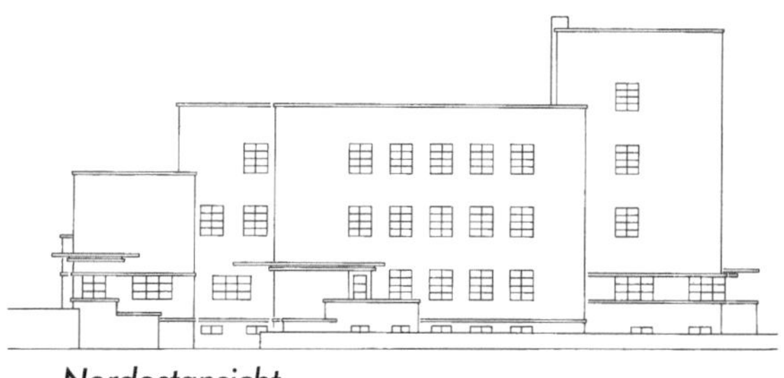

*Nordostansicht*

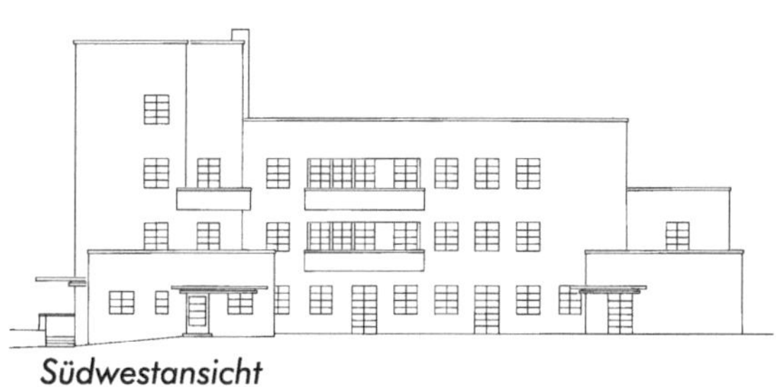

*Südwestansicht*

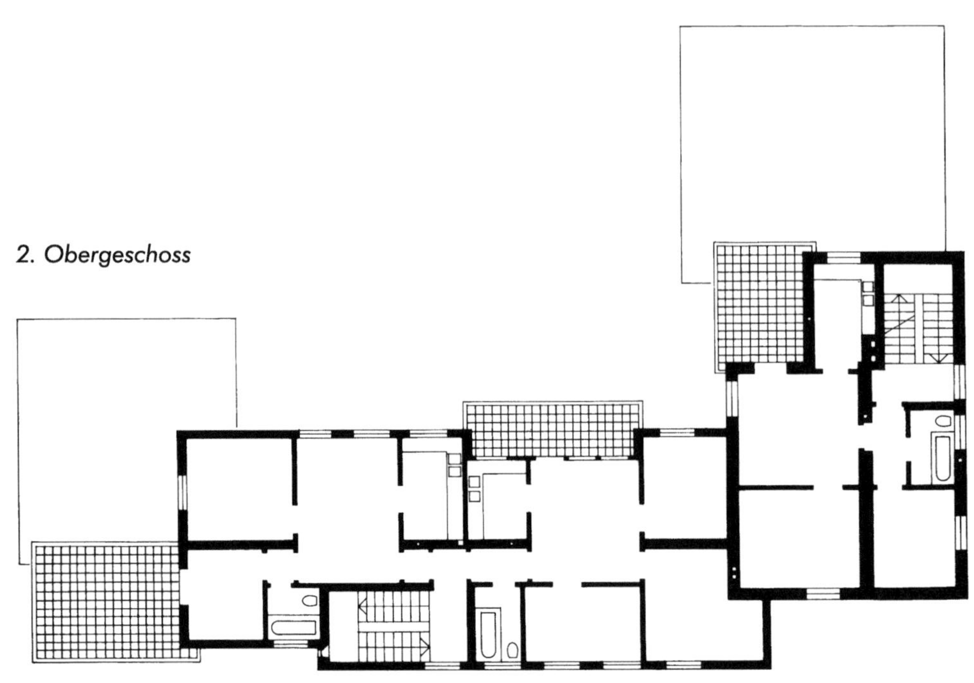

*2. Obergeschoss*

*1. Obergeschoss*

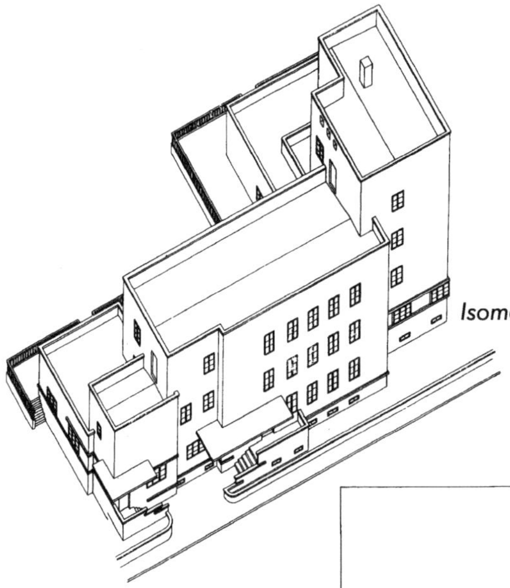

*Isometrie von Nordosten*

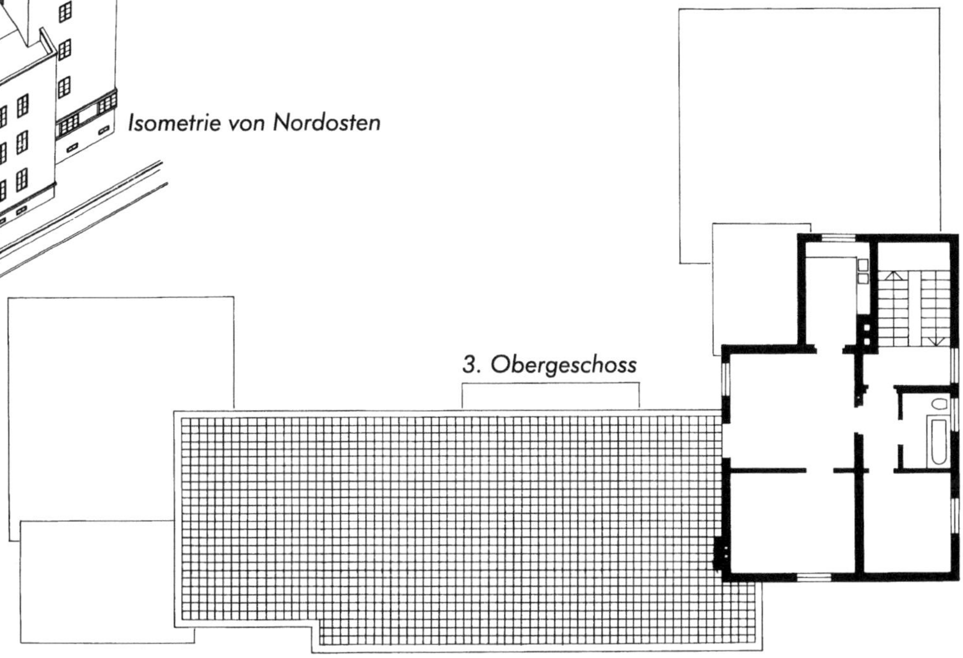

*3. Obergeschoss*

## Peter Behrens – Wege zur Moderne

Peter Behrens gehörte zu den Weißenhof-Architekten, die eine lange künstlerische Entwicklung beschritten hatten. In seinem architektonischen Werk lässt sich eine Entwicklung von den Anfängen des Jugendstils bis zum Neuen Bauen nachvollziehen. Dabei entspricht die Wandlung innerhalb seiner vielschichtigen architektonischen Arbeit der Vielseitigkeit, sich in unterschiedlichen künstlerischen Medien auszudrücken: Malerei, Buchillustrationen, Plakatentwürfe, Möbel, hauswirtschaftliche Geräte, Architektur und Ausstellungsbauten kennzeichnen das Werk von Peter Behrens.
Seine Ausbildung hatte er 1886 an der Gewerbeschule in Hamburg begonnen, bevor er von1888 an Kunstschulen in Karlsruhe, Düsseldorf und München Malerei studierte. Von 1891 bis 1899 arbeitete er als freischaffender Maler und Kunstgewerbler in München. Als Mitbegründer der »Vereinigten Werkstätten für Kunst im Handwerk« hatte Behrens 1897 die Reformierung des Handwerks entschieden mitgetragen.
Die Mitarbeit und die Werke, die Peter Behrens während seines Aufenthalts an der Darmstädter Mathildenhöhe entwickelte, bildeten einen Einschnitt in seiner künstlerischen Entwicklung. 1899 wurde er von Großherzog Ernst Ludwig II. von Hessen an die Darmstädter Künstlerkolonie berufen. Auf der Mathildenhöhe lebten und arbeiteten zwischen 1899 und 1921 23 Künstler, die den Darmstädter Jugendstil begründeten. Im Unterschied zu den Weißenhof-Architekten, die für ein zeitlich begrenztes Projekt zusammengestellt wurden, erfolgte die Gründung der kreativen Gemeinschaft der Darmstädter Künstlerkolonie als kulturpolitische Maßnahme. Die hessische Residenzstadt wurde durch vier aufsehenerregende Ausstellungen (1901, 1904, 1908, 1914) zu einem Zentrum der modernen Kunst der Jahrhundertwende.
In Darmstadt hinterließ Behrens neben Möbeln und Gebrauchskunst vor allem sein in architektonischer Pionierarbeit geschaffenes Wohnhaus. Behrens' architektonisches Erstlingswerk, das 1901 die Begeisterung der Kritiker erregt hatte, wurde im Zweiten Weltkrieg stark beschädigt. Im Unterschied zu den fast heiter-verspielt wirkenden Joseph-Maria-Olbrich-Bauten ist das Behrens-Haus mit seinen Backstein-Lisenen und der Verwendung einer spätmittelalterlichen Ornamentik eine Adaption sakraler Bauelemente

*1950 wurde das Terrassenhaus mit Satteldächern überbaut, die im Zuge der Renovierung in den 80er-Jahren wieder entfernt wurden*

im Jugendstil. Ein profilierter Kielbogen bekrönt die Fensterreihe des zweiten Geschosses. Wie bei der Werkbund-Ausstellung auf dem Weißenhof sind auch in Darmstadt die künstlerischen Erzeugnisse in Ausstellungen der Öffentlichkeit vorgestellt worden: 1901 zählten die Künstlerhäuser, welche den Besuchern unter dem Titel »Ein Dokument Deutscher Kunst« vorgestellt wurden, zu den Hauptattraktionen.
In der Rekordzeit von etwa eineinhalb Jahren hatten die Architekten acht Künstler- und Privathäuser auf der Mathildenhöhe entworfen und vom Keller bis zum Dachboden individuell gestaltet. Diese Häuser samt Innenausstattung waren den Besuchern während der fünfmonatigen Ausstellungsdauer zugänglich. Mit Ausnahme von Haus Behrens oblag Joseph Maria Olbrich die gesamte architektonische Planung. Nach seinen Entwürfen entstand ähnlich dem Ensemble auf dem Weißenhof eine Mustersiedlung aus bleibenden und temporären Bauten.
Das eigenwillige Konzept und der hohe Anspruch der Künstler, im gesamten häuslichen Bereich Kunst und Leben zum Gesamtkunstwerk zu verschmelzen, war umstritten. Viele Besucher vermissten Einrichtungen, die den Bedürfnissen und Möglichkeiten breiterer Bevölkerungsschichten entgegenkamen. Die erste Präsentation der Künstlerkolonie endete trotz internationaler Beachtung und hoher Besucherzahlen mit einem finanziellen Debakel. Peter Behrens verließ Darmstadt im September 1903.
Doch die Arbeit in der Künstlerkolonie auf der Mathildenhöhe war für Behrens das Sprungbrett für eine Karriere als Großarchitekt und erster Industriedesigner. Von 1907 bis 1914 war Behrens Chefdesigner bei der AEG in Berlin. Für die Allgemeinen Elektrizitäts-Gesellschaft entwickelte er die Typographie, entwarf Lampen und Ventilatoren und andere technische Geräte. Die Zusammenarbeit des Energiekonzerns mit Peter Behrens fällt in das Jahr der Gründung des Deutschen Werkbundes. Behrens gehörte neben elf weiteren Künstlern zu den Gründungsmitgliedern der Vereinigung.
Die Verbindung von Behrens mit der AEG schildert eindringlich die geglückte Verwirklichung der Ziele, die er im Werkbund formuliert hatte. Diese Verknüpfung von industrieller Planung und Fertigung mit künstlerischer Formgebung führte zu einem Resultat, das weit über die Grenzen Deutschlands hinausreichte. Durch Peter Behrens sind Industriedesign, Unternehmenskultur und Corporate Identity erstmals entwickelt worden.
Als Behrens zum künstlerischen Leiter der AEG berufen wurde, bestand die Firma bereits 25 Jahre. Der starke Wettbewerb, der sich im Angebot von Lampen entwickelt hatte, zwang das Unternehmen zu einer Umorientierung ihrer Verkaufsstrategie. Zur technischen Qualität des Massenartikels sollte eine verbesserte Form von Glühlampen die Kaufentscheidung der Kunden positiv beeinflussen. »Glauben Sie nicht, daß selbst ein Ingenieur, wenn er einen Motor kauft, ihn, um ihn zu untersuchen, auseinandernimmt. Auch er als Fachmann kauft nach dem äußeren Eindruck. Ein Motor muß aussehen wie ein Geburtstagsgeschenk«[36], hatte der Direktor Paul Jordan festgestellt. Die AEG war bemüht, gegen die ästhetischen Vorbehalte bürgerlicher Kreise vorzugehen und arbeitete als einer der ersten Konzerne mit einer Imagekampagne, welche die technische Funktionalität der Produkte mit einer ansprechenden Gestaltung verband.
Durch die Kampagne der AEG wurde der Name Peter Behrens zum Label. Die Produkte der Firma warben nicht nur mit dem Argument der schöneren Form, sondern auch mit dem bekannten Titel des Künstlers »Professor Peter Behrens«.

*Der Pressesprecher der Werkbund-Ausstellung Werner Graeff und die Innenarchitektin Mia Seeger (rechts) auf einer Dachterrasse*

## Behrens' Entwurfsziel – Zitat

»Terrassen am Hause:
Das größte Bauelend besteht in den bisherigen Massen-Miethäusern der großen Städte. Die Übelstände sind bekannt: Fünfgeschossige Häuser mit tiefen Seiten- und Querflügeln um enge Höfe. Es ist kein Wunder, wenn solche Wohnungen Krankheitsherde darstellen.
Ich habe schon vor Jahren versucht, ein Etagenhaus zu konstruieren, das geeignet sein könnte, den Hauptvolkskrankheiten vorzubeugen oder die Heilung zu begünstigen. Um gegen die Tuberkulose wirksam sein zu können, erscheint es notwendig, daß jeder Wohnung auch im Etagenhaus ein größerer Freiplatz unter offenem Himmel beigegeben ist. Trotzdem ist noch darauf zu achten, daß sämtliche Wohnungen durchlüftbar sind. Bei dem von mir projektierten ›Terrassenhaus‹ handelt es sich um ein Konglomerat von ein- und mehrgeschossigen Häusern, die so ineinander hineingeschoben sind, daß immer das flache Dach des niedrigen Hauses die Terrasse bildet für das dahinterliegende höhere Haus.
Das ästhetische Moment solcher Terrassenhäuser ist bei äußerster Einfachheit der Gestaltung nicht zu verkennen, da durch die Vor- und Rücksprünge ein malerisches Bild für die Häuser gewonnen wird, das selbst durch das Trocknen von Wäsche, das Aufstellen von Schirmen und Sonnenschutzdecken nicht beeinträchtigt wird, sondern im Sinne des Hauses begünstigend in Erscheinung tritt. So habe ich mich bei meinem Haus auf dem Weißenhofgelände in manchem beschränken müssen, immerhin aber das Hauptprinzip eines hygienisch modernen Etagenhauses, das Anfügen großräumiger Terrassen an alle Wohnungen, durchführen können. Auch war es möglich, die Mauern gegen Wärme und Kälte durch poröse Hohlsteine zu schützen. Leider ist es mir versagt geblieben, durch Mithilfe von Gärtnern und durch eine Bepflanzung mit ihrem Material den Terrassen den Eindruck kleiner Gärten zu geben.«
*Peter Behrens in »Bau und Wohnung« 1927, S. 17/21/23*

*Peter Behrens' Wohnhaus auf der Mathildenhöhe in Darmstadt von 1901*

## Weitere Bauten

Wohnhaus, Mathildenhöhe Darmstadt, 1901
Haus Obenauer, Hagen, 1905
Turbinenhalle, Berlin, 1909
Kleinmotorenfarbrik, Berlin, 1911
Hauptverwaltung Mannesmann, Düsseldorf, 1912–13
Verwaltungsgebäude Hoechst AG, Frankfurt, 1920–24A
Alexanderhaus und Berolina-Hochhaus, Berlin, 1930

**Städtebau**
Winarksy-Hof, Wien, 1924
Franz-Domes-Hof, Wien, 1928

## Biografisches zu Peter Behrens

| | |
|---|---|
| 14.4.1868 | geboren in Hamburg |
| 1886–1889 | Studium der Malerei in Karlsruhe und Düsseldorf |
| 1890 | Maler in München |
| 1893 | Mitbegründer der Münchner Sezession |
| 1896 | Längere Studienreisen nach Italien |
| 1897 | Mitbegründer der Vereinigten Werkstätten für Kunst und Handwerk in München |
| 1900 | Berufung an die Künstlerkolonie in Darmstadt, erste architektonische Arbeit (Haus Behrens) |
| 1902–1903 | Leiter von Meisterkursen am bayerischen Gewerbemuseum Nürnberg |
| 1903–1907 | Direktor der Kunstgewerbeschule Düsseldorf |
| 1907 | Übersiedlung nach Berlin, künstlerischer Beirat der AEG (Industriebauten, industrielle Formgestaltung, Grafik) |
| 1922–1936 | Professor und Leiter der Meisterschule für Architektur in Wien |
| 1926–1927 | Entwurf und Bau eines Terrassenhauses in der Weißenhofsiedlung |
| 1936 | Leiter der Architekturabteilung der Preußischen Akademie der Künste Berlin |
| 27.2.1940 | gestorben in Berlin |

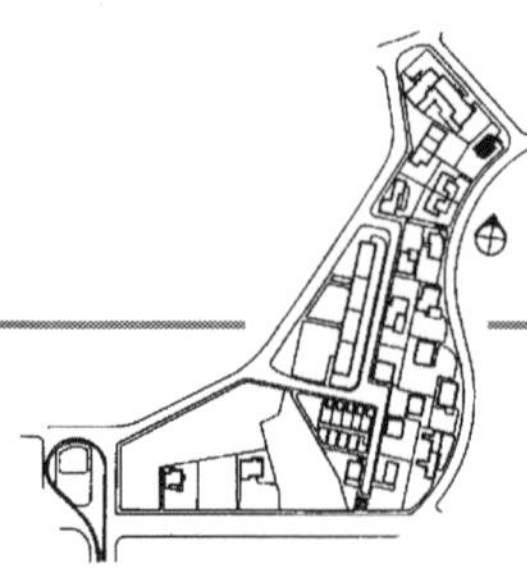

Das organische Bauen

# Hans Scharoun

## Einfamilienhaus

Die Teilnahme Hans Scharouns am Weißenhof-Projekt war anfangs nicht gesichert, da Skeptiker des Stuttgarter Gemeinderats die außergewöhnliche Formensprache nicht als repräsentativ für das Neue Bauen empfanden. Da Scharoun aber eine Professur an der Kunstgewerbeakademie in Breslau hatte, wollte man letztlich auf seinen Beitrag nicht verzichten.
Hans Scharoun brach die rechtwinklige Strenge, welche die Bauten seiner Weißenhof-Kollegen kennzeichnete, auf. Im Norden und Süden schließt das zweigeschosssige Wohnhaus mit einer gerundeten Fassade ab. Durch diese organische Bewegung wird der skulpturale Charakter des Hauses betont, der die Gegensatzpaare rund und eckig verbindet. Eine einläufige Treppe, die nach einem schmalen Flur Erdgeschoss und ersten Stock miteinander verbindet, erscheint außen als geschwungenes Fassadenelement. Zur Gartenseite wölbt sich das Gebäude durch eine zirkelförmige Wand, die mit einem Fensterband den Blick auf das Gelände freigibt.
Einige Elemente zeigen Scharouns Begeisterung für die Ästhetik des Schiffsbaus: Die Treppe besteht aus Eisenblechen, wie man sie im Kutterbau verwendete. Ein Terrassenfenster hat die Form eines Bullauges. Der Balkon wird durch ein Geländer, das von der Reling eines Schiffes stammen könnte, bekrönt. Das Schiffsmotiv führte in Scharouns architektonischem Schaffen aber nicht zu einer stromlinienförmigen Baukunst wie sie der Miami-Stil der amerikanischen Ostküste aufgriff, sondern ließ ihn eine dynamische Architektur entwickeln, die von komplexen Raumlösungen lebt. Durch den Mangel an Typisierung wurde Scharouns Architektur nach dem zweiten Weltkrieg scharf kritisiert.

*Bei Scharouns Haus sticht der Wechsel runder und eckiger Formen ins Auge, Detailansicht des Eingangsbereichs*

## Das Gebäude im Detail

**Konstruktion**
Stahlskelettbauweise mit Wärmedämmplattenausfachung, außen Bimsplatten verputzt, innen Gipsdielen verputzt

**Raumprogramm**
Untergeschoss: Heiz- und Kohlenraum, Waschküche, Vorratsraum
Erdgeschoss: Eingang, Garderobe, WC, Wohn- und Essraum, Arbeitsraum, Terrasse, Küche, Wirtschafts-/Schlafraum
Obergeschoss: 3 Schlafräume, Bad, Terrasse

**Innenausbau**
Hans Scharoun

**Heutige Situation**
Das Haus wurde als erstes Gebäude der Weißenhofsiedlung von 1979–1981 denkmalgerecht saniert und in einem weiteren Bauabschnitt 1983 ergänzt

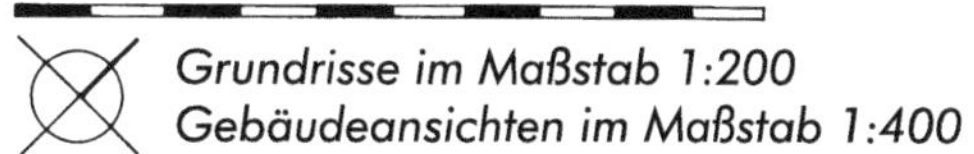

*Grundrisse im Maßstab 1:200*
*Gebäudeansichten im Maßstab 1:400*

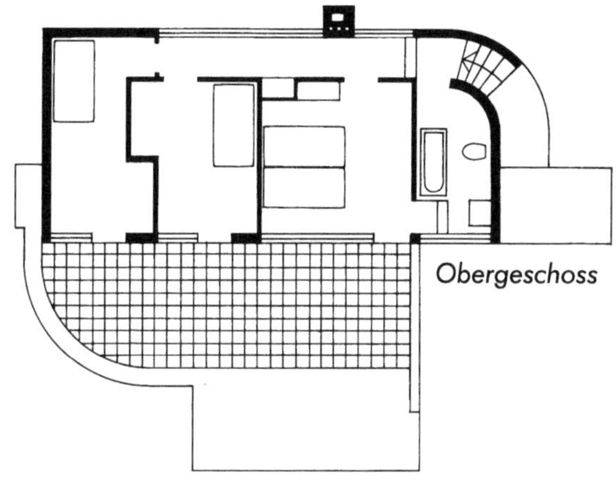

*Obergeschoss*

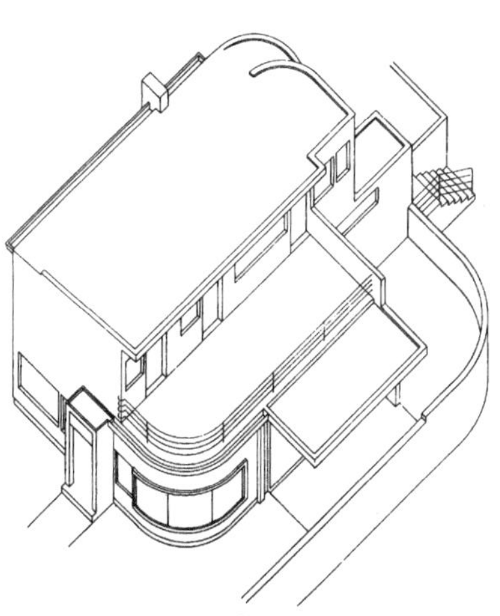

*Isometrie von Süden*

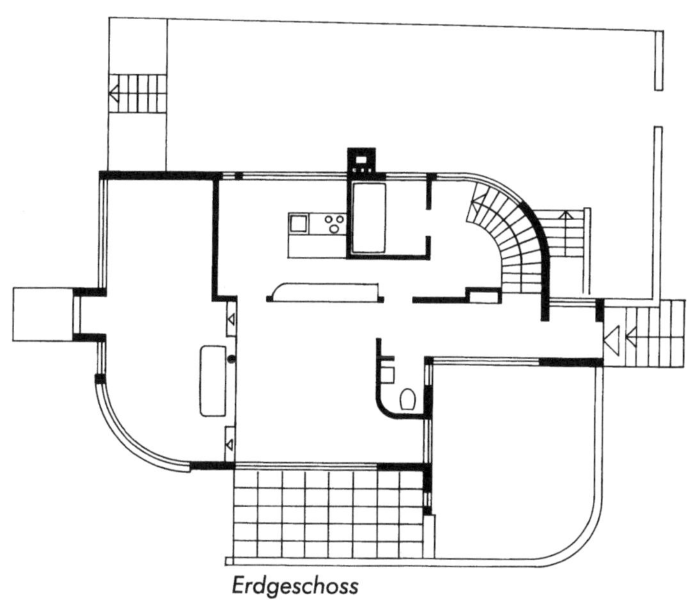

*Erdgeschoss*

*Ansicht von Südwesten*

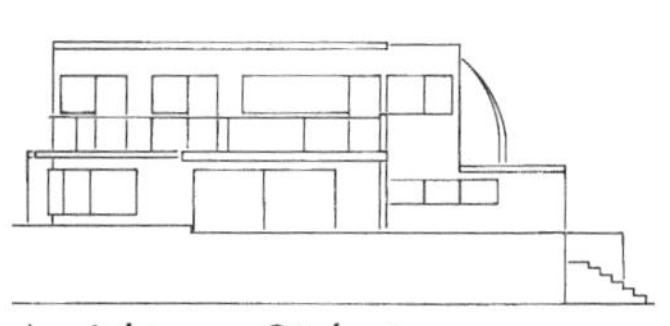

*Ansicht von Südosten*

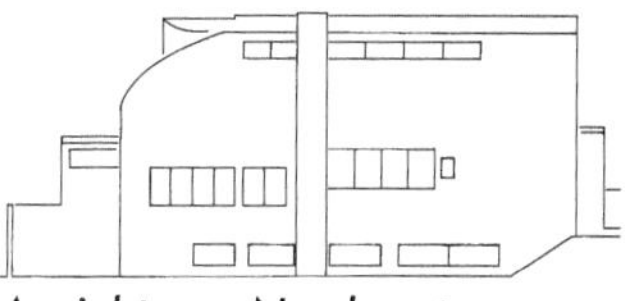

*Ansicht von Nordwesten*

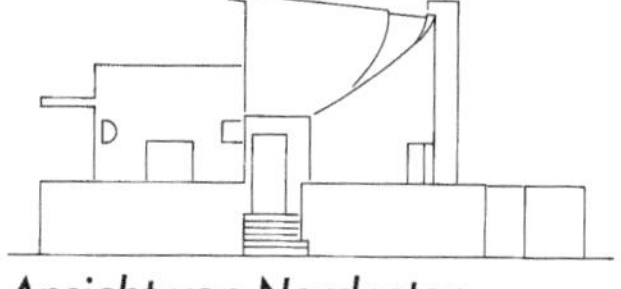

*Ansicht von Nordosten*

## Hans Scharoun – die organische Form

Hans Scharoun verbindet in seinem Einfamilienhaus das Thema der Raumöffnung mit seiner unverwechselbaren organischen Bauform. Durch die Terrasse und die Durchfensterung dringt der Garten und die Landschaft in den Wohnraum ein. Die Position des Hauses am östlichen Abschluss der Hangbebauung bietet dem Bewohner einen Panoramaausblick in den Stuttgarter Talkessel und die Neckarebene. Davon war auch Scharoun 1927 begeistert. Der Wohnraum sollte unter »Einbeziehung der – hier besonders schönen – Landschaft«[37] weit über die Begrenzung der Mauern hinausgeführt werden. Außen und Innen verband Scharoun auch durch die malerische Gestaltung des Hauses. Die untere Seite des Vordaches ist englisch-rot gestrichen, das im Inneren fortgeführt wird. Rote und weiße Rechtecke befinden sich an der Decke des Wohnzimmers und schaffen so eine Gliederung. Ein historisches Foto zeigt wie das Esszimmer und der Wohnraum, der durch zwei Stufen erhöht wurde, durch die Farbgebung in Beziehung gesetzt wurden.
Das Haus gehört mit seinen 105 Quadratmeter zu der Gruppe der kleineren Einfamilienhäuser der Siedlung. Doch Scharoun hat durch die Organisation der Wirtschaftsräume eine optimale Raumnutzung erreicht. Im Erdgeschoss wird die Linie des Flurs durch eine Wand aufgenommen, die den Wohnbereich abschließt. Dadurch erreichte Scharoun eine Abtrennung von Küche und daneben liegendem Wirtschaftsraum, der für die Arbeiten der Haushaltshilfe vorgesehen war. Auf kleinstem Raum schuf er einen durchdachten Trakt, der die Arbeit der Hausfrau organisierte.

*Detailansicht von Südwesten – ein besonderes Merkmal dieses Hauses ist die abgerundete Fensterfront des Wohnzimmers*

*Historische Innenaufnahme des Wohn-/Essraums, die Decke war verschiedenfarbig gestrichen*

Das Weißenhof-Haus war nicht das einzige Gebäude, das Scharoun in Stuttgart realisierte. 1954 begann er mit dem Bau der Wohnanlage »Romeo und Julia« in Stuttgart-Zuffenhausen. Sie besteht aus einem fünf- bzw. elfgeschossigen Laubenganghaus und einem 17-geschossigen Wohnhaus. Im Gebäudetrakt »Julia« befinden sich Dreizimmerwohnungen. Östlich von »Julia« erhebt sich das Hochhaus »Romeo«, das durch keilförmige Balkone gegliedert ist. Die auskragenden Balkone beleben den stereometrischen Bau und zeigen Scharouns Vorliebe für eine auflockernde Formensprache. Die Wohnräume fächern sich auf und sind nach dem Lauf der Sonne angeordnet, um eine hohe Wohnqualität zu garantieren.
Allen Bauten Scharouns ist gemeinsam, dass sie sich durch eine natürliche Organisation des Wohnraums von innen nach außen entwickeln. In der Berliner Philharmonie, die zu Scharouns Hauptwerken gehört, vollendete er diesen Ansatz: Die Gegenüberstellung von Publikum und Bühne wurde aufgehoben und die Zuschauerränge wurden als Terrassen angelegt, die der Anlage von Weinbergen ähneln sollten. Mit diesem Bau wendete sich Scharoun gegen die strenge Architektur der Funktionalisten. Im Gegensatz zu den Bauten von Mies van der Rohe sollten sich Scharouns Gebäude durch einen individuellen Charakter auszeichnen.

*Wohnhochhaus »Romeo« in Stuttgart-Zuffenhausen*

## Scharouns Entwurfsziel – Zitate

»Die Notwendigkeit einer neuen Einstellung zur Familie, zu den Hausangestellten, die Souveränität des Menschen über Dingliches, die im Entstehen begriffenen Änderungen im Gemeinschaftsleben sind Probleme, deren Entwicklung gleichlaufend mit denen einer neuen Wohnform sind und sie sind es wert, nicht nur theoretisch behandelt, sondern auch praktisch angegriffen zu werden. Die Städte haben sich diesen Aufgaben wenig oder fast gar nicht gewachsen gezeigt. Um so notwendiger ist auch auf diesem Gebiet des »Geistigen« die Wiedereinschaltung der natürlichen Entwicklung. Daß Kräfte, fähig, eine dem Leben nahe Entwicklung zu fördern, trotz mangelnder Unterstützung – gewissermaßen unter Ausschluß der Öffentlichkeit – noch am Leben, am Werke sind, das aufzuzeigen scheint mir Sinn und Zweck der Ausstellung der Stadt Stuttgart. Dem Laien muß im Hinblick auf diese Ausstellung gleichzeitig gesagt werden, daß die Form der Ausstellung insofern von der gewohnten abweicht, als keine Spitzenleistungen, sondern Formungen aus einer bisher fast nur theoretisch entwickelten Reihe gezeigt werden sollen, für die die ›endgültige‹ Form noch nicht abzusehen ist...
Das Haus 33 ist aus Freude am Spiel mit neuem Material und neuen Forderungen an den Raum geworden.
Allzuviel Typisiertes findet der Betrachter nicht. Das ›Vielfältige‹ im ›Eigenheim‹ wird Norm erst bei serienmäßiger Herstellung. Das Ganze will keine Erfüllung sein, sondern nur Schritt unter Schritten.«
*Hans Scharoun, in »Bau und Wohnung« 1927, S. 110/111*

»Das Haus gehört zur Gruppe der kleinsten Einfamilienhäuser der Siedlung. Es sollte in seinen Dispositionen klar sein. Absolut und relativ maßstäblich groß wirken. Einen eindeutigen Eindruck bei Besuchern hinterlassen, denen nicht nur ein ›Rundgang durch Zimmer‹ als Eindruck verbleiben soll. Dies suchte ich zu erreichen:
Durch klare Scheidung von Wohn-, Schlaf- und Wirtschaftsabteilung, durch starke Maßunterschiede der Wohn- und Schlafräume, durch die Vereinigung verschiedener Wohnfunktionen in einer Raumeinheit, durch das Spiel der durch das ganze Haus führenden Achse als Linie gegen Raum, durch die Form des Wohnraumes, die Weite über das mauermäßig Begrenzte hinaus fühlen läßt«.
*Hans Scharoun, in »Die Form« 1927, S. 293*

## Weitere Bauten

Wohnheim, Werkbundsiedlung Breslau, 1929
Haus Schmincke, Löbau, 1932–1933
Wohnhochhäuser »Romeo und Julia«, Stuttgart-Zuffenhausen, 1954–59
Stadttheater, Wolfsburg, 1965–1973
Philharmonie, Berlin, 1956–1963, 1979–1984 (mit Edgar Wisniewski)
Staatsbibliothek, Berlin, 1967–1976 (mit Edgar Wisniewski)

**Städtebau**
Siemensstadt, Berlin-Spandau, 1929–1930 (mit Walter Gropius, Hugo Häring, Otto Bartning, Fred Forbat und Paul Rudolf Henning)
Siedlung, Berlin-Charlottenburg, 1956–61

## Biografisches zu Hans Scharoun

| | |
|---|---|
| 20.9.1893 | geboren in Bremen |
| 1912–1914 | Studium an der Technischen Hochschule Berlin |
| 1915 | stellvertretender Leiter eines Bauberatungsamtes für den Wiederaufbau Ostpreußens |
| 1919–1925 | Freier Architekt in Insterburg, Ostpreußen |
| 1925–1932 | Professor an der Staatlichen Akademie für Künste und Kunstgewerbe in Breslau |
| 1926 | Architektengemeinschaft mit A. Rading und H. Kruchen in Berlin; Mitglied des »Ring« |
| 1926–1927 | Entwurf und Bau eines Einfamilienhauses in der Weißenhofsiedlung |
| 1929 | Beteiligung an der Werkbund-Ausstellung in Breslau |
| 1932–1943 | Freier Architekt in Berlin, ohne öffentliche Aufträge |
| 1945–1946 | Leitung der Abteilung Bau- und Wohnwesen des Magistrats von Berlin |
| 1946–1958 | Professor an der TU Berlin |
| 1955–1968 | Präsident der Akademie der Künste in Berlin |
| 25.11.1972 | gestorben in Berlin |

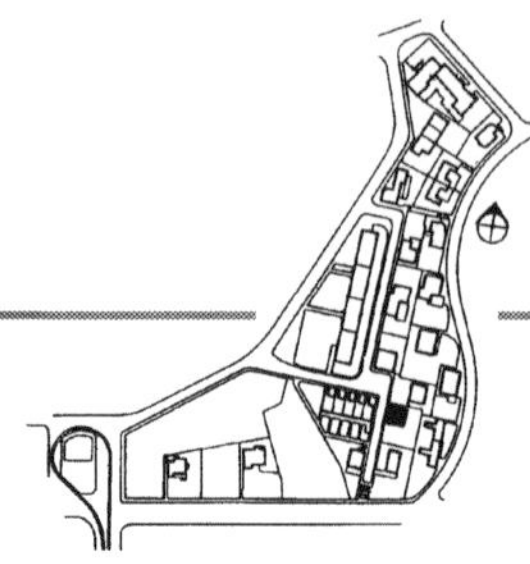

Der Bauhaus-Stil

## Walter Gropius

### Einfamilienhaus

Walter Gropius hatte 1919 in Weimar das Bauhaus gegründet, dessen Leiter er bis 1928 war. Die unkonventionelle Lehre, die sich von den etablierten Akademien unterschied, hatte das Bauhaus schnell zu einem Anziehungspunkt für die bedeutendsten Künstler des 20. Jahrhunderts gemacht. Für die Stuttgarter Organisatoren war damit klar, dass man auf die Beteiligung von Gropius nicht verzichten konnte. Ein anerkannter Architekt war er bereits 1911 durch einen Fabrikbau für die Fagus-Werke in Alfeld. Kurz nach seiner Ausbildung im Büro von Peter Behrens hatte Gropius zudem eine Musterfabrik in Köln gebaut.
Die zwei Einfamilienhäuser in der Stuttgarter Werkbund-Siedlung zeigten den Einsatz unterschiedlicher technischer Bauverfahren. Während das Haus im Bruckmannweg 4 ein Mauerwerksbau war, erprobte Gropius die Anwendung vorgefertigter Bauelemente im Bruckmannweg 6. Letzteres bildete mit den Reihenhäusern von Oud und dem Wohnblock Mies van der Rohes eine Platzsituation – die einzige, die im Bebauungsplan festgelegt war. Der Grundriss des zweigeschossigen Hauses Nr. 16 war quadratisch. Dadurch erinnert das Haus an einen Würfel und zeigt die Beschäftigung der modernen Architekten mit stereometrischen Grundfiguren. Der Würfel ist durch seine Gleichmäßigkeit vollkommen und gleichzeitig auf eine wesentliche Form reduziert. Er kann als Einzelelement einer unendlichen Reihe verstanden werden.
Das L-förmige erste Obergeschoss des Wohnhauses war zurückgesetzt, so dass man die Freifläche als offene Terrasse nutzen konnte. Durch einem Vorhang hatten die Bewohner die Möglichkeit, sich dem öffentlichen Blick von der Straße zu entziehen.

*Im 1. Obergeschoss ist eine großzügige Dachterrasse ausgespart; Modellansicht von Nordwesten*

*Nordansicht*

*Südansicht*

*Westansicht*

*Grundrisse im Maßstab 1:200*
*Ansichten im Maßstab 1:400*

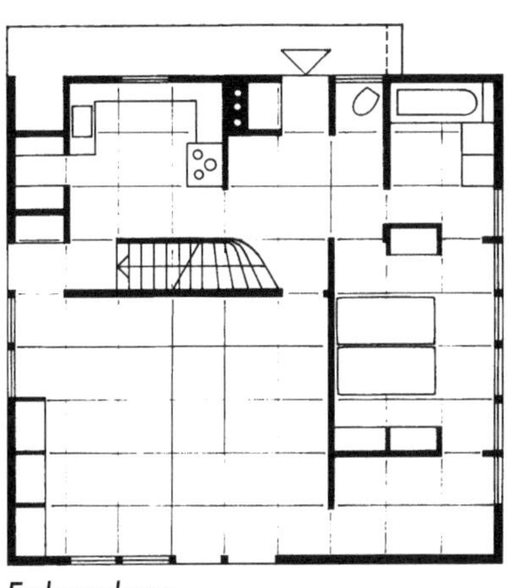

*Erdgeschoss*

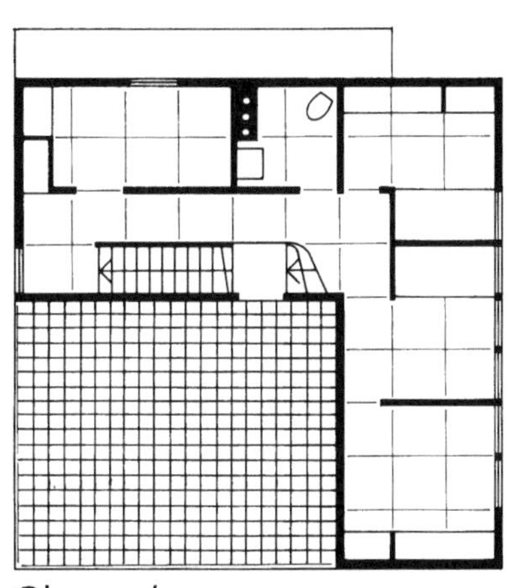

*Obergeschoss*

## Das Gebäude im Detail

**Konstruktion**
Bimshohlblocksteine außen verputzt, innen Trockenbaukonstruktion, Decken und Trennwände Holzkonstruktion System »Feifel«

**Raumprogramm**
Untergeschoss: teilunterkellert, Heizung, Vorratsraum
Erdgeschoss: Vorraum, WC, Wohn-, Essraum, Küche, Abstellraum, 2 Schlafräume, Bad, Terrasse, Kinderspielplatz
Obergeschoss: Arbeitszimmer, Kinderzimmer (unterteilbar), Waschraum mit WC, Waschküche, Dachterrasse

**Innenausbau**
Walter Gropius, Möblierung: Marcel Breuer

**Heutige Situation**
Die Häuser 16 und 17 wurden im Krieg zerstört; 1955 wurde der Bauplatz der beiden Häuser mit einem größeren Wohnhaus neu bebaut

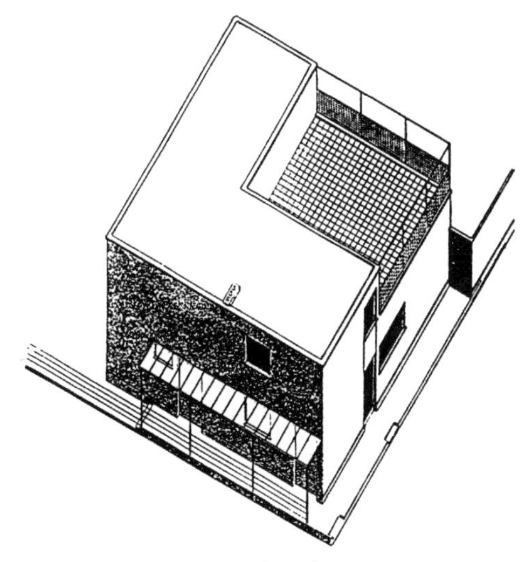

*Isometrie von Nordwesten*

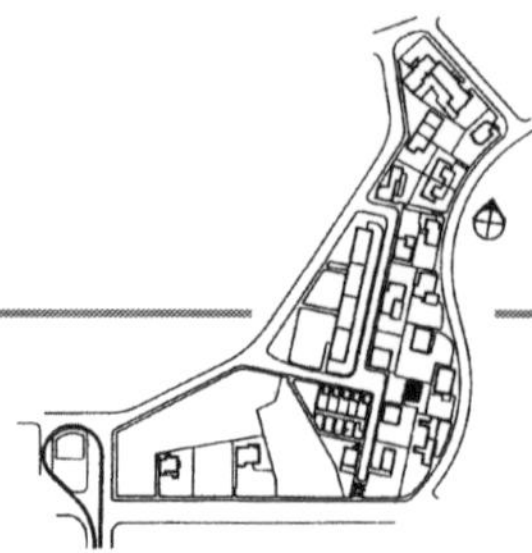

# Walter Gropius

## Einfamilienhaus

Gropius sah die Zukunft der Wohnarchitektur in der Verwendung vorfabrizierter Bauteile. Die industrielle Herstellung von Architektur und ihre Auswirkung auf Gestaltungsstandards war für Gropius das Ziel einer neuen Bauaufgabe. Durch die Herstellung von Wänden und Dächern in einer ausgelagerten Produktionsstätte war man unabhängig von den Bedingungen der Saison und Witterung. Auch während der feuchten Jahreszeiten war durch die Fertighaus-Montage die Arbeit am Bau möglich. 1931 entwarf er ein System der Vorfabrikation aus Kupfer für einen deutschen Industriellen in Eberswalde, 1945 entwickelte er einen weiteren Prototyp für die General Corporation in den USA.
Das zweigeschossige Weißenhof-Haus Nr. 17 baute Gropius als Leichtbau. Die Stahlkonstruktion ließ er mit Korkplatten ausfachen und anschließend mit sechs Millimeter starken Asbestschieferplatten außen verkleiden. Durch den annähernd quadratischen Grundriss vermied Gropius die Anordnung der Räume an einer Längsachse. Der Grundriss entwickelte sich in einem Raster von 1,06 x 1,06 Metern. Alle Raumabmessungen, Türöffnungen und Einbauten fügten sich in dieses Raster.
Marcel Breuer war für die Möblierung der Wohnräume beider Häuser zuständig. Breuer, zuerst Bauhaus-Schüler, wurde später einer der vertrautesten Mitarbeiter von Gropius. Seine Stühle und Liegen waren aus Stahlrohr gefertigt. Er zeigte den Wassily-Sessel, den er nach Wassily Kandinsky benannt haben soll. In diesem Entwurf hatte er den Prototyp von 1926, der noch Stuhlbeine aufwies, weiterentwickelt. Der Sessel für Stuttgart war nun aus einem endlosen Rohr, das einen Würfel umriss, gestaltet worden.

*Das Einfamilienhaus von Gropius entwickelt sich über einem quadratischen Grundriss; Modellansicht von Nordosten*

*Nordansicht* *Ostansicht* *Westansicht*

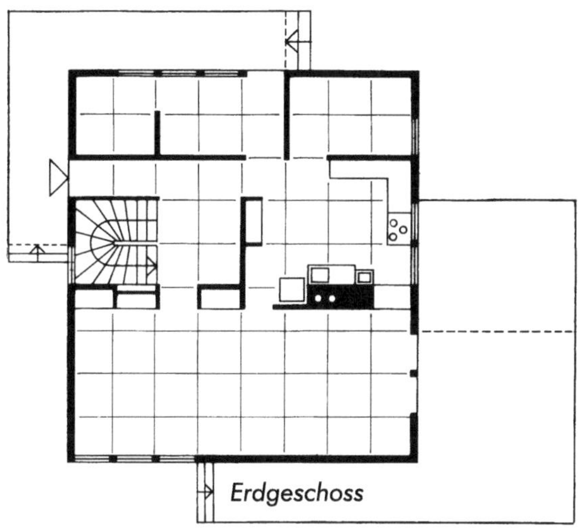

*Erdgeschoss*

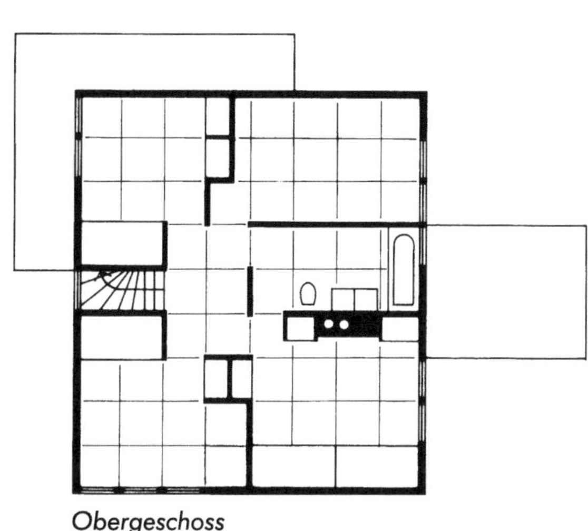

*Obergeschoss*

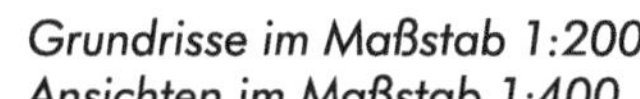

*Grundrisse im Maßstab 1:200*
*Ansichten im Maßstab 1:400*

## Das Gebäude im Detail

**Konstruktion**
Trockenes Montagebauverfahren auf Ortbetongrundplatte, Wände und Decken Stahlskelett, Außenwände Z-Stahlprofile, Ausfachung 8-cm-Korkplatten, Außenverkleidung 6 mm-Asbestschieferplatten, Innenverkleidung vorgefertigte Platten verschiedenen Materials, kein Außen- und Innenputz

**Raumprogramm**
Nicht unterkellert
**Erdgeschoss:** Vorraum, Küche mit Vorrats-, Werk- und Abstellraum, Warmwasserzentralheizung von der Küche aus, Wohn- und Essraum
**Obergeschoss:** 3 Schlafräume, Waschküche, Bad mit WC

**Innenausbau**
Walter Gropius, Möblierung: Marcel Breuer

**Heutige Situation**
Die Häuser 16 und 17 wurden im Krieg zerstört; 1955 wurde der Bauplatz der beiden Häuser mit einem größeren Wohnhaus neu bebaut

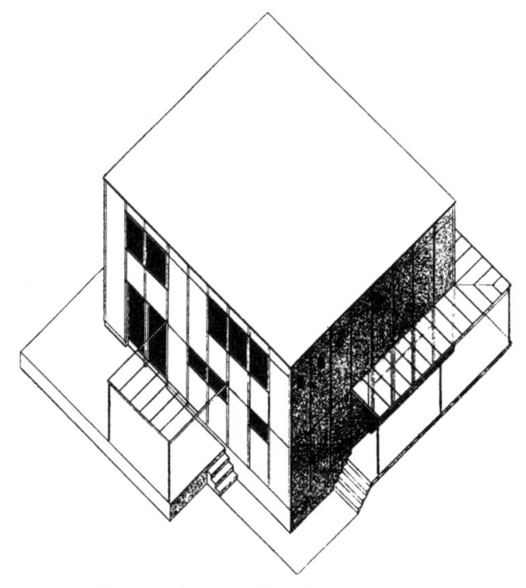

*Isometrie von Nordosten*

## Walter Gropius – Der Bauhaus-Stil

Walter Gropius übernahm als Nachfolger von Henry van de Velde 1919 die Leitung des Bauhauses in Weimar. Er legte das Programm der Lehranstalt fest. Alle Künstler waren für Gropius letztlich Handwerker. Gemeinsam sollte der »Bau der Zukunft« errichtet werden, bei dem die künstlerische Gestaltung als Beseelung des Materials verstanden wird. Das Bauen ist bei Gropius eine Chiffre für das Engagement in gesellschaftlichen und intellektuellen Bereichen. Es versöhnt über Standesunterschiede und bewirkt eine Verbindung von Kunst und Lebenswelt. »Das Endziel aller bildnerischen Tätigkeit ist der Bau«[38] schreibt er in seinem enthusiastischen Programm anlässlich der Eröffnung der Schule. Das Bauhaus lehrte in der Praxis die Gleichberechtigung aller Arten der schöpferischen Arbeit und das logische Ineinandergreifen der Künste innerhalb einer modernen Weltordnung. Es strebte nach einer Architektur, »die gleich der menschlichen Natur das ganze Leben umfaßt.«[39]

Wenn anfangs noch eine quasi religiöse Einheit der Künste im Gesamtkunstwerk verfolgt wurde, bedingte die stagnierende Wirtschaftslage der Nachkriegsjahre die folgende Einsicht: »Wir werden nicht mehr neben dem Handwerk, sondern im Handwerk stehen, da wir verdienen müssen.«[40] 1925 siedelte das Bauhaus von Weimar nach Dessau um. Hannes Mayer, der 1928 die Nachfolge Gropius' als Direktor antrat, lehrte ab 1927 an der Architekturabteilung. Bereits 1928 schieden Moholy-Nagy, Breuer und Beyer aus dem Lehrkörper aus, 1931 ging Klee an die Düsseldorfer Akademie, Schlemmer nach Breslau. Kandinsky und Feininger setzten ihre Lehrtätigkeit auch unter dem dritten Bauhaus-Direktor Mies van der Rohe bis zur Schließung durch die NS-Behörden 1933 fort.

Das Stilproblem, das die Architektur in der Moderne abzuschütteln versuchte, wurde bei Gropius durch eine antiästhetische Haltung gelöst, die das Formenvokabular aus einem freien Gestaltungswillen ableitete: Seine drei Meisterhäuser in Dessau von 1925/26 zeigen eine ähnliche Radikalität im Purismus der Architektur wie die der Weißenhofsiedlung. Durch das Modul-System der Bauweise könnte die entwickelte Form theoretisch beliebig oft angestückt werden und eine serielle Kette bilden.

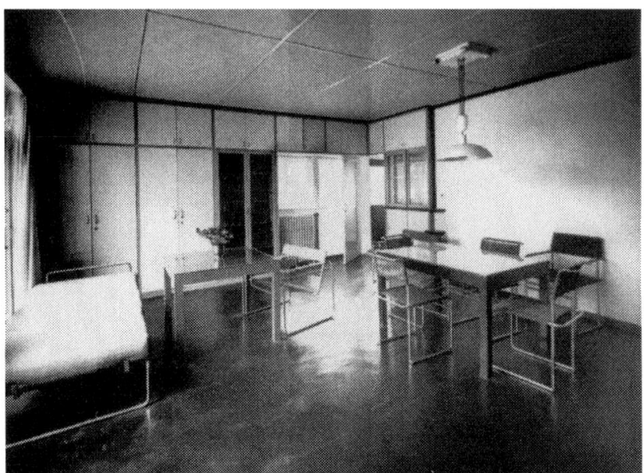
*Der Wohn-/Essraum in Haus 16 wurde mit Stahlrohrmöbeln von Marcel Breuer ausgestattet*

Gropius lehnte jeden Ausdruck eines speziellen Stils ab. Stattdessen betonte er, dass er in seiner Arbeit am Bauhaus die grundsätzlichen Methoden schöpferischer Arbeit gesucht habe. Doch die Keramiken, Teppiche und Möbel aus den Bauhaus-Werkstätten sowie das Schulgebäude in Dessau zeigen eindeutige Merkmale, die auf die Entstehung in der klassischen Moderne verweisen. In der Rückschau lässt sich den Architekturen so ein typischer Bauhaus-Stil zuweisen, der jedoch von Gropius und den späteren Direktoren unerwünscht war: »[...] mir wird klar, daß ich eine etikettierte Figur geworden bin«[41], sinnierte Gropius in einer Rede an seinem 70. Geburtstag.

## Bauhaus-Möbel

Anfangs hatte Marcel Breuer mit einem Schlosser zusammengearbeitet, um seine Stahlrohrmöbel zu entwickeln. »Die Möbel, sogar die Wände des Raums sind [...] luftig durchbrochen, sozusagen in den Raum gezeichnet [...] Ich habe für dieses Möbel speziell Metall gewählt, um die eben beschriebenen Eigenschaften moderner Raumelemente zu erreichen. Die schwere anspruchsvolle Polsterung eines bequemen Sessels ist durch eine straff gespannte Stofffläche und einige leicht dimensionierte federnde Rohrbügel ersetzt [...]«.[42]

**Designer:** Marcel Breuer
**Jahr:** 1925
**Modell:** Wassily-Sessel 50–125
**Material:** Gestell Stahlrohr, verchromt, Armlehnen Leder oder Segeltuch
**Maße:** Breite 79 cm, Tiefe 70 cm, Höhe 72 cm, Sitzhöhe 42 cm
**Hersteller:** Knoll International, Murr

*Wassily-Sessel von Marcel Breuer, der in Haus 16 gezeigt wurde*

## Gropius' Entwurfsziel – Zitat

»Für die von mir bearbeiteten Versuchshäuser auf der Stuttgarter Werkbundausstellung 1927 habe ich mir die bestimmt begrenzte Aufgabe gestellt, neue Lösungen für den Montagebau zu finden. Es war bisher bei den Bemühungen zur Verbilligung des Wohnungsbaues gelungen, wirtschaftlich günstige Serienbauten unter Benutzung von großen Baumaschinen gleichzeitig in größerer Anzahl an einer Baustelle zu errichten. Die Benutzung dieser Verfahren für die Errichtung von Einzelwohnhäusern wäre dagegen infolge der teuren Montagemaschinen unrationell. Für die Erfüllung des starken Bedürfnisses nach serienmäßig hergestellten billigen, aber einzeln lieferbaren Einfamilienhäusern sollte im vorliegenden Fall durch neue Verfahren nach eigenem Plan eine Lösung gefunden werden.
Der größte Feind des Hausbaues ist die Feuchtigkeit (Witterung und Bauwasser). Sie ist die Hauptursache für die verhängnisvollen Schwächen der bisherigen Bauweisen. Der Montagebau sichert dagegen den Vorteil der Unabhängigkeit von Jahreszeit und Witterung, also der Stabilisierung des Baugewerbes zur Dauerarbeit, im Gegensatz zur bisherigen Saisonarbeit, der Ausschaltung der Baufeuchtigkeit, des sicheren Ineinanderpassens der maschinell exakt hergestellten Bauteile, des festen Preises und der kurzen fest bestimmbaren Bauzeit unter Garantie. [...] Unter Verwendung hochwertiger industriell verarbeiteter Baumaterialien ist die Last und die Masse des Baukörpers zu verringern, seine Stabilität und Isolierfähigkeit dagegen zu steigern, so daß es möglich wird, ein in einzelne montable Bauteile zerlegbares Einfamilienhaus – Wände, Dächer, Installationsteile – auf wenigen Lastautos von den Fabrikationsstellen nach einer beliebigen Baustelle zu fahren und einzeln oder in Reihen unabhängig von Saison und Witterung in kürzester Zeit zu montieren.«
*Walter Gropius in »Bau und Wohnung« 1927, S. 59–65*

## Weitere Bauten

Fagus-Werk, Alfeld, 1910–11
Musterfabrik, Werkbundausstellung, Köln, 1914
Bauhaus-Bauten, Dessau, 1925–26
Städtisches Arbeitsamt, Dessau, 1927–1928
Graduate Center, Harvard Univ., Massachusetts, 1949
Verwaltungsgeb. Mc Cormick & Co, Chicago, 1952
Pan-Am-Gebäude, New York, 1952
Wohnhochhaus, Berlin, 1956–1957
Botschaft der USA, Athen, 1962

**Städtebau**
Dessau-Törten, 1926–1928; 1929–1930
Dammerstocksiedlung, Karlsruhe, 1929
New Kensington-Siedlung, Pittsburgh, 1941

*Ein Meisterhaus von Walter Gropius in Dessau aus dem Jahr 1926*

## Biografisches zu Walter Gropius

| | |
|---|---|
| 18.5.1883 | geboren in Berlin |
| 1903 | Architekturstudium in München |
| 1905–1907 | Architekturstudium in Berlin |
| 1907–1910 | Mitarbeit im Büro von Peter Behrens in Berlin |
| 1910–1914 | Architektengemeinschaft mit Adolf Mayer in Berlin |
| 1912 | Mitglied im Deutschen Werkbund |
| 1914–1918 | Kriegsdienst |
| 1918 | Direktor der Hochschule für Bildende Kunst in Weimar |
| 1919–1929 | Direktor des staatlichen Bauhauses in Weimar (ab 1926 Hochschule für Gestaltung in Dessau) |
| 1926–1927 | Entwurf und Bau von zwei Einfamilienhäusern in der Weißenhofsiedlung |
| 1928–1934 | Freier Architekt in Berlin |
| 1934 | Berufsverbot durch die Nazidiktatur |
| 1934–1937 | Emigration nach England |
| 1937–1952 | Professor für Architektur an der Architekturabteilung der Harvard University in Boston, USA |
| 1938–1942 | Zusammenarbeit mit Marcel Breuer in USA |
| 1946 | Gründung von »The Architects Collaborative« in Boston |
| 5.7.1969 | gestorben in Boston |

Der Funktionalismus

## Ludwig Hilberseimer

### Einfamilienhaus

Ludwig Hilberseimer arbeitete vor seiner Emigration 1933 als freier Architekt in Berlin. Als Mitglied des »Ring« war er nicht nur den Stuttgarter Juroren, sondern auch Mies van der Rohe bekannt. Mit ihm verband Hilberseimer eine enge Freundschaft, die sich in zahlreichen Zusammenarbeiten am Bauhaus und nach beider Emigration in die USA an der gemeinsamen Arbeit am Illinois Institute of Technology in Chicago zeigte. Von 1938 bis 1967 war Hilberseimer Professor für Stadt- und Regionalplanung in Chicago; ab 1955 leitete er die Abteilung. Neben seiner Rolle als Weißenhof-Architekt war Hilberseimer in Stuttgart als Kurator tätig. Er organisierte die Plan- und Modellausstellung in der Innenstadt, die das Architekturprogramm des Neuen Bauens auf dem Killesberg ergänzte.
Sein zweigeschossiges Einfamilienhaus auf dem Gelände der Weißenhofsiedlung war ein geschlossener Baukörper. Anders als seine Kollegen verzichtete Hilberseimer auf Vorsprünge, Balkone oder auflockernde Dachlösungen. Lediglich der Treppenlauf und eine kleine Terrasse waren dem Bau vorgelagert. Sie störten jedoch nicht den monolithischen Charakter des Wohnhauses, das spröde und verschlossen wirkte.
Sein Einfamilienhaus führte ein Modul vor, aus dem man die Bebauung einer Großstadt ableiten konnte. Der Grundriss basiert auf einem variablen, großzügigen Wohnzimmer und standardisierten Schlaf- und Wirtschaftsräumen. Die Wohnung war für Hilberseimer ein Gebrauchsgegenstand. Ihre Qualität entwickelt sich aus dem Maß ihres Komforts, der als ein Maximum an Funktionalität definiert wurde. In seiner Auffassung, die Wohnform nach dem Zweck der Räume zu organisieren, stand er Mies van der Rohe nahe.

*Das rechteckige Wohnhaus wird durch einen schlichten Block gebildet; Modellansicht von Nordosten*

Nordansicht

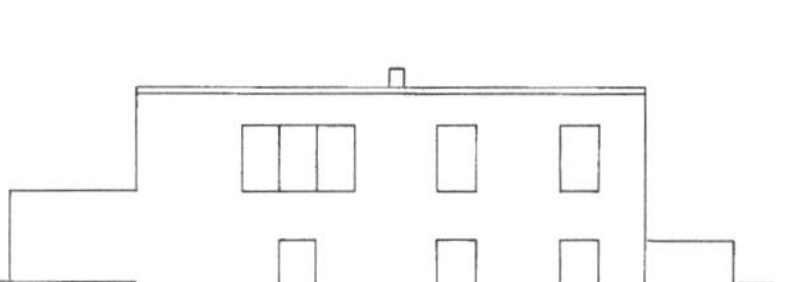

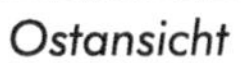

Ostansicht

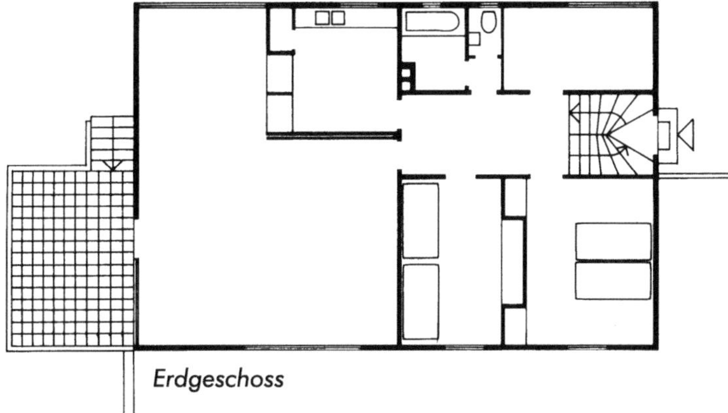

Erdgeschoss

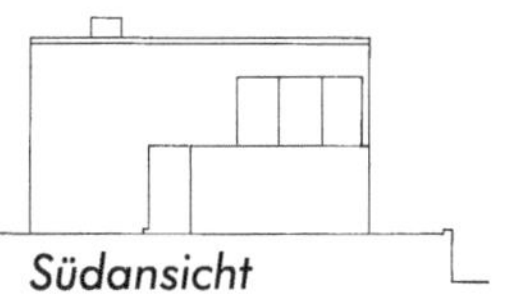

Südansicht

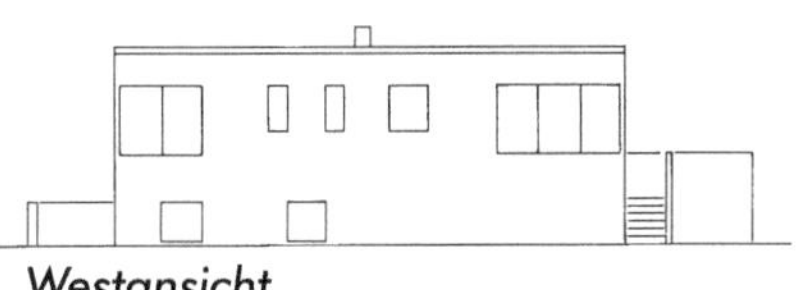

Westansicht

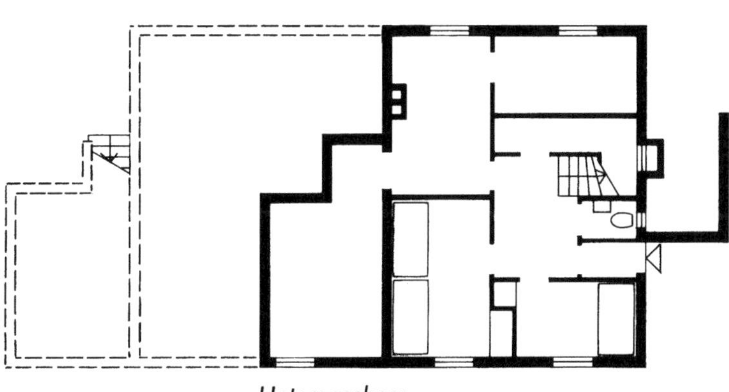

Untergeschoss

Grundrisse im Maßstab 1:200
Ansichten im Maßstab 1:400

## Das Gebäude im Detail

**Konstruktion**
Außenwände Ziegelhohlblocksteine System »Feifel«, innen und außen verputzt, Decken und Zwischenwände Holzfachwerk System »Feifel«

**Raumprogramm**
Untergeschoss: teilunterkellert, Eingang, Vorraum, WC, 2 Schlafräume, Heizung mit Kohlenraum, Vorratsraum, Waschküche
Erdgeschoss: Wohnraum, Terrasse, Essraum, Küche, 2 Schlafräume, Bad, WC, Arbeitszimmer

**Innenausbau**
Ludwig Hilberseimer

**Heutige Situation**
Das Haus wurde im Krieg zerstört und nach dem Krieg völlig verändert aufgebaut

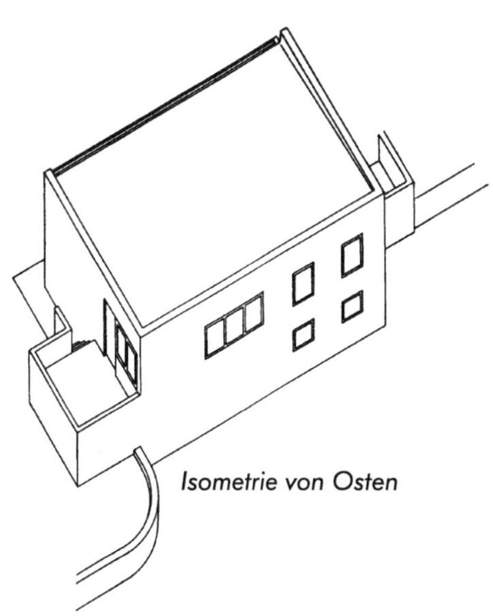

Isometrie von Osten

*Wohnraum im Haus von Ludwig Hilberseimer mit Blick nach Südosten*

## Ludwig Hilberseimer – Ausstellungskurator und Stadtplaner

Die Werkbund-Ausstellung »Die Wohnung« bot die Möglichkeit, neben den Häusern auf dem Killesberg auch in der Stuttgarter Innenstadt Architektur zu besichtigen. Hier wurde in den städtischen Ausstellungshallen auf dem Interimsplatz vor dem Neuen Schloss die »Internationale Plan- und Modellausstellung Neuer Baukunst« gezeigt. Der Deutsche Werkbund wollte damit signalisieren, dass die Weißenhof-Häuser kein freies Experiment waren. Das Neue Bauen war keine Einzelerscheinung, keine regionale Strömung, sondern ein internationales Phänomen. Hilberseimer war der Kurator und Organisator der »Internationalen Plan- und Modellausstellung«. An eine große Anzahl fortschrittlicher Architekten war die Aufforderung gesandt worden, für die Ausstellung Pläne und Modelle einzusenden. Doch nur wenige der angefragten Beiträge gingen pünktlich in Stuttgart ein. So entschloss man sich, Ansichten und Pläne aus Zeitschriften zu reproduzieren. 106 Bilder und Plakate wurden letztlich ausgestellt. Trotz der Reduzierung auf Fotomaterial war die Ausstellung ein Erfolg und wurde in 17 europäischen Städten gezeigt.
Durch die veränderten Lebens- und Arbeitsbedingungen innerhalb der Lebenswelt des Großstadtmenschen wurde die Stadtplanung zu einem wichtigen Arbeitsfeld der Architekten. Wie Le Corbusier hat sich Ludwig Hilberseimer stark mit der Architektur als städtischem Ensemble auseinander gesetzt. 1926 erschien Hilberseimers Projekt der Hochhausstadt in seiner Publikation *Groszstadtarchitektur.* Darin greift er den Gedanken auf, die Stadt in unterschiedlichen Ebenen zu organisieren. Hilberseimers Stadt-Vision wird durch vertikale Blöcke geprägt. Die Grundstruktur besteht aus einem Block, der 14 Geschosse besitzt. Entlang eines Rasters werden die kubischen Einheiten aneinander gereiht. Individuelle Elemente werden ebenso negiert wie eine Gestaltung, die auf die Nutzung verweist.
Fußgänger- und Verkehrsbereich sind in der Hochhausstadt streng voneinander getrennt. Während der »Bürgersteig« einen direkten Zugang zu den Häusern ermöglicht und sich über einer Transitzone erhebt, wird der Verkehr ausgelagert und fließt unter einem Brückensystem durch die Stadt.
Die Begeisterung für die Möglichkeiten des Hochhausbaus, die Hilberseimer Anfang der 20er-Jahre formulierte, prägten die Prinzipien, die sein Werk später in den USA kennzeichnen: die Auseinandersetzung von Fassade und Konstruktion und die Verwendung von Eisenbeton und anderen neuen Tragwerken. »Identität von Konstruktion und Form ist unerläßliche Voraussetzung jeder Architektur. Zunächst erscheinen beide entgegengesetzt. Aber gerade auf ihrer Verbindung, auf ihrer Einheit beruht Architektur. Konstruktion und Material sind die materiellen Voraussetzungen der architektonischen Gestaltung. Stehen in steter Wechselbeziehung [...] Beton und Eisenbeton sind Baumaterialien, die der Phantasie der Architekten relativ kleine Grenzen setzen. Wir meinen damit nicht ihre Formbarkeit, die Möglichkeit mittels des Gießens alle Materialhemmungen zu überwinden, im Gegenteil: ihre konstruktiven Konsequenzen, die Möglichkeit, ein vollkommen homogenes Bauwerk herzustellen. [...] Durch die konstruktiven Möglichkeiten des Eisenbetonbaus ist das alte Stützen- und Lastensystem«[43] zu überwinden.
Mit seinen stadtplanerischen Entwürfen, die er in den Nachkriegsjahren in den USA entwickelte, hat Ludwig Hilberseimer die Ideen der Architektur-Moderne nachhaltig umgesetzt. Doch erst in jüngsten Publikationen ist sein architektonisches Werk gewürdigt worden und Hilberseimers eigenständiger Beitrag am Illinois Institute in Chicago in den Vordergrund getreten.

*Schema der Hochhausstadt, das Hilberseimer 1926 in der Schrift »Groszstadtarchitektur« veröffentlichte*

## Hilberseimers Entwurfsziel – Zitat

»Die Wohnung als Gebrauchsgegenstand:
Die Intensivierung der Arbeit in der Großstadt verlangt entsprechende Entspannungen. Eines der wichtigsten Entspannungsmittel ist die Möglichkeit, sich räumlich isolieren zu können, was nur in einer entsprechend durchgebildeten Wohnung denkbar ist. Betrachtet man die Großstadtbewohner unter dem Gesichtspunkt ihrer Wohnansprüche, so unterteilen sie sich in zwei Gruppen: Solche, die in der Stadt wohnen wollen und solche, die es vorziehen, außerhalb der Stadt zu wohnen. Beider Wünsche sind durchaus berechtigt und sollten aufs vollkommenste erfüllt werden.
Auch das Verhältnis des Kindes zur Großstadt wird ein völlig anderes werden. Schon heute ist die Frage, wie der Gefährdung der leiblichen und seelischen Entwicklung des Kindes durch die Großstadt zu begegnen ist, zum unlösbaren Problem geworden. Es wird daher in Zukunft eine Selbstverständlichkeit sein, die Kinder, sowie überhaupt sämtliche Unterrichts- und Erziehungsanstalten außerhalb der Stadt unterzubringen.
[...] Die beste Wohnung wird die sein, die zu einem vollkommenen Gebrauchsgegenstand geworden ist und damit die Widerstände des alltäglichen Lebens auf ein Minimum reduziert.
Während in der Stadt in der Hauptsache wohl nur Einzelpersonen oder kinderlose Ehepaare wohnen werden, wird das Wohnen im Einzelhause, außerhalb der Stadt, besonders für Familien mit Kindern sehr zunehmen. Diese Einzelwohnhäuser werden gleichfalls mit allem erdenklichen Komfort ausgestattet und zu großen Park- und Gartensiedlungen vereinigt werden, die durch ein Schnellbahnsystem, das große Entfernungen erlaubt, mit der Großstadt verbunden sind.
Das von mir erbaute Haus stellt den Gestaltungsversuch eines solchen für eine großstädtische Park- und Gartensiedlung gedachten Einzelhauses dar. Trotz der Gebundenheit an eine gegebene Situation wurde erstrebt, einen bestimmten Typus zu schaffen.«
*Ludwig Hilberseimer in »Bau und Wohnung« 1927, S. 69/70*

*Einzelblatt aus dem Ausstellungskatalog von 1927*

## Weitere Bauten

Wohnhaus, Berlin, 1925
Mietshauskomplex, Berlin-Adlershof, 1930
Haus Blumenthal, Berlin, 1932
Haus Fuchs, Berlin, 1935

**Städtebau:**
Citybebauung Friedrichsstadt, Berlin, 1928–30
Stadtteilplanung, Chicago, 1938
Siedlung La-Fayette-Park, Detroit, 1965

## Biografisches zu L. Hilberseimer

| | |
|---|---|
| 14.9.1885 | geboren in Karlsruhe |
| 1906–1911 | Studium an der Technischen Hochschule Karlsruhe |
| 1910–1928 | Freier Architekt in Berlin |
| 1919 | Erste städtebauliche Arbeiten, Mitglied der »Novembergruppe« |
| 1920 | Rezensent, u. a. für die *Sozialistischen Monatshefte* |
| 1925 | Mitglied Deutscher Werkbund |
| 1926 | Mitglied des »Ring« |
| 1926–1927 | Entwurf und Bau eines Einfamilienhauses in der Weißenhofsiedlung |
| 1927 | Kurator der Ausstellung in der Stuttgarter Stadtmitte: »Internationale Plan- und Modellausstellung Neuer Baukunst« |
| 1928–1932 | Lehrer am Bauhaus in Dessau |
| 1938 | Emigration in die USA |
| 1938–1955 | Professor am Institute of Technology Illinois in Chicago |
| 1955 | Direktor des Department of City and Regional Planning in Chicago, IIT |
| 6.5.1967 | gestorben in Chicago |

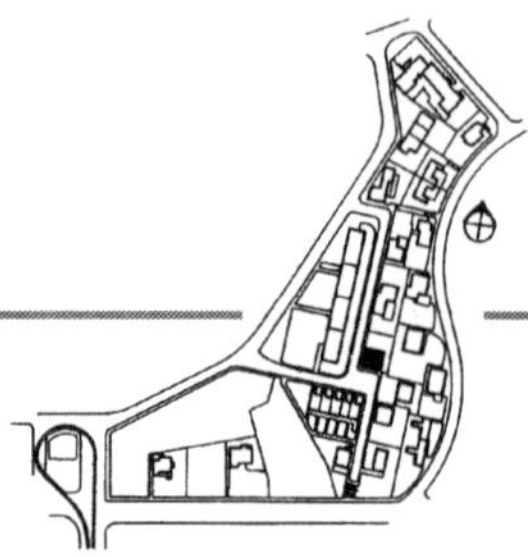

Die Polychromie

## Bruno Taut

### Einfamilienhaus

Bruno Taut hatte sich in Berlin avantgardistischen Künstlergruppen angeschlossen und stand nicht von Anfang an auf der Auswahlliste für die Stuttgarter Siedlung. Erst durch ein Schreiben seines Bruders Max wurde die Teilnahme ermöglicht.

Das auffälligste Merkmal von Tauts Haus war dessen Farbigkeit. Die vier Fassaden waren in den Grundfarben Blau, Grün, Rot und Gelb, Schwarz und Weiß gestrichen. Die Hierarchien von Vorder- und Rückseite wurden aufgebrochen und entsprechend ihrer Beziehung zum Sonnenlicht ausgerichtet. Dem kühlen Vormittagslicht wurden kalte Farben zugeordnet, dem Nachmittagslicht warme. Die Ostseite bekam einen dunkelgrünen, die Westseite einen dunkelroten Anstrich in gleicher Tonigkeit. Le Corbusier, der die farbige Fassadengestaltung nach kalkulierten klassischen Überlegungen auswählte, war beim Anblick der Taut-Häuser entsetzt. Doch Taut forderte: Die neuen Gartensiedlungen müssen leuchten wie ein Blumenbeet. Seine starkfarbigen Gebäude widerlegen das Vorurteil, die Architektur-Moderne reduziere sich auf einen Kubus mit weißer Tünche. Vielmehr ist dieses Missverständnis eine Folge der fotografischen Dokumentation in Schwarzweiß.

Die Farbigkeit verwendete Taut bereits in der Gartenstadt Falkenberg, welche ihr den Namen »Tuschkastensiedlung« einbrachte. Rot, Olivgrün, Blau und Gelbbraun belebten die Hofanlage, während die Reihenhäuser braun und gelb gestrichen wurden. In einem Brief an seinen Bruder Max bekannte er: »Ich fühle mich heute so zaghaft, weil Fischer bei der Correctur einiger Reliefs an einer Kanzlei zu mir sagte: Sie sind eben Maler. Ob er damit meinte: Und kein Architekt? Ich hoffe es nicht [...]«.[44]

*Das Haus von Bruno Taut baut sich in drei Ebenen auf; Modellansicht von Südosten*

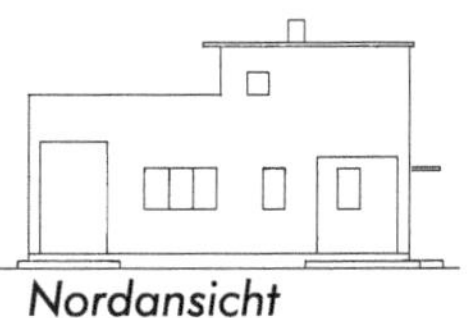

*Nordansicht*

*Ostansicht*

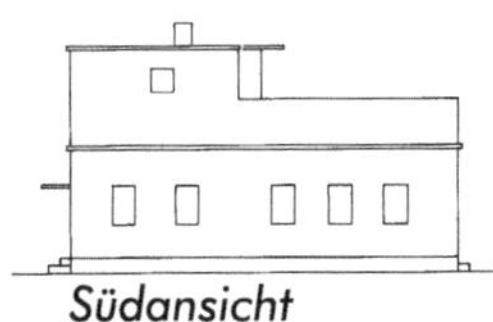

*Südansicht*

*Westansicht*

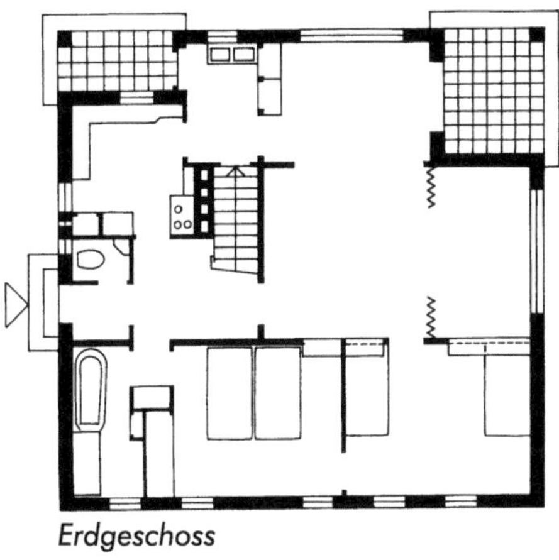

*Erdgeschoss*

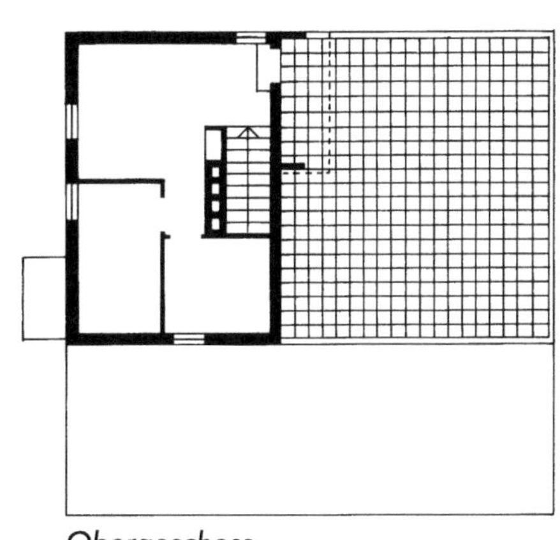

*Obergeschoss*

*Grundrisse im Maßstab 1:200*
*Ansichten im Maßstab 1:400*

## Das Gebäude im Detail

**Konstruktion**
Stahlskelett mit Wärmedämmplatten ausgefacht, außen verputzt, innen Gipsdielen verputzt, Stahlbetondecken

**Raumprogramm**
Untergeschoss: Heizung mit Kohlenraum, Waschküche, Vorratsraum
Erdgeschoss: Vorraum, Wohn- und Essraum, Terrasse, Küche, 2 Schlafräume, Bad, WC
Obergeschoss: 2 Zimmer, Abstellraum, große Dachterrasse

**Innenausbau**
Bruno Taut

**Heutige Situation**
Das Haus wurde im Krieg zerstört, danach 1959–1960 völlig verändert wieder aufgebaut

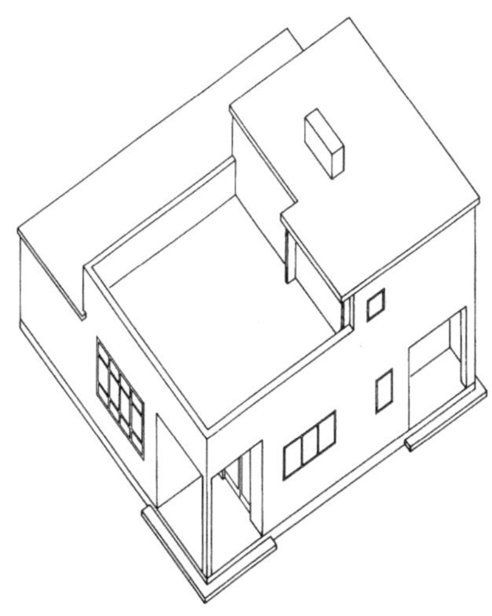

*Isometrie von Nordosten*

## Bruno Taut – Architektur in sozialer Verantwortung

Für Bruno Taut war die expressionistische Grundhaltung als Architekt ebenso bezeichnend wie die experimentelle Farbgestaltung seiner Wohnhäuser. Farbe in unterschiedlicher Sättigung und Tönung war für ihn nicht nur ein kompositorisches Element, sondern übte auch eine »konstruktive Funktion« aus. Er arbeitete in der Farbwahl mit den optischen Ebenen. Dunkle Farben ließen Gebäudepartien zurückweichen, helle, kräftige Farben ließen Bereiche aus dem Bau hervortreten. Bruno Taut: »Da die Farbe die Fähigkeit hat, die Abstände der Häuser zu vergrößern oder zu verkleinern, den Maßstab der Bauten so oder so zu beeinflussen, sie also größer oder kleiner erscheinen zu lassen, die Bauten mit der Natur in Zusammenhang oder Gegensatz zu bringen und all dergleichen mehr, da die Farbe also gar nicht anders als die Backsteine des Mauerwerks oder das Eisen und der Beton des Skelettbaus aus dem Bauvorgang auszuschalten ist, so muss mit ihr ebenso konsequent wie mit jedem anderen Material gearbeitet werden.«[45]
Die effektvolle Farbgestaltung von Tauts Bauten täuscht über seine moralisch geprägte Architekturauffassung hinweg. Die sozialutopischen Vorstellungen des Architektenzirkels »Gläserne Kette«, die Bruno Taut 1919 ins Leben gerufen hatte, waren von einem antitraditionellen, antibürgerlichen Pathos der Vorkriegsjahre geprägt. Seine Flugblätter zeichneten sich durch eine sendungsbewusste Architekturdefinition aus, und in seinen Schriften zeigte sich ein starkes Engagement für eine ideell aufgeladene Architektur. Die Aufgaben der Baukunst gingen für Bruno Taut weit über Konstruktion und formbestimmende Merkmale hinaus. Die Architektur soll die Gesellschaft in einen besseren, glücklicheren Zustand überführen.
Seine frühen Ausbildungsjahre von 1906 bis 1908 hat Bruno Taut bei Theodor Fischer in Stuttgart als Assistent absolviert. Fischers Wohnsiedlung Gmindersdorf bei Reutlingen, die er von 1903 bis 1915 für einen Fabrikanten baute, war vorbildlich für Tauts Großsiedlung Britz in Berlin. Taut rezipierte Fischers zirkelförmige Anlage und wandelte sie 1925 bis 1930 in die Hufeisenform, nach der die Siedlung benannt ist.
Ab Mitte der 20er-Jahre begann Bruno Taut in Berlin mit Artikeln in der Zeitschrift *Der Sturm* seine Auffassung von Architektur zu formulieren. Es war der Beginn unzähliger Schriften, die Tauts Interesse an der Verbreitung und Proklamation seiner Gedanken zur Architektur zeigen. Architektur wurde von Taut in einen sozialen Zusammenhang gestellt: 1921 war er Mitbegründer des »Arbeitsrates für Kunst« und Wortführer im Kampf gegen kapitalistische Strömungen in Architekturorganisationen. Der Geist der Arbeiterbewegung und das Ziel, das ästhetische Bewusstsein des werktätigen Menschen zu entwickeln, kennzeichnete seine Baukunst, die Bruno Taut zu einem Pionier des modernen Kleinwohnungsbaus machten. 1932 siedelte Taut nach Moskau über, um den Aufträgen für einen Hotelbau nachzukommen. Hier schien für ihn die Verwirklichung seiner sozialistischen Vorstellungen machbar.
Nach dem Berufsverbot in den 30er-Jahren und Aufenthalten in Japan fand Tauts Bautätigkeit eine neue Herausforderung. 1936 wurde er in die Türkei berufen, um den türkischen Staat unter Kemal Atatürk mit moderner Architektur zu bereichern. Taut wurde an die Akademie der Künste in Istanbul berufen und konnte seine Vorstellungen an die Architektengeneration eines jungen Landes, das sich im Umbruch befand, weitergeben. Er lehrte dort bis zu seinem Tod 1938.

*Blick vom Wohnraum ins Arbeitszimmer, das durch eine Schiebewand abgetrennt werden konnte*

### Weitere Bauten

Turbinenhaus, Wetter an der Ruhr, 1908
Erholungsheim, Bad Harzburg, 1909–1910
Pavillon des Luxfer-Prismen-Syndikats, Köln, 1914
Pavillon des Deutschen Stahlwerks-Verbandes, Leipzig, 1913
Appartmenthäuser, Berlin, 1910–15
Wohnhaus, Dalewitz, Brandenburg, 1926–1927
Sprach- und Geschichtsfakultät der Universität Ankara, Ankara, 1936

**Städtebau**
Wohnsiedlung Reform, Magdeburg, 1912–15
Tuschkastensiedlung Falkenberg, 1913
Großsiedlung Britz, Berlin, 1925–1930
Onkel-Toms-Hütte, Berlin, 1926–1931
Wohnstadt Carl Legien, Prenzlauer Berg, 1925–1930

## Bruno Tauts Entwurfsziel – Zitate

»Arbeiterwohnhaus
Dieses Haus ist seiner Programmfassung nach der Proletarier unter den Einfamilienhäusern der Ausstellung.
Das Haus soll den Bedürfnissen einer Familie von sechs Personen entsprechen: die beiden Eltern und vier Kinder, zwei im Untergeschoß und je eines in den beiden Kammern des Obergeschosses. Bei drei Kindern wäre Platz für ein Mädchen und bei zwei Kindern noch ein Raum für einen Gast.
Das Haus soll in der Hauptsache die Vorteile der ebenerdigen Stockwerkswohnung bieten. Die Lebensfunktionen der Bewohner sind in zwar knappen, aber genau den Bedürfnissen angepaßten Maßen erfüllt. Diese Maße sind absichtlich gering, nicht bloß, weil der Bauplatz die größte Einschränkung erforderte, sondern auch, um die Kosten nach Möglichkeit herabzusetzen.«
*Bruno Taut in »Bau und Wohnung« 1927, S. 133*

»Wir verwerfen den Verzicht auf die Farbe ganz und gar, wo ein Haus in der Natur steht. Nicht allein grüne Sommerlandschaft, sondern gerade die Schneelandschaft des Winters verlangt dringend nach der Farbe. Anstelle des schmutzig grauen Hauses trete endlich wieder das blaue, rote, gelbe, grüne, schwarze, weiße Haus in ungebrochener leuchtender Tönung.«
*Bruno Taut in »Aufruf zum farbigen Bauen« 1919*

»Liebe Freunde im Werk!
[...] Seien wir mit Bewußtsein ›imaginäre Architekten‹! Wir glauben, daß erst eine völlige Umwälzung uns zum Werk führen kann. Der Bürger, der Herr Kollege inbegriffen, wittert ganz mit Recht in uns die Revolution. Alle Begriffe, alle bisherigen Grundlagen auflösen, zersetzen. Dung! Und wir ein Keim im neuen Humus. Verschwinden der Persönlichkeit, Aufgehen im Höheren – ist Architektur wieder einmal da, dann ist der Meister namenlos. [...] Jeder von uns zeichnet in kurzen Zeiträumen je nach Neigung und zwanglos auf einem handlichen Blatt Pausepapier (Aktenformat) seine Ideen auf, die er unserem Kreis mitteilen will und schickt jedem eine Lichtpause. So entstehen Austausch, Frage, Antwort, Kritik. Oben der Deckname des einzelnen. Der Kreis des – wenigstens vorausgesetzten – Verständnisses erleichtert uns alles durch Knappheit des Ausdruckes, schwer verständlich für den Außenstehenden. Trotzdem muß aber Verpflichtung unter uns sein, nichts verständnislosen Blicken auszusetzen. Wunsch zur Erweiterung des Kreises und auch zum Ausschluß soll sich aus den Aufzeichnungen ergeben. [...]
Sei dies ein Magnet, das Schneekorn einer Lawine!
Bruno Taut (Pseudonym Glas), 24. November 1919«
*Aufruf an die Mitglieder der »Gläsernen Kette« zu einer »expressionistischen Korrespondenz«*

*Bruno Tauts Weißenhof-Haus von Nordosten*

## Biografisches zu Bruno Taut

| | |
|---|---|
| 4.5.1880 | geboren in Königsberg |
| 1901 | Abschluss an der Baugewerbeschule in Königsberg |
| 1903 | Mitarbeit im Büro Bruno Möhring, Berlin |
| 1906–1908 | Mitarbeit im Büro Theodor Fischer, Stuttgart |
| 1909 | Architektengemeinschaft mit Franz Hoffmann |
| 1914 | Zusammenarbeit Hoffmann, Max und Bruno Taut |
| 1918 | Gründung des »Arbeitsrates für Kunst«, Mitglied der »Novembergruppe« |
| 1919 | Gründung der »Gläsernen Kette« |
| 1920–1922 | Herausgeber der Zeitschrift *Frühlicht* |
| 1921–1924 | Stadtbaurat in Magdeburg |
| 1924 | Freier Architekt in Berlin |
| 1926 | Mitglied im »Ring« |
| 1926–1927 | Entwurf und Bau eines Einfamilienhauses in der Weißenhofsiedlung |
| 1930–1932 | Professor an der Technischen Hochschule, Berlin |
| 1933–1936 | Emigration nach Japan |
| 1936 | Professor an der Kunstakademie Istanbul, Türkei; Generalchef des Architekturbüros des türkischen Unterrichtsministeriums |
| 24.12.1938 | gestorben in Ankara, Türkei |

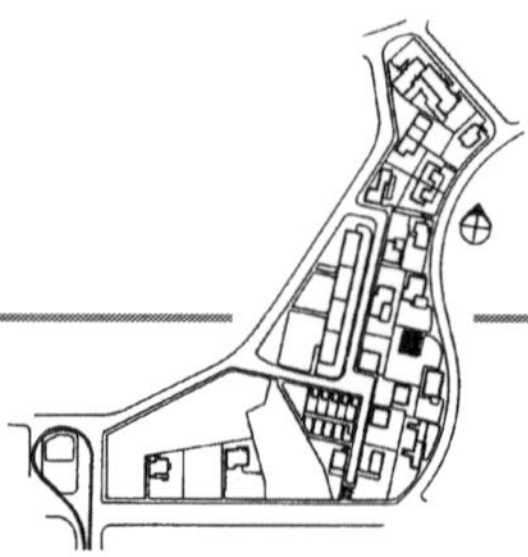

Die Reform

# Hans Poelzig

## Einfamilienhaus

Hans Poelzig war zusammen mit Peter Behrens einer der ältesten Architekten am Weißenhof. Als er das Einfamilienhaus in der Rathenaustraße baute, war er bereits 58 Jahre alt. Durch die Lehre an der Kunstgewerbeschule in Breslau, die Arbeit als Stadtbaurat in Dresden und seine Industriebauten war er dem Stuttgarter Gremium bekannt. Während seine frühen Entwürfe, wie bei Mies van der Rohe und Erich Mendelsohn, eine expressionistische Formensprache zeigten, hatte er 1927 die Richtung einer klaren, blockhaften Bauweise eingeschlagen.
Das Erdgeschoss des zweigeschossigen Hauses bildete die Basis für den zurückspringenden ersten Stock, der für das Schlaf- und Kinderzimmer vorgesehen war. Beide Zimmer hatten Zugang zu einer Terrasse mit Loggia. Das Loggia-Motiv, das sich auch am Eingangsbereich des Wohnhauses zeigt, erscheint oft in Poelzigs Architekturen. Es ist das Resultat seiner Beschäftigung mit den Bedingungen und Möglichkeiten einer Raumöffnung, die auf die Grundstrukturen von Tragen und Lasten reduziert werden sollte. Eine freistehende Pfeilerkonstruktion umschließt dabei ein Volumen, das gleichzeitig massiv ist und vom Umraum durchdrungen wird.
Der Grundriss von Poelzigs Haus war so gestaltet, dass die Räume für unterschiedliche Arbeiten genutzt werden konnten. Letztlich folgt Poelzig aber einer traditionellen Raumordnung von Küche, Esszimmer und Wohnraum im Erdgeschoss und Schlafräumen im Obergeschoss. Das Haus bestand aus einer Holzfachwerkkonstruktion mit Fonitram-Platten. Doch diese neue, fortschrittliche Trockenbauweise der Firma Fonitram zeigte rasch Mängel und die Platten mussten nach kurzer Zeit ersetzt werden.

*Haus von Hans Poelzig mit vorgelagerter Loggia aus Holz; Modellansicht von Südosten*

*Nordansicht*

*Ostansicht*

*Südansicht*

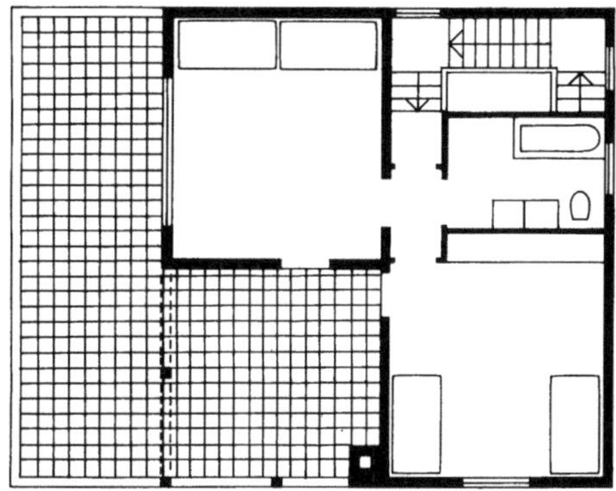

*Obergeschoss*

*Grundrisse im Maßstab 1:200*
*Ansichten im Maßstab 1:400*

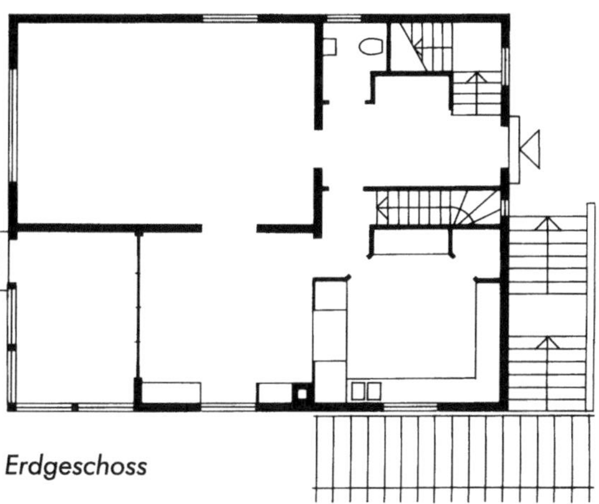

*Erdgeschoss*

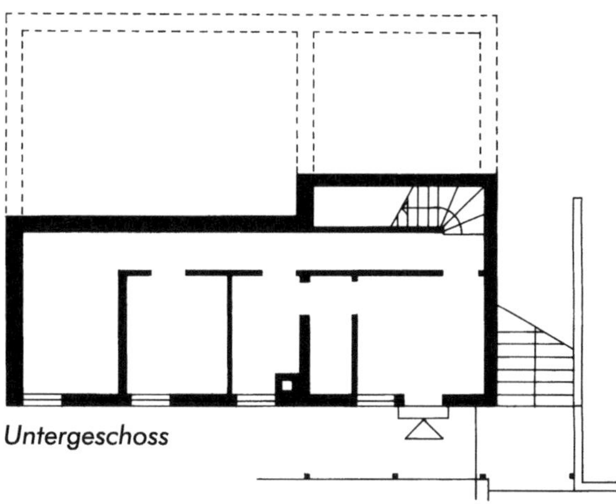

*Untergeschoss*

## Das Gebäude im Detail

**Konstruktion**
Holzfachwerk mit 5 cm starken Steinholzplatten verkleidet, außen verputzt, Innenverkleidung Hartgipsplatten bzw. Sperrholzplatten, nicht tragende Wände leichtes Holzgerüst, Plattenverkleidung, Holzbalkendecke mit Steinholzplatten verkleidet

**Raumprogramm**
Untergeschoss: Heizungskeller, Vorratsraum, Waschküche, Mädchenzimmer
Erdgeschoss: Vorraum, Wohnraum, Essraum in Verbindung mit Terrasse, Küche und WC
Obergeschoss: 2 Schlafzimmer, Bad, offene Terrasse mit Sonnenbad

**Innenausbau**
Hans Poelzig
Besondere Merkmale: sehr starke Farbgebung, versenkbare Fenster

**Heutige Situation**
Das Haus wurde im Krieg zerstört und nach dem Krieg, 1949, völlig verändert aufgebaut

*Die Fenster waren ein konstruktives Experiment, zum Öffnen wurden sie in den Rahmen versenkt*

## Hans Poelzig – ein Reformer der Architektur

Hans Poelzig gehörte zu einer Architektengeneration, die ihre Ausbildung in den letzten Jahren des 19. Jahrhunderts absolviert hatte. Seine architektonische Prägung war stark von reformierendem Gedankengut geprägt und besaß weit weniger eine avantgardistische Haltung als beispielsweise die der Brüder Bruno und Max Taut. Doch trotz seiner Bezugnahme auf das vorhandene Formenvokabular der Architekturgeschichte gehören seine Bauten zu den herausragenden Erscheinungen moderner Architektur.
Weniger die revolutionäre Attitüde als die Vermittlung von Moderne und Tradition ist die Leistung, die Hans Poelzig in seinem Schaffen vorzuweisen hat. Die Verbindung neuer Techniken und Werkstoffe mit einer Geschichtsauffassung, die sich als Vollendung einer Epoche versteht, zeichnet sein Werk aus. »Wir können die Vergangenheit der baulichen Aufgaben unserer Zeit nicht missen«. Es sei verwirrend, »grundlos von neuem selbständig zu experimentieren«, äußerte sich Poelzig zur Verbindung von Tradition und Moderne. Erst die genaue Kenntnis, was mit früherer Technik für die gegebene Aufgabe geleistet wurde, gäbe die »rechte Freiheit, eine Freiheit, die durch die geistige Verarbeitung und Überwindung des Überkommenen erkämpft wird und mit der Zügellosigkeit nichts gemein hat, die zu Ratlosigkeit führt.«[46]
Während seiner Arbeit in Breslau errichtete er 1913 die Bauten zur Breslauer Jahrhundertausstellung und setzte sich mit der Antike Schinkelscher Prägung auseinander. Doch gerade die Weiterentwicklung eines klassischen Einflusses in die Gegenwart war sein Ziel: »Da das Haus in seinen Säulen und Stützen in Beton gestampft werden sollte, so versuchte ich, die Formen auf diese Bauweise umzustellen.«[47] Technik, Baustoff und Form sollten in Übereinstimmung mit den Errungenschaften der Baugeschichte gebracht werden. Die Betonsäule stellte dabei eine neue Bauaufgabe dar, sie besitzt keine Geschichte und keinen Kanon, der auf einen Stil verweist.
Poelzigs Wende zur Moderne zeigt sich in der Architektur des Frankfurter Verwaltungsgebäudes der IG-Farben. Der Trakt bildet sich aus Querbauten, deren stützenfreie Konstruktion eine variable Einteilung für Großraum- und Einzelbüros ermöglicht. Die Stahlskelettkonstruktion ist mit Travertin verkleidet worden. Der Bau besitzt eine klassizistische, monumentale Formensprache, die von der Nachkriegsgeneration der Architekten stark kritisiert wurde.
Neben seinen Bauten war Poelzig als Lehrer einflussreich. Er leitete von 1906 bis 1916 die Kunstgewerbeschule in Breslau, die in dieser Zeit eine zentrale Rolle spielte. Seit der Mitte des 19. Jahrhunderts hatte sich ein Verfall der Akademien eingestellt. Künstler spalteten sich von akademischen Zirkeln und suchten neue Ausbildungsstätten, die frei von Antikenkopien und historistischem Gedankengut waren. In den Kunstgewerbeschulen bot sich die Möglichkeit, Entwurf, handwerkliche Könnerschaft und direkten Kontakt zu den Herstellern zu verwirklichen. Das Kunstwerk war nicht mehr die privilegierte Ware, sondern ein Gegenstand praktischen Nutzens und erzieherischer Wirkung.
Kurz nach Poelzigs Ernennung zum Leiter der Kunst- und Gewerbeschule errichtete er eine Tischlerei; Werkstätten für eine Gießerei und Metalltreiben folgten. Bauaufträge waren zunächst in den Hintergrund gerückt. Seine wichtigste Aufgabe sah Poelzig in der Organisation und Ausbildung an der Kunst- und Gewerbeschule. Seine Erfahrung in der Verknüpfung von Handwerk, Kunst und Industrie konnte er 1926 als Vorsitzender des Deutschen Werkbundes einbringen. Später lehrte er als Professor an der Technischen Hochschule in Berlin, wo Egon Eiermann und Konrad Wachsmann zu seinen Schülern gehörten.

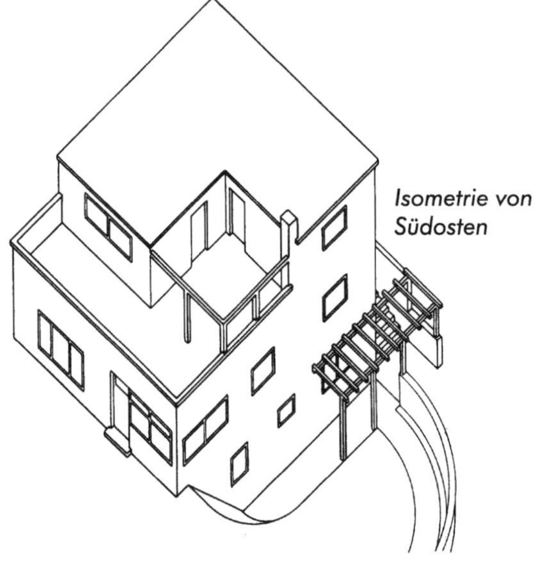

*Isometrie von Südosten*

## Poelzigs Entwurfsziel – Zitat

»Das Haus Poelzig soll den Bedürfnissen des geistigen Arbeiters dienen, ohne daß diesem aber eine Umstellung auf völlig neuartige Wohnverhältnisse zugemutet würde. Da aber die Frau in unserer Zeit vielfach auch berufstätig ist oder sich nicht mehr ausschließlich dem Haushalt widmen möchte, ist es wichtig, das Wohnen so rationell wie möglich zu gestalten. Der Grundriß des Hauses ist deshalb möglichst geschlossen gehalten und so gestaltet, daß viel und auf vielseitige Art benutzbarer Raum entsteht. Weite Wege und längere Flure sind vermieden; der kleine Zwischenflur im Erdgeschoß ist notwendig als Luftschleuse zwischen Eßzimmer, Küche und Treppenhaus und ein kleiner ebener Stichflur vermittelt den Schlafzimmern und dem Bad im Obergeschoß direkten Zugang zur Treppe.
Das Haus ist so angelegt, daß es sich nach Norden und Westen schließt, nach Süden und Osten – der Sonne und der schönen Aussicht entgegen – öffnet.«
*Hans Poelzig in »Bau und Wohnung« 1927, S. 97*

**Erläuterungen zur Entwurfskonzeption**
Zugang von der Rathenaustraße durch eine Außentreppe. Das Untergeschoss wird nur intern erschlossen. Dadurch entsteht ein sehr einfaches Grundrissgefüge mit zentralem Vorraum (Diele) im Nord-Westteil, von dem aus alle Bereiche, im Erdgeschoss Wohnen und Küche, sowie das Untergeschoss und Obergeschoss durch Treppen erschlossen werden. Folgerichtig werden die Wohnräume mit den Terrassen zum Garten und zur Aussicht orientiert, Küche und Sanitärbereich nach Norden und Westen.

*Esszimmer mit Tisch und Stühlen aus Bugholz*

## Weitere Bauten

Talsperre, Klingenberg, Sachsen, 1909–1914
Geschäftshaus, Breslau, 1911
Oberschlesienturm, Posen, 1911
Chemische Fabrik, Posen, 1911
Schwefelsäurefabrik, Luban, 1911
Umbau des Zirkus' Schumann zum Schauspielhaus, Dresden, 1918–19
Haus des Rundfunks, Berlin, 1919–30
Ehem. Verwaltungsgebäude der Firma Gebr. Mayer, Hannover, 1923/24
Berliner Messegelände, 1927–29
Verwaltungsgebäude IG-Farben, Frankfurt, 1928–31

## Biografisches zu Hans Poelzig

| | |
|---|---|
| 30.4.1869 | geboren in Berlin |
| 1889–1894 | Studium an der Technischen Hochschule Berlin |
| 1899 | Regierungsbaumeister im Ministerium für öffentliche Arbeiten |
| 1900–1916 | Lehrer und Direktor (seit 1903) an der Königlichen Kunst- und Gewerbeschule in Breslau |
| 1919 | Vorsitzender des Deutschen Werkbundes |
| 1916–1920 | Stadtbaurat in Dresden |
| 1920 | Übersiedlung nach Berlin; Mitglied der Novembergruppe |
| 1923–1933 | Professor an der Technischen Hochschule Berlin |
| 1926 | Mitglied des »Ring«; Vorstandsmitglied Bund Deutscher Architekten und Deutscher Werkbund |
| 1926–1927 | Entwurf und Bau eines Einfamilienhauses in der Weißenhofsiedlung |
| 1933 | Direktor der Vereinigten Staatsschulen für Freie und Angewandte Kunst Berlin; Entlassung im selben Jahr |
| 1936 | Berufung in die Türkei |
| 14.6.1936 | gestorben in Berlin |

Der Modernismus

# Richard Döcker

## Einfamilienhaus

Richard Döcker baute zwei Einfamilienhäuser in der Weißenhofsiedlung. Anfang der 20er-Jahre hatte er bereits einige Wohnhäuser für private Bauherren gebaut und mit Hugo Keuerleber das Stuttgarter Wohngebiet »Viergiebelweg« entwickelt.
Charakteristisch für die Architektur Döckers war die Terrassenbauweise. In seinem Buch »Terrassentyp« von 1929 hatte er sich für die Vorzüge dieses Bautypus' gegenüber allen anderen Gattungen ausgesprochen. Krankenhäuser, Wohnbauten und Städtebau sollten sich an einer Terrassierung orientieren. Die Topographie Stuttgarts bot sich für diese Bebauung geradezu an. Durch die steilen Hänge konnte Döcker Wohnhäuser bauen, die sich in verschiedenen Ebenen, aber nur wenigen Geschossen entwickelten. Dadurch ergab sich eine abgestufte Dachlandschaft mit verschiedenen, schubladenartigen Baukörpern. Diese Schichtung des architektonischen Raums erinnerte an die kalifornische Architektur der 20er-Jahre, an Rudolph Schindler und Richard Neutra. Für die Organisation des Innenraums bedeutete dies die Ausbildung fließender Übergänge und die Sprengung des geschlossenen Baukörpers. Die verschiedenen Raumniveaus gliederten dabei die Funktionsbereiche in Wohnzimmer, Küche und Schlafzimmer.
Das Haus Nr. 21 stufte sich in drei Ebenen in den Hang und nahm damit den Wohntypus des Bungalows, der sich in den 60er-Jahren als beliebte Variante herausbildete, vorweg. Döcker baute das Haus Nr. 21 als Holzfachwerk. Diesen Grundtyp griff er für das Projekt der Kochenhofsiedlung, die er ab 1932 betreute, wieder auf. Durch den politischen Richtungswechsel wurde ihm die Leitung 1933 jedoch wieder entzogen.

*Döckers Dachlandschaft: Modellansicht von Osten, im Vordergrund das Haus in der Rathenaustraße*

*Nordansicht*

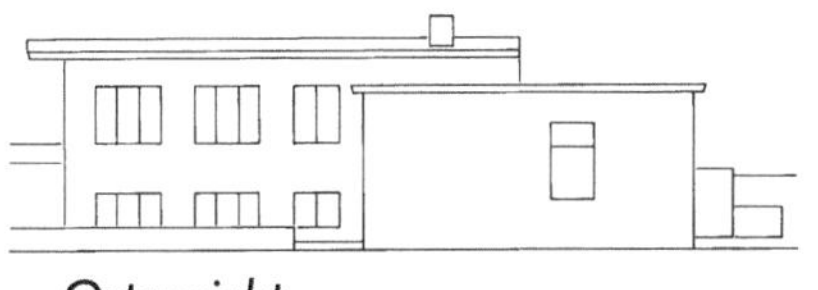

*Ostansicht*

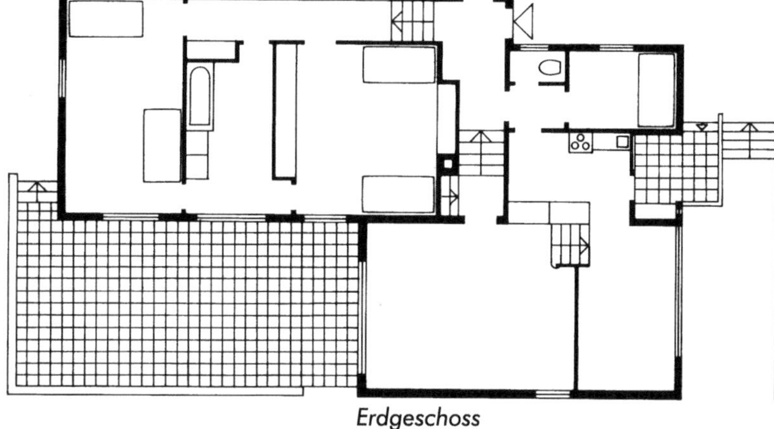

*Erdgeschoss*

*Grundrisse im Maßstab 1:200*
*Ansichten im Maßstab 1:400*

*Südansicht*

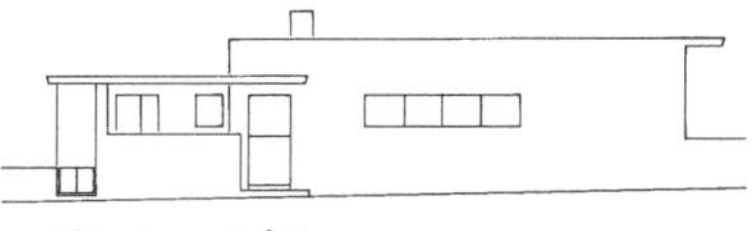

*Westansicht*

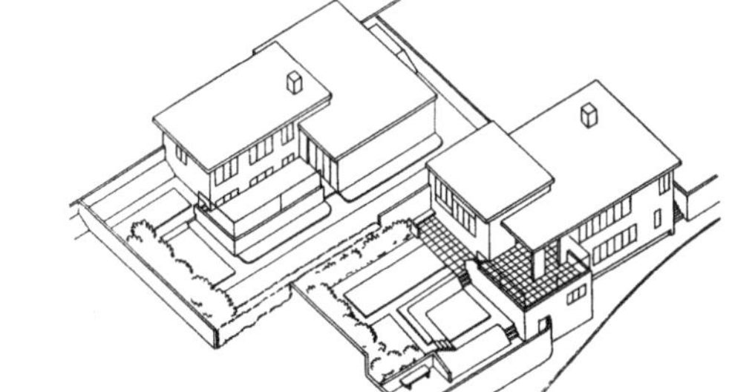

*Isometrie der beiden ausgeführten Häuser von Südosten*

## Das Gebäude im Detail

**Konstruktion**
Holzfachwerk, System »Feifel«, Außenputz auf Unterkonstruktion, Innenputz auf Gipsdielen, Holzdecken, Zentralwarmwasserheizung

**Raumprogramm**
Untergeschoss: Heiz- und Kohlenraum, Vorrats- und Trockenraum
Erdgeschoss: 3 abgestufte Ebenen: 3 Schlafräume, Bad, WC, Küche, Essplatz, Wohnraum, Terrasse

**Innenausbau**
Richard Döcker

**Heutige Situation**
Das Haus wurde im Krieg zerstört und 1951 völlig verändert wieder aufgebaut

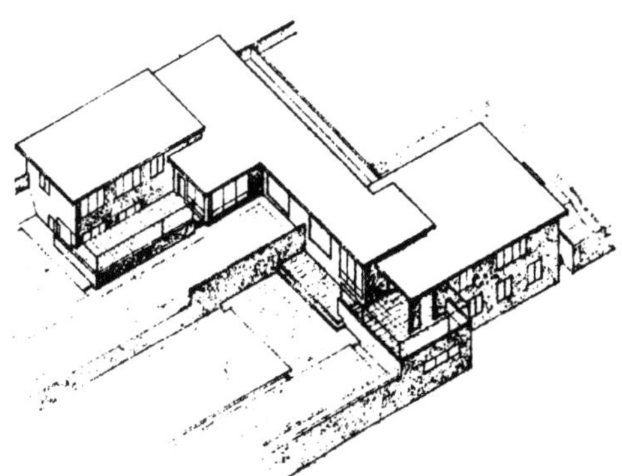

*Isometrie der ursprünglich als zusammenhängende Einheit geplanten Häuser, 1926*

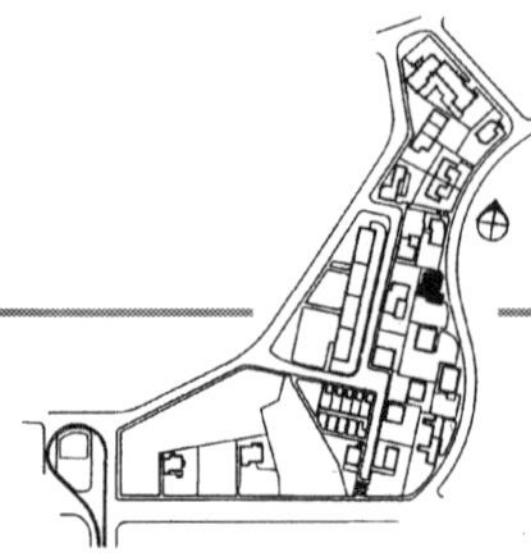

# Richard Döcker

## Einfamilienhaus

Da Richard Döcker in Stuttgart ansässig war, wurde ihm 1927 die örtliche Betreuung und die Ausfertigung der Pläne der Architekten anvertraut. Die Bebauung des Geländes am Killesberg konnte nicht schrittweise durchgeführt werden, da Pauschalvergaben an Firmen vorgenommen wurden. So konnte erst nach der Prüfung der Angebote am 1. März 1927 mit den Arbeiten begonnen werden. Dennoch wurde die Ausstellung nach nur fünf Monaten Bauzeit am 23. Juli eröffnet. Die kurze Zeitspanne, in der die Fertigstellung aller Bauten erfolgte, verdeutlicht die Leistung, die Richard Döcker als Bauleiter des Weißenhof-Projekts erbrachte.
Der ursprüngliche Entwurf für Döckers Bauplatz sah eine Verbindung der beiden Häuser vor. Durch einen Längsriegel sollten die beiden Komplexe zu einem Baukörper vereinigt werden. In der ausgeführten Planung nahm Döcker jedoch von dieser Doppelhaus-Lösung Abstand.
Sein Anspruch auf verschiedenartige Raumnutzungen zeigte sich in den Sanitärzonen seiner Einfamilienhäuser. Die Bäder konnten zu einem Turnraum umgewandelt werden. Auf der Terrasse lud eine Sprossenwand zur sportlichen Betätigung ein. »Wohnen ist heute mehr denn je eingestellt auf den Zusammenhang mit Licht, Sonne, Luft«[48], schrieb Döcker 1927 in der Publikation *Bau und Wohnung*, die anlässlich der Werkbund-Ausstellung erschien.
Von Döckers Zeitgenossen wurden die beiden Häuser stark kritisiert. Im *Völkischen Beobachter* wurde seine terrassierte, kubische Bauweise 1932 als »Palästina-Stil« diffamiert. »Diese platten Menschengaragen und Wohnmontagen« seien eine »Verhöhnung aller natürlicher Verbundenheit mit dem Boden.«[49]

*Modellansicht von Nordwesten des terrassierten Einfamilienhauses: Flächen schieben sich ineinander*

## Das Gebäude im Detail

**Konstruktion**
Holzfachwerk, Außen- und Innenverkleidung, Betonplatten verputzt, Holzdecken, Warmwasserzentralheizung

**Raumprogramm**
Untergeschoss: 2 Schlafräume, Heiz- und Kohlenraum, Waschküche, Vorratsraum, Garage
Erdgeschoss: Wohn-/Essraum, Terrasse, Arbeitszimmer, 2 Schlafräume, Bad, WC, Küche mit Wirtschaftsraum

**Innenausbau**
Richard Döcker

**Heutige Situation**
Das Haus wurde im Krieg zerstört und bisher nicht wieder aufgebaut

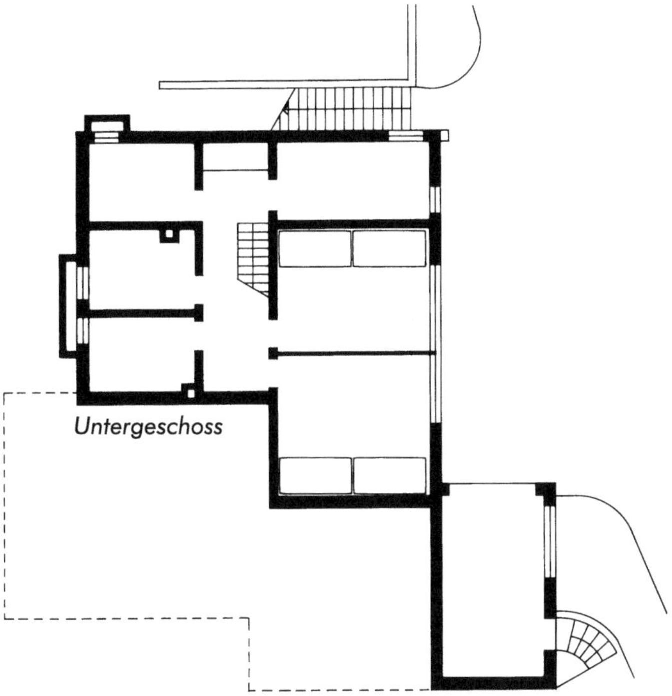

*Untergeschoss*

*Grundrisse im Maßstab 1:200*
*Ansichten im Maßstab 1:400*

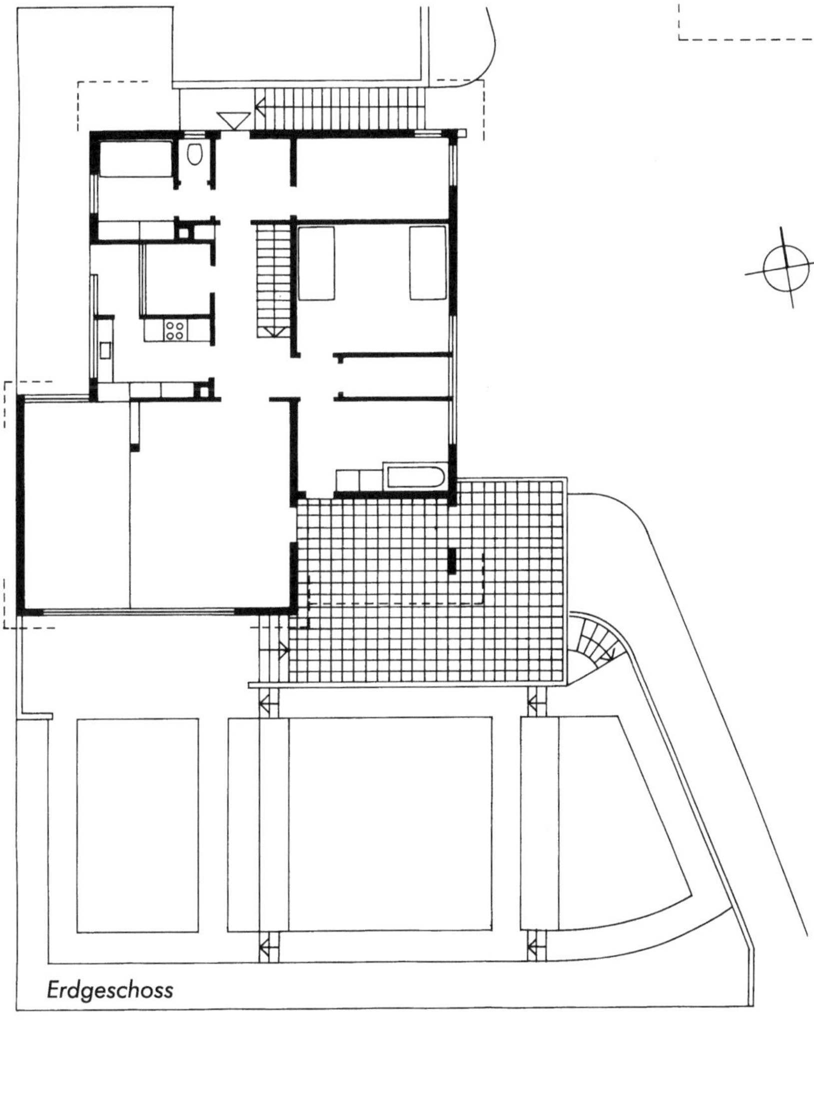

*Erdgeschoss*

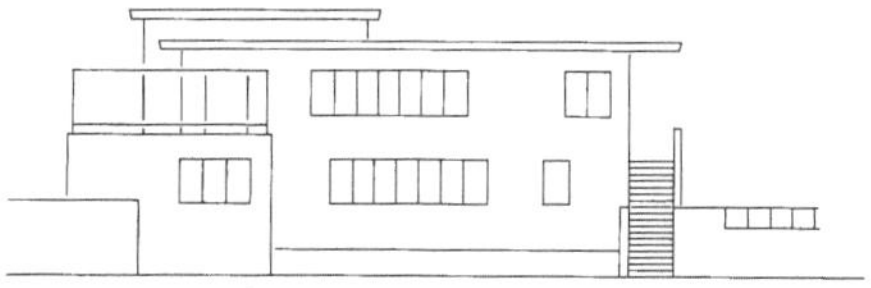

*Ostansicht*

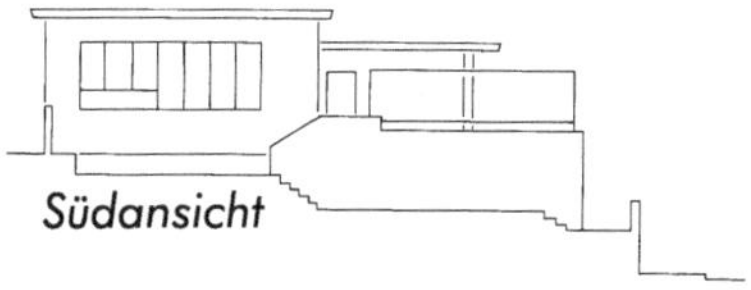

*Südansicht*

## Richard Döcker – Architekt und Professor in Stuttgart

Richard Döcker war nicht nur als Architekt eine wichtige Figur in Stuttgart, sondern auch als späterer Professor und Leiter des Wiederaufbaus nach dem Zweiten Weltkrieg. Sein kritisches Verhältnis zur Stuttgarter Schule Ende der 20er-Jahre und die Spannungen zu den Architekten Paul Bonatz und Paul Schnitthenner gipfelten im Konflikt um die Kochenhofsiedlung. Das Siedlungsmodell »Kochenhof« wurde der Ausgangspunkt für heftige Auseinandersetzungen und verweist auf die unterschiedlichen Strömungen der Moderne, die in den 20er- und 30-er Jahren die süddeutsche Architektur geprägt haben.
1932 erhielt Richard Döcker den Auftrag des Deutschen Werkbundes, eine zweite Siedlung unweit der Weißenhofsiedlung zu bauen. Die Siedlung sollte Experimente um das Thema »Deutsches Holz« vorführen. Doch die Planung für das Gelände »Kochenhof« konnte Döcker nach den veränderten politischen Verhältnissen nach 1933 nicht mehr verwirklichen. Seine schwelende Auseinandersetzung mit Paul Schmitthenner trat an diesem Siedlungsmodell offen zu Tage. Schmitthenner kritisierte seinen fortschrittlichen Formalismus und bezeichnete die Bauten der Weißenhofsiedlung als verfehlt und misslungen. Im April 1933 wurde Schmitthenner die Ausführung der Kochenhofsiedlung von NS-Oberbürgermeister Karl Strölin übertragen. Die nationalsozialistische Machtergreifung bedeutete nicht nur für Döcker das vorläufige Ende seiner architektonischen Laufbahn. Sämtliche modernen Architekten erhielten Berufsverbot, darunter Erich Mendelsohn, Hans Poelzig und Adolf Rading. Die abstrakte, moderne Formensprache musste einer Architektur im traditionellen Heimatstil weichen, in der der Bewohner sich seiner völkischen Wurzeln bewusst werden sollte.
Die berufliche Perspektivlosigkeit zwang Döcker dazu, sich nur auf theoretischer Ebene mit Architektur auseinander zu setzen. Doch nach dem Ende des Zweiten Weltkrieges konnte er die architektonischen Ansätze, die er vor 1933 entwickelt hatte, fortsetzen: 1946 wurde Richard Döcker von Oberbürgermeister Arnulf Klett zum ersten Generalbaumeister Stuttgarts ernannt. Als Leiter des ZAS (Zentraler Aufbau Stuttgart) entwickelte er Pläne für den Wiederaufbau der größtenteils zerstörten Stadt. Döcker schlug dabei nicht nur den Abriss des alten Kunstgebäudes von Theodor Fischer vor, sondern setzte sich auch für die Beseitigung der stark beschädigten Flügel des Neuen Schlosses ein. Während der Diskussion um die Schlossruine übernahm Döcker 1947 den Lehrstuhl für Städtebau und Entwerfen an der Technischen Hochschule und konnte so an seinen Einfluss auf die architektonische Lehre anknüpfen.

*Wohnraum und Arbeitsplatz; Schreibtisch und Sofa fügen sich nahtlos aneinander und sparen wertvollen Raum*

### Die Wagenfeld-Lampe

Wilhelm Wagenfeld entwickelte 1924 die Lampe an der Metallwerkstatt des Bauhauses. 1935 übernahm er die künstlerische Leitung der Vereinigten Lausitzer Glaswerke in Weißwasser. 1950 wurde ihm das Referat für Industrielle Formgebung im Württembergischen Landesgewerbeamt in Stuttgart übertragen.

**Designer:** Wilhelm Wagenfeld
**Jahr:** 1924
**Modell:** Wagenfeld-Tischlampe Wa 24
**Material:** Fuß, Säule, Einfassung Metall vernickelt; Glühlampenfassung, Kuppel Glas, opalüberfangen
**Maße:** Höhe 36 cm, Durchmesser 18 cm
**Hersteller:** Tecnolumen, Bremen

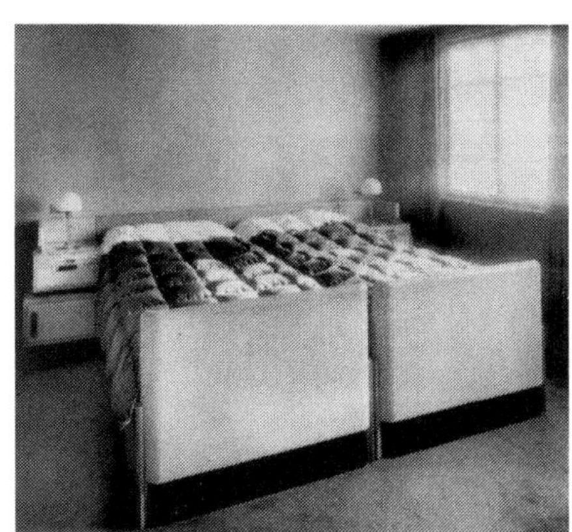

*Schlafzimmer im Haus Döcker mit je einer Wagenfeldlampe auf dem Nachttisch*

## Döckers Entwurfsziel – Zitate

»Das Wohnhaus erhält [...] große Fenster, dünne Pfeiler, wärmehaltende Wände. Das Wohnzimmer mit direktem Ausgang nach dem Freien, um einen unmittelbaren Zusammenhang, um ein Sichöffnen nach außen zu erreichen, im Gegensatz zu dem Sichabschließen gegen die Außenwelt des alten und heutigen Wohnbegriffen ungenügenden Hauses. Der Grundriß ist daher im Gegensatz zum bisherigen meist ein anderer, nicht beengter, in ein Rechteck oder Quadrat gezwängter, nach den Verhältnissen des Bauplatzes, der Zugangsrichtung, der Ansicht der Sonne usw. Deshalb auch nicht mehr das bisher gewohnte Aussehen einer mehr oder weniger imposanten Äußerlichkeit mit sogenannter ›Fassade‹ und Mittelachse, die sich geniert, die eigentliche Benützung im Innern nach außen zu zeigen, sondern eine äußere Erscheinung, die ohne weiteres die Anlage und den Gebrauch des Innern nachweist. Das zunächst Ungewohnte oder Auffallende an der neuen Auffassung ist die Dachlosigkeit, das heißt das flache Dach im Gegensatz zum gewohnten Steil- und Giebeldach. Es ist aber nicht so, als ob das Flachdach das Dogma der ›modernen Architektur‹ wäre.«
*Richard Döcker in »Bau und Wohnung« 1927, S. 39*

»Jede schöpferische Leistung kann sich ja nur in einer Form ausdrücken und diese Form wird sich bilden je nach den ästhetischen Bedürfnissen, je nach dem künstlerischen Instinkt und Talent des Verfassers. Aber Freude über diese ›Unsachlichkeit‹, über die Poesie und Phantasie dieser sachlichen Architekten. Das Neue hat keine Klagen über böse Zeiten und schlechte Menschen von heute, das Neue hat keine Sehnsucht nach allem der guten alten Zeit. Die Menschen von heute und die Menschen der Zukunft sind froh, gesund und mutig, frei, lebensbejahend und ohne ›Paragraphen‹«.
*Richard Döcker in »Bau und Wohnung« 1927, S. 42*

*Zeilenbauweise in der Wallmersiedlung in Stuttgart*

## Weitere Bauten

Haus Vetter, Stuttgart, 1927
Haus Klipper, Stuttgart, 1927
Kinderkrankenhaus, Maulbronn, 1927
LEG-Mietshaus, Stuttgart, 1929
Gewerkschaftshaus, Stuttgart, 1930
Haus Döcker, Wohnhaus, Stuttgart, 1930
Kaufhaus Union, Stuttgart, 1950
Verwaltungshochhaus Wüstenrot, Ludwigsburg, 1953

**Städtebau**
BHV-Siedlung Viergiebelweg, Stuttgart, 1922
Gesamtprojekt Hangbebauung am Stuttgarter Killesberg, 1926
BDA-Projekt Siedlung Wallmer, Stuttgart, 1929

## Biografisches zu Richard Döcker

| | |
|---|---|
| 13.6.1894 | geboren in Weilheim/Teck |
| 1912–1914 | Architekturstudium an der Technischen Hochschule Stuttgart |
| 1914–1917 | Kriegsdienst |
| 1917–1918 | Fortsetzung des Studiums und Abschluss |
| 1921 | Regierungsbaumeister, Mitarbeit bei Paul Bonatz |
| 1922–1925 | Assistent an der Technischen Hochschule bei Paul Bonatz, Mitglied des Deutschen Werkbundes |
| 1924 | Promotion zum Dr.-Ing. |
| ab 1924 | Freier Architekt |
| 1926 | Mitglied des »Ring« |
| 1926–1927 | Bauleitung der gesamten Weißenhofsiedlung, Entwurf und Bau von 2 Einfamilienhäusern in der Weißenhofsiedlung |
| 1932 | Bebauungsplan Kochenhofsiedlung |
| 1933–1945 | Ohne öffentliche Aufträge durch die Nazidiktatur, dienstverpflichtet beim Wiederaufbau in Saarbrücken |
| 1939–1941 | Studium der Biologie |
| 1945 | Vorsitzender des Bundes Deutscher Architekten |
| 1946 | Generalbaudirektor bei der Stadt Stuttgart, Zentralstelle für den Aufbau |
| 1947–1958 | Professor an der TH Stuttgart |
| 9.11.1968 | gestorben in Stuttgart |

Die Polychromie

# Max Taut

## Einfamilienhaus

Max Taut konnte 1927 bereits auf eine jahrelange Zusammenarbeit mit seinem älteren Bruder Bruno und dessen Bürokollegen Max Hoffmann zurückblicken. Durch seine Beteiligung an den wichtigsten Architektenzirkeln im Berlin der Weimarer Republik hatte Max Taut sich einen Namen gemacht und war so als Repräsentant einer revolutionären Architekturauffassung für die Werkbund-Ausstellung unverzichtbar. Sein Engagement innerhalb der »Gläsernen Kette« und des »Arbeitsrats für Kunst« hatte Tauts expressionistische Haltung zur Bedeutung von Architektur und die daraus resultierende sozialutopische Verantwortung für die Architektenschaft deutlich gemacht.
Innerhalb der Weißenhofsiedlung konnte Max Taut zwei Einfamilienhäuser realisieren. Beide Häuser basierten auf einem rechteckigen Bau, der durch einen Anbau erweitert wurde. Dabei stellte er zwei Varianten vor: den gerundeten Anbau, der sich über zwei Geschosse erstreckte, und den kubischen Vorbau, der dem ersten Stock als Terrasse diente.
Durch die Anordnung quadratischer Zementplatten an der Fassade des Einfamilienhauses im Bruckmannweg erzeugte Taut ein rechtwinkliges Raster. Die Vertikale betonte er durch dunkle Längsstreifen mit rechteckigen Zementplatten, die auf die konstruktiven Stahlträger, die dem Einfamilienhaus zugrunde lagen, verwiesen. Die Konstruktion wurde dadurch von außen sichtbar. Das Diktum der Moderne, das »Skelett« eines Baus transparent zu machen, wurde durch Tauts Fassadengestaltung deutlich. Da die gelieferten Keramikplatten nicht seinen Wünschen entsprachen, ließ Taut die Platten nach der Montage mit grauer Farbe überstreichen. Während der Ausstellung wurde das Haus unmöbliert gezeigt.

*Durch frische Luft sollte die Tuberkulose bekämpft werden; die Modellansicht von Südosten zeigt die Terrasse*

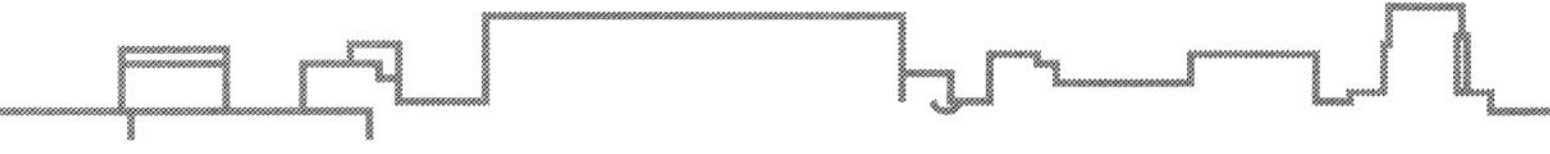

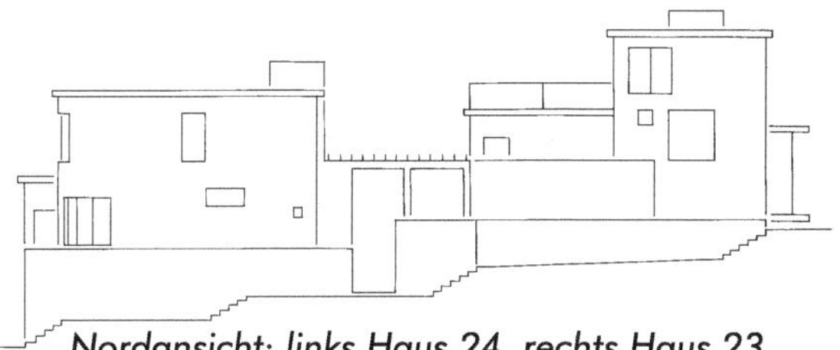

*Nordansicht: links Haus 24, rechts Haus 23*

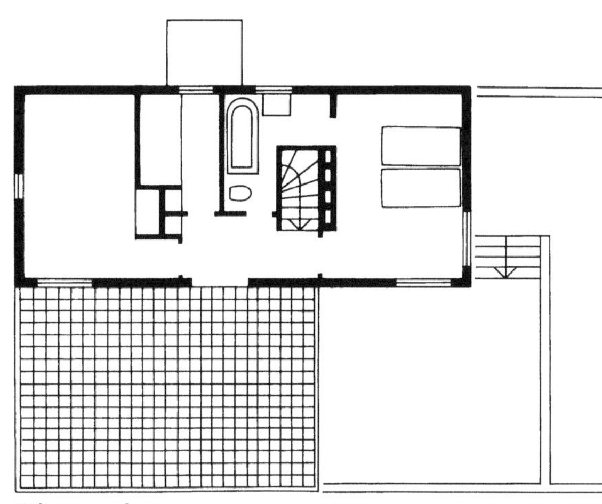

*Obergeschoss*

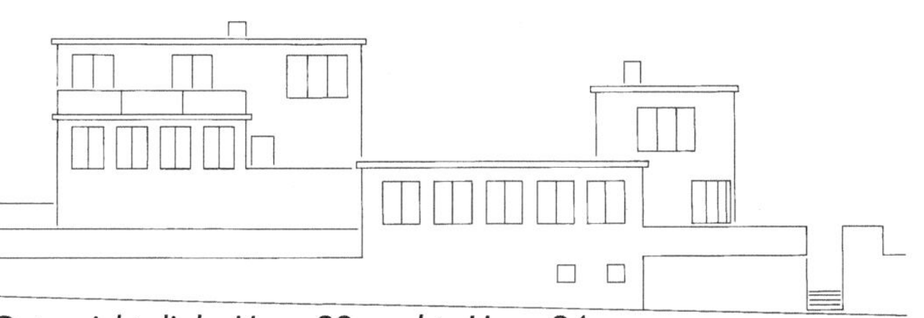

*Ostansicht: links Haus 23, rechts Haus 24*

*Südansicht: links Haus 23, rechts Haus 24*

*Grundrisse im Maßstab 1:200*
*Ansichten im Maßstab 1:400*

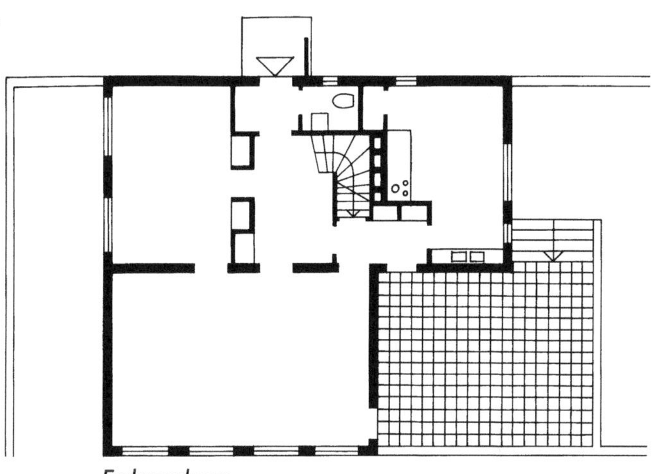

*Erdgeschoss*

## Das Gebäude im Detail

**Konstruktion**
Stahlskelett mit Wärmedämmplatten ausgefacht, Außenverkleidung Zementplatten, innen Gipsdielen verputzt, Stahlbetondecke

**Raumprogramm**
Untergeschoss: Waschküche, Vorratsraum
Erdgeschoss: Eingang, Vorraum, Wohn- und Essraum, Terrasse, Küche, Vorratsraum
Obergeschoss: 3 Schlafräume, Bad, WC, Terrasse

**Innenausbau**
Nicht möbliert während der Ausstellung 1927

**Heutige Situation**
Das Haus wurde 1956/57 abgebrochen und 1959/60 völlig verändert aufgebaut

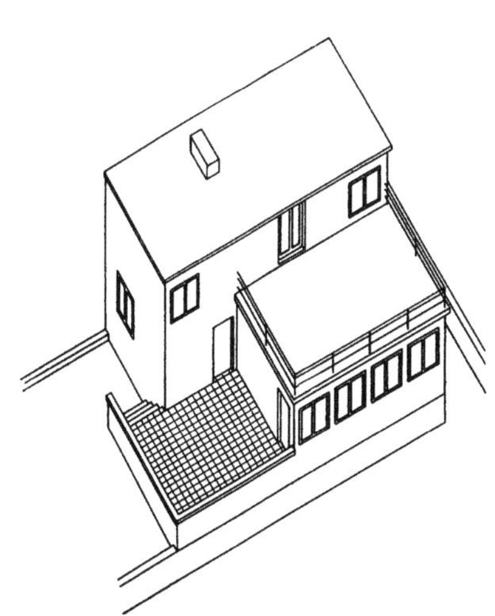

*Isometrie des Hauses 23 von Osten*

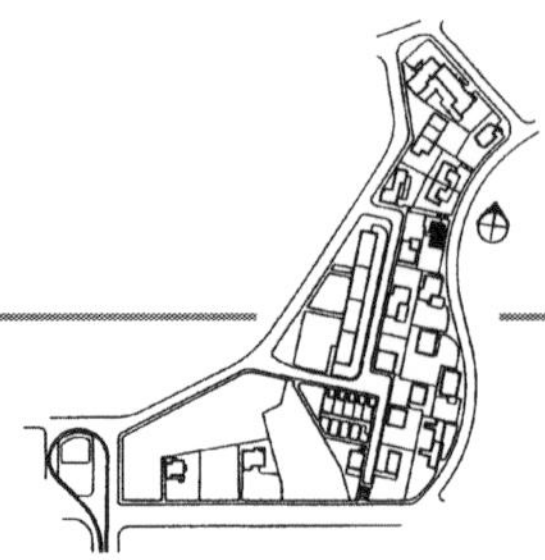

## Max Taut

### Einfamilienhaus

Bei der Suche nach der geeigneten Form für eine moderne Architektur spielte das Bewusstsein, einer neuen technischen Zeit anzugehören, eine große Rolle. Die Symbole moderner Technik begeisterten die Architekten und beeinflussten damit die Formen ihrer Bauten. Vor allem der Passagierdampfer mit der raumsparenden und dennoch soweit wie möglich kompletten Ausstattung der Kabinen inspirierte Max Taut bei seinem Weißenhof-Bau. Das Einfamilienhaus setzte sich aus einem rechteckigen Raumelement und einem zweigeschossigen Anbau mit auffälliger Rundung nach Osten zusammen. Ein gemauerter Kaminblock, der weit über das Dach hinausragte, erweckte Assoziationen zu den Schloten der großen Transatlantik-Kreuzer.

Um sein Haus trotz der kurzen Bauzeit fertig zu stellen, versuchte Taut »trocken« zu bauen. Durch die Verwendung von Thermosplatten vermied er die lange Trockenzeit, die bei den Weißenhof-Häusern von Oud zu einem Problem geworden war. Die 35 Zentimeter dicken Mauern der Oud-Häuser waren während der Ausstellung noch feucht. Erst nach zwei Jahren war die Betonmasse vollkommen getrocknet. Das Haus Nr. 24 wurde von dem Stuttgarter Architekten Richard Herre ausgestattet. Die intensive Farbigkeit, welche die Taut-Brüder an ihren Häusern verwendeten, war auch für Herre eine Inspiration. Ein Kritiker sprach von dem »sich an den Wänden austobenden Anilinwahnsinn [...] in Verbindung mit schwarz gestrichenen Zimmerdecken.«[50] Diese expressionistische Gestaltung passte zu den Farbkonzeptionen, die Taut später für Gewerkschaftsbauten entwickelte. Weniger harmonische Ausgewogenheit als eine lebendige Gestaltung des Baus war das Ziel.

*Modellansicht von Osten: typisch ist der abgerundete Anbau, der sich über zwei Stockwerke erstreckt*

*Grundrisse im Maßstab 1:200*
*Ansichten im Maßstab 1:400*

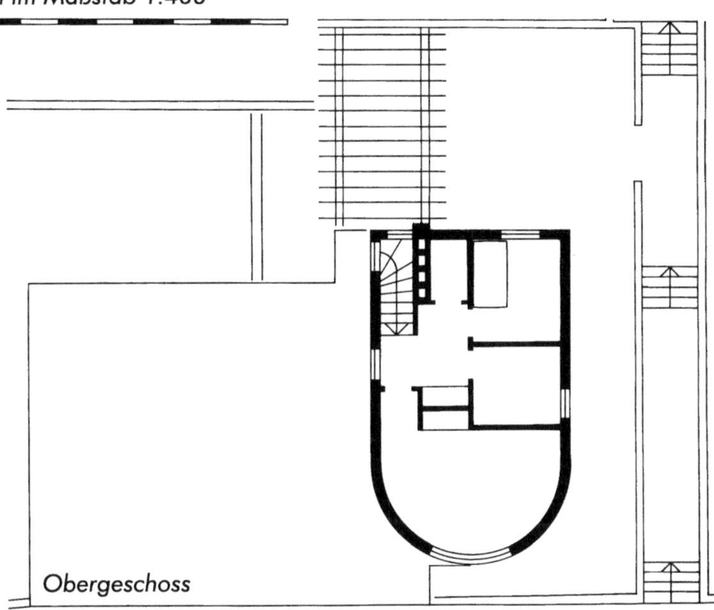

*Obergeschoss*

## Das Gebäude im Detail

**Konstruktion**
Stahlskelett mit Wärmedämmplatten ausgefacht, Außenverkleidung Zementplatten, innen Gipsdielen verputzt, Stahlbetondecke

**Raumprogramm**
Untergeschoss: Waschküche, Vorratsraum
Erdgeschoss: Eingang, Vorraum, Wohn- und Essraum, Terrasse, Küche mit Nebenraum, 2 Schlafräume, WC, Bad
Obergeschoss: Arbeitsraum, 2 Schlafräume

**Innenausbau**
Richard Herre, Stuttgart

**Heutige Situation**
Das Haus wurde im Krieg zerstört und 1956 völlig verändert aufgebaut

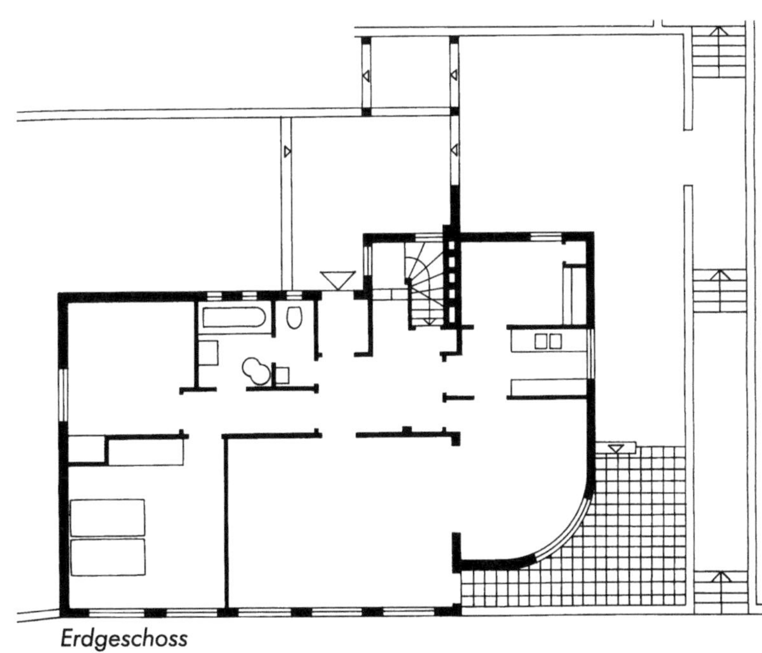

*Erdgeschoss*

*Blick vom Wohnraum in das Esszimmer, Innenraumgestaltung Richard Herre, Stuttgart*

## Expressionistische Anfänge und Gewerkschaftsbauten

Die Architekturauffassung Max Tauts war Anfang der 20er-Jahre noch stark von den Gedanken des Expressionismus beeinflusst. Im Zuge einer gesellschaftlichen Umwälzung formierte er sich mit anderen Architekten zu revolutionären Zirkeln, in denen sie ihrer avantgardistischen Haltung Ausdruck verliehen. In Berlin wurde 1918 die »Novembergruppe« und der »Arbeitsrat für Kunst« gegründet. In beiden Vereinigungen war auch Max Taut engagiert. Erklärtes Ziel war die Erneuerung der Kunst im Sinne einer Zusammenarbeit aller Künste und ihre Demokratisierung. Im Flugblatt »Unter den Flügeln der großen Baukunst« formulierte der Arbeitsrat für Kunst im März 1919 seine Leitsätze: »Kunst und Volk müssen eine Einheit bilden. Die Kunst soll nicht der Genuß weniger sein, sondern Glück und Leben der Masse sein. Zusammenschluß aller Künste unter den Flügeln einer großen Baukunst ist das Ziel.«[51]
In einem weiteren Flugblatt zur »Ausstellung unbekannter Architekten« formulierte Tauts Bruder Bruno die symbolische Ausdruckskraft der Architektur: »alle starke Zukunftssehnsucht ist werdende Architektur. Es wird einmal eine Weltanschauung da sein, und dann wird auch ihr Zeichen, ihr Kristall, die Architektur, da sein.«[52]
In ihrer mythisch geprägten Ausdrucksweise waren die Künstler von verschiedenen geistigen Strömungen beeinflusst, besonders von der Anthroposophie Rudolf Steiners. Der Kristall als Zeichen der Reinheit und Klarheit wurde in den Jahren von 1919 bis 1920/21 zur Grundlage vieler Entwürfe von Max Taut. Kultbauten und Gemeindehäuser in kristallinen Formen sollten über den neuen Idealstädten leuchten. Die phantastischen, oft gigantischen Entwürfe des Arbeitsrats für Kunst oder der »Gläsernen Kette« blieben jedoch meist auf dem Papier stehen. Adolf Rading, der die Taut-Brüder durch seine Arbeit in Berlin gut kannte, forderte dazu auf, die »papierenen Kerker« zu verlassen und die utopischen Visionen Tauts in eine pragmatische Gebrauchsarchitektur umzuwandeln.
Die expressionistischen Züge von Tauts Architektur stellten nur ein kurzes Zwischenspiel Anfang der 20er-Jahre dar. Lediglich die starke Farbigkeit ist auch in seinen späteren Arbeiten zu finden. Um Akzente zu setzen, verwendete Taut Farbe in den Innenräumen: Im Sitzungssaal des Verbandshauses der deutschen Buchdrucker in Berlin beispielsweise waren die Decken verputzt und rot gestrichen. Die sachliche Formensprache des Gebäudes hat der maßgeblichste Kritiker moderner Architektur, Adolf Behne, in seinem Text »Einige Bemerkungen zum Thema: Moderne Baukunst« von 1927 besonders gewürdigt. Ebenso wie Tauts Weißenhofhäuser erscheint das Buchdruckerhaus in seinem Text als hervorragendes Beispiel neuer Architektur. Tauts Architektur erfüllte die Forderungen der jungen Architektengeneration: »Organisierung und Durchkonstruierung unseres Lebens, des Lebens der Gesamtheit, das ist letzten Endes neue Baukunst, die nicht mehr von Formen ausgeht, sondern von Wirklichkeiten, die nicht mehr das Leben einzelner schmückt, sondern das Leben der Allgemeinheit erfüllt.«[53]
In Max Tauts architektonischem Werk sind zwei Bauaufgaben besonders vertreten: einerseits der Schulbau, anderseits die Bauten für Gewerkschaften. Taut hat drei Gewerkschaftsbauten für den Allgemeinen Gewerkschaftsbund in Berlin und einen Bau für die Frankfurter Gewerkschaft realisiert. Während Taut das Gewerkschaftshaus in Frankfurt baute, war Hans Poelzig mit der Fertigstellung des IG-Farben-Gebäudes des Hoechst-Konzerns beschäftigt. Die beiden Weißenhof-Architekten arbeiteten 1931 für zwei Bauherren mit gegensätzlichen Hintergründen und verweisen damit auf zwei starke Kräfte innerhalb der Weimarer Republik: die einflussreiche Industrie und die organisierte Arbeiterschaft. Beide Bauten fanden begeisterte Zustimmung. Während *Das neue Frankfurt* an Tauts Architektur bemerkte, »daß aus der Sparsamkeit und Sauberkeit der Durchführung ein architektonischer Stil resultiert, der besser als jede große Gebärde dem Empfinden des Volkes entspricht, das diesen Bau mit seinen Mitteln ermöglicht hat«[54], wird Poelzig von der zeitgenössischen Kritik für die Mächtigkeit seiner Architektur gelobt. Der Bau für die IG-Farben drücke »Weltgeltung«[55] aus.
In den Nachkriegsjahren wirkte Max Taut als Hochschullehrer. 1945 gründete er die Architekturabteilung der Hochschule der Künste in Berlin, die er bis 1953 als Dekan leitete. Seine klaren Vorstellungen über die Ausbildung zu modernen Architekten spiegelten sich im Auswahlverfahren wider. Um an der Hochschule zugelassen zu werden, mussten die Studenten ein Handwerk praktiziert haben; das Abitur war keine Voraussetzung.

## Max Tauts Entwurfsziel – Zitat

»Die Planung der Häuser wurde von einfachsten Grundsätzen bestimmt: Die Himmelsrichtungen ergeben die Lage des Hauses und seiner Räume. Wohn- und Schlafzimmer müssen möglichst viel Licht bekommen, die Küche erhält Nordlicht. Für die Lage der Raumkategorien ist die Frage der einfachsten Bewirtschaftung maßgebend. Schlaf-, Wohn- und Eßräume liegen also in logischer Folge zueinander. Die technischen Ausführungen richten sich nach den Forderungen der Wirtschaftlichkeit. Schnellbauweisen erscheinen als unbedingt notwendig, um Zinsverluste zu sparen. Also: schnelle Erstellbarkeit und schnelle Benutzbarkeit des Hauses!
Bei der Wahl des Baumaterials ist auf dessen wärmehaltende Fähigkeiten zu achten. Auf leichte Erheizbarkeit des Hauses lege ich großen Wert. Den Verbrauch von Wasser während des Baues sollte man möglichst vermeiden. Ich entschloß mich daher zu einer Montagebauweise, die nur geringe Mengen von Wasser erfordert.«
*Max Taut in »Bau und Wohnung« 1927, S. 139*

## Weitere Bauten

Realgymnasium, Nauen, 1914–1915
Verwaltungsgebäude des ADGB, Berlin, 1922–1923
ehem. Verbandshaus der Deutschen Buchdrucker, Berlin, 1924–1926
Schulgruppe am Nöldnerplatz, Berlin, 1927–1932
Alexander-von Humboldt-Schule, Berlin, 1928–1929
Warenhaus, Berlin, 1929–1932
Verwaltungsgebäude des ADGB, Frankfurt/Main,1930
Gymnasium, Darmstadt, 1953–1955
Wohnhaus, Berlin, 1954
Wohnanlage, Berlin 1958–1959

**Städtebau**
Wohnanlage, Dresden, 1932–1933
Reuter-Siedlung, Bonn, 1949–1952
ATH-Wohnsiedlung, Duisburg, 1954–1964

## Biografisches zu Max Taut

| | |
|---|---|
| 15.5.1884 | geboren in Königsberg |
| 1902–1904 | Studium an der Baugewerbeschule Königsberg |
| 1905–1906 | Architekt der städtischen Bauverwaltung in Rixdorf |
| 1906–1911 | Mitarbeit bei Hermann Billing, Karlsruhe |
| 1911–1914 | Freier Architekt in Berlin |
| 1914 | Architektengemeinschaft mit Bruno Taut und Max Hoffmann. Mitglied im Deutschen Werkbund |
| 1918 | Mitglied im »Arbeitsrat für Kunst« und in der »Novembergruppe« |
| 1919 | Mitglied in der »Gläsernen Kette« |
| 1926 | Mitglied des »Ring« |
| 1926–1927 | Entwurf und Bau von 2 Einfamilienhäusern in der Weißenhofsiedlung |
| 1933–1945 | Keine öffentlichen Aufträge der Nazidiktatur |
| 1945–1953 | Professor an der Akademie der Bildenden Künste in Berlin |
| 26.2.1967 | gestorben in Berlin |

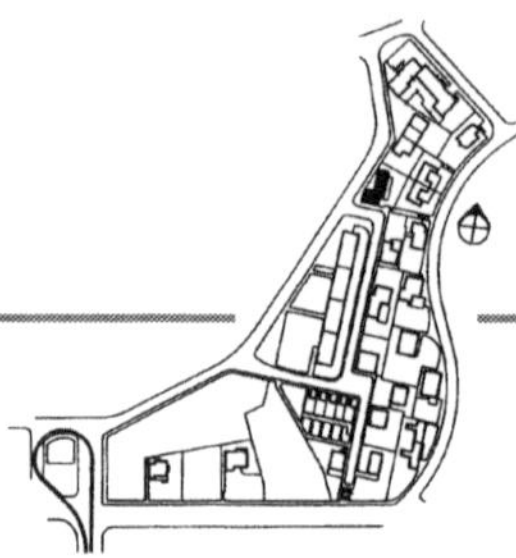

Das dynamische Bauen

# Adolf Rading

## Einfamilienhaus

Adolf Rading war durch seine Mitgliedschaft im Werkbund und im »Ring« den Architekten des Neuen Bauens vertraut. Frühere Entwürfe, die vor allem für das Büro von August Endell entstanden waren, folgten noch dem Typus des Landhauses, doch bereits 1922 hatte sich seine typische Formensprache herausgebildet. In seinem Entwurf für den Börsenhof Königsberg wurde das Leitmotiv seiner Architektur, die Kombination von kubischen Formen und geschwungenen Linien, erstmals verwendet.
Die nördliche Seitenansicht auf sein Weißenhof-Haus zeigte ein Motiv, das Rading ab1927 auch für andere Bauten verwendete: eine schmale Wand, die rechtwinklig am Bau saß und zur Straßenseite durch eine gerundete Linie abgeschlossen wurde. Radings eigenes Haus in Berlin und ein Einfamilienhaus in Breslau greifen diese Fassadenvariante auf. Wie sein Freund und Kollege Hans Scharoun erzeugte er die Kurvigkeit durch das Treppenhaus, das vom Erdgeschoss in den ersten Stock führte. Mit seiner Grundrisslösung wollte Rading weg von der »Muffigkeit und ängstlich gehemmten Kleinbürgerlichkeit unserer üblichen Siedlungen«.[56] Der L-förmige Grundriss im Erdgeschoss war in zwei Ebenen unterteilt. Durch Falttüren war der Wohnbereich variabel zu gestalten. Wenn sie geöffnet waren, wurde der Flur zu einem Teil des Wohnbereichs, den man durchschreiten musste, wenn man vom Obergeschoss in die Küche gelangen wollte. Dadurch wurde die private Zone des Wohnens aufgehoben und eine offene Verbindung von Räumen mit verschiedenen Nutzungen erzeugt. Oft wurden die Installationsrohre, die aus baupolizeilichen Gründen auf dem Putz verlegt waren, gerügt. Rading hatte sie, ebenso wie die Wandflächen der Räume, farbig gestaltet.

*Die Modellansicht zeigt das Rading-Haus von Norden; verschiedene Ebenen stoßen hier aneinander*

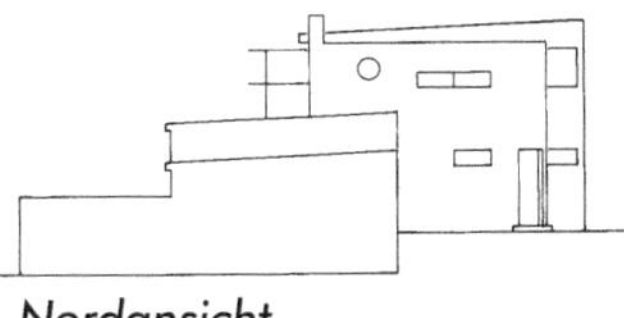

Nordansicht

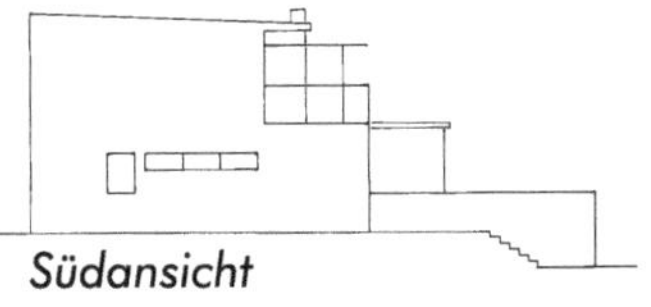

Südansicht

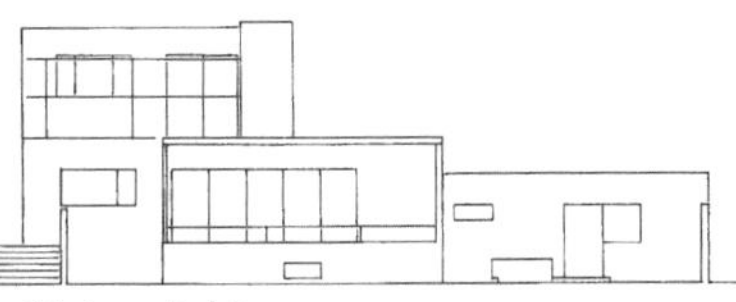

Ostansicht

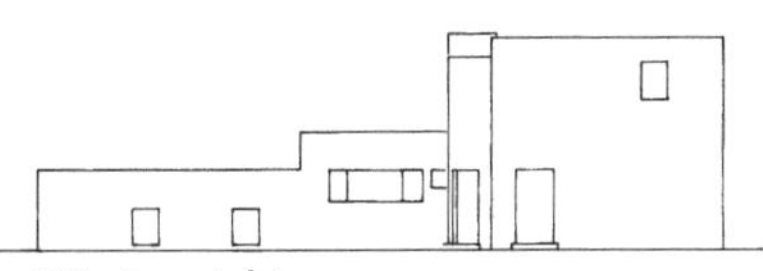

Westansicht

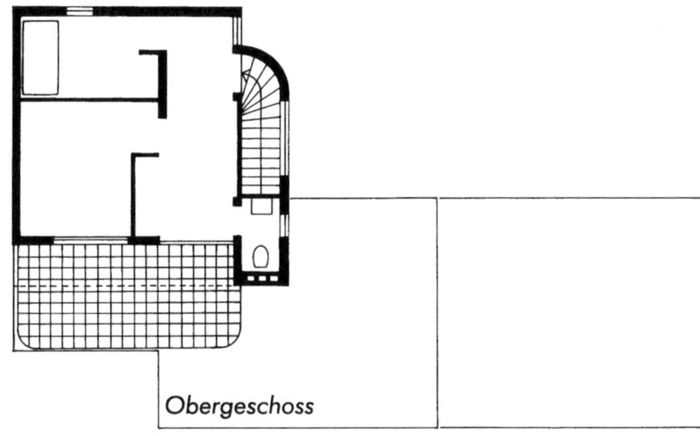

Obergeschoss

Grundrisse im Maßstab 1:200
Ansichten im Maßstab 1:400

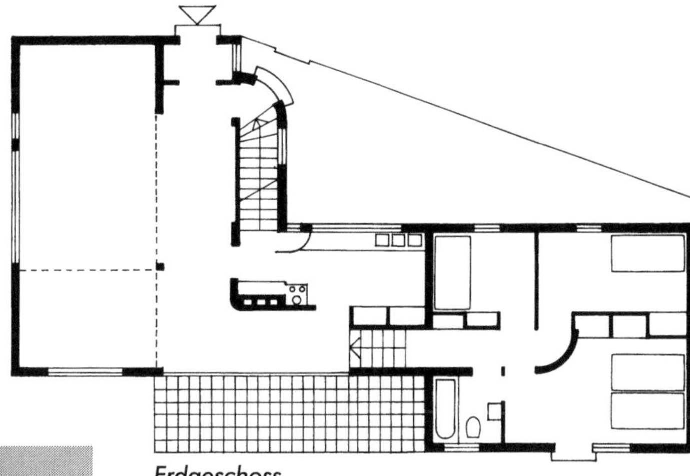

Erdgeschoss

## Das Gebäude im Detail

**Konstruktion**
Stahlskelett mit Wärmedämmplatten ausgefacht, außen Bims-, innen Gipsplattenverkleidung, beidseitig verputzt; Zwischenwände Gipsdielen oder Sperrholzschiebewände

**Raumprogramm**
Untergeschoss: Heiz- und Kohlenraum, Vorratsraum
Erdgeschoss: Wohn- und Essraum, Terrasse, Arbeitsraum, Küche, Bad, WC, 3 Schlafräume
Obergeschoss: Schlafraum, Hausarbeitsraum, Dachterrasse, WC

**Innenausbau**
Adolf Rading

**Heutige Situation**
Das Haus wurde 1956 abgebrochen und im selben Jahr ein völlig veränderter Ersatzbau erstellt

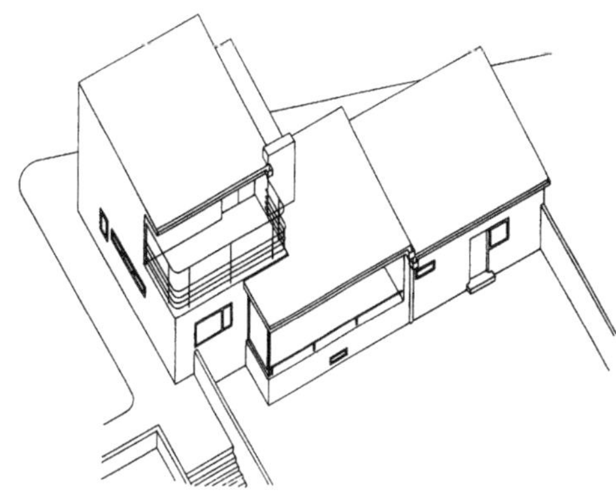

Isometrie von Osten

*Wohn-/Essraum im Haus Rading mit beweglichen Wänden; die sichtbare Stütze teilt den Raum in Zonen*

## Adolf Rading – Breslau, Berlin und die Emigration

Adolf Behne, ein wirkungsvoller Kritiker der Architektur-Moderne, hatte die Arbeiten von Adolf Rading und Hugo Häring in seiner Schrift *Der Moderne Zweckbau* von 1923 dem organischen Bauen zugerechnet.[57] Doch einer Grundrissauffassung, nach der sich der Bau von innen nach außen entwickeln sollte, war Radings Architektur selten gefolgt. So kann er heute weniger als Vertreter der organischen Form verstanden werden, denn als Architekt, der seine ästhetische Überzeugung in der Verwendung dynamischer Bauelemente fand. Die dynamische Formensprache seiner Arbeit ist in den frühen Jahren stark mit der schlesischen Stadt Breslau verbunden. Zu Beginn des 20. Jahrhunderts war Breslau ein Zentrum moderner Kunst. Neben Rading wirkten hier Künstler wie Oskar Moll, Alexander Kanoldt, Otto Müller oder Oskar Schlemmer. Die Weißenhof-Architekten Hans Scharoun und Hans Poelzig lehrten in Breslau und kannten Radings architektonische Ansätze.
Nachdem Rading 1919 seine Ausbildung im Büro von Peter Behrens in Berlin abgeschlossen hatte, wurde er von August Endell an die Staatliche Kunstakademie nach Breslau berufen, wo er zunächst Lehrer, später Professor für Architektur bis zur Schließung der Akademie 1932 war. Seiner Lehrverpflichtung an der Akademie folgte er sogar noch nach der Schließung und unterhielt den Studienbetrieb in »Meisterateliers« bis 1933 aufrecht. 1929 entstand in Breslau die Wohn- und Werkraumausstellung nach dem Vorbild der Stuttgarter Weißenhofsiedlung als Mustersiedlung des Deutschen Werkbundes zur Manifestation des Neuen Bauens in Schlesien. Adolf Rading war durch seine Musterhäuser vertreten, die heute noch erhalten sind.

Obwohl Rading bereits 1926 in Berlin eine Bürogemeinschaft mit Hans Scharoun gegründet hatte, ist eine intensive Tätigkeit erst ab 1930 nachzuweisen. In Berlin bauten Rading und Scharoun zwei Wohnanlagen. Unabhängig voneinander hatten beide Architekturen entwickelt, die sich von den stark geometrischen Bauten der Moderne unterschieden. Doch weniger seine Architekturformen als Radings links-liberale Einstellung diente den neuen Machthabern ab 1933 als Angriffspunkt: »Ihre liberalistische Weltanschauung passt nicht zu der unseren. [...] Wir werden auch einem Mann wie Mies van der Rohe niemals einen Lehrauftrag geben«[58], notierte Rading in seinem Notizbuch. Er hatte ein Gespräch aufgezeichnet, das er anlässlich seiner Entlassung aus dem Staatsdienst mit dem NS-Referenten Wendland im Kultusministerium geführt hatte.
Radings Emigration 1933 führte ihn zunächst nach Südfrankreich und 1936 nach Palästina. In Haifa wurde Rading 1943 Stadtarchitekt, nachdem er den ersten Preis für den Bebauungsplan des Kingsway gewonnen hatte. In seinem Entwurf übernahm er die stadtplanerischen Gedanken der 20er-Jahre: die Trennung der Wohn- und Verkehrsstraßen und die Einbettung der Häuserzeilen in Grünflächen. In seinen Terrassenhäusern führte er sein Prinzip, den Wohnkubus mit Rundformen aufzusprengen, weiter. Als er 1950 nach England übersiedelte, wurde Adolf Rading Mitglied des »Royal Institute of British Architects«. Er starb 1957 ohne noch einmal in Deutschland gewesen zu sein.

## Weitere Bauten

Hausreihe, Breslau, 1922
Odd Fellow Loge, Breslau, 1925–26
Haus Lauterbach, Breslau, 1927
Turmhaus in der Werkbund-Siedlung, Breslau, 1928–29
Wohnanlage, Berlin, 1929 (mit Hans Scharoun)
Gemeinschaftswohnhaus, Breslau, 1929
Wohnhaus, Zwenkau, 1929 (mit Oskar Schlemmer)
Kleinwohnungen, Berlin, 1930 (mit Hans Scharoun)
Wohnhaus, Nahariya, 1937
Palestine Fruitarom, Haifa, 1944
Moriah Shopping Center, Haifa, 1944

**Städtebau**
Bebauungsplan, Berlin-Steglitz, 1933
Kingsway, Haifa, 1937
Bat-Galim, Haifa, 1945
Kiri Hayyim, Haifa, 1947–1950

## Radings Entwurfsziel – Zitate

»Zeitlupe
Gut wäre es, wenn wir alle einmal eine Zeitlang stoppten, Tempo Tempo sein ließen, zusähen, wie herrlich weit wir gediehen...
Nur einmal das Bewußtsein, was unsere Städte, unsere Wohnungen geworden sind... Zum Teufel den guten Willen. Er ist keinen Groschen wert, wenn er Gesetze macht, die versuchen, die Auseinandersetzungen mit dem Leben auszuschalten, handelnde, lebendige Menschen in traurige, schicksalsgebundene und ach so bereinigte und zufrieden-widerspruchslose Puppen zu verwandeln.
Ich glaube nicht, daß es heute not tut, eine auf Tradition beruhende und geläufige Wirtschaft anzukurbeln oder, herausgegriffen, irgend etwas – nicht völlig Verbundenes – zu rationalisieren oder zu typisieren. Noch fehlt für unser Leben – 20 Jahre zurück eine Welt – die Form, und innerhalb dieser großen Form natürlich auch die Wohnform. Erst diese Formungen werden die ihnen entsprechende Wirtschaft hervorrufen.«
*Adolf Rading in »Bau und Wohnung« 1927, S. 103/104*

»Worauf kam es denn an? Etwas zusammenhängendes Organisches zu zeigen, sowohl in sich zusammenhängend als auch mit der Zeit, mit dem Leben rings um uns herum, zusammenhängend mit uns selbst, mit unserem Denken, mit unserem Gefühl. Wenn ich in meinem Hause den ganzen Grundriß ebenerdig entwickle, um unnützes Treppensteigen zu vermeiden, so leuchtet das vielleicht im allgemeinen ein. Daß ich aber Waschküche und Bügelzimmer, d. h. den Sonderraum für Haushaltungswirtschaft mit schöner Aussicht an die Sonnenterrasse anschließe, anstatt dieses ›notwendige Übel‹ wie üblich in den Keller zu verlegen, das wird sicher ein großer Teil meiner Mitmenschen übelnehmen.«
*Adolf Rading in »Die Form« 1927, S. 288*

## Biografisches zu Adolf Rading

| | |
|---|---|
| 2.3.1888 | geboren in Berlin |
| 1907–1910 | Studium an der städtischen Baugewerkschule in Berlin |
| 1911 | Mitarbeiter bei August Endell |
| 1919 | Mitarbeiter bei Peter Behrens und Gessner |
| 1919–1923 | Lehrer an der Akademie für Kunst und Kunstgewerbe in Breslau |
| 1923–1932 | Professor für Architektur in Breslau |
| 1926 | Mitglied des »Ring« |
| 1926–1927 | Entwurf und Bau eines Einfamilienhauses in der Weißenhofsiedlung |
| 1926–1933 | Architektengemeinschaft mit Hans Scharoun in Berlin |
| 1933 | Emigration nach Frankreich |
| 1936–1943 | Übersiedlung nach Haifa, Israel |
| 1943–1950 | Stadtarchitekt in Haifa |
| 1950 | Freier Architekt in London |
| 4.4.1957 | gestorben in London |

## Grundlegende Schwierigkeiten und Arbeiten bei der Sanierung von 1981 bis 1987

Weder beim Landesdenkmalamt noch bei der zuständigen Unteren Denkmalschutzbehörde war abrufbares Wissen vorhanden – wie noch für Denkmale aus weit früheren Epochen. Die Weißenhofsiedlung war 1981 sozusagen noch ein »weißer Fleck« auf der Landesdenkmalkarte, obwohl sie seit 1958 unter Denkmalschutz stand.
Es musste also zunächst Grundlagenforschung betrieben werden, um überhaupt die Voraussetzungen für eine erfolgreiche Sanierung und Restaurierung zu schaffen. Denn entscheidend für die Sanierung war ein möglichst exaktes Detailwissen in dreierlei Hinsicht: erstens über den baulichen Zustand der Häuser in ihrem Entstehungsjahr 1927; zweitens über die in den 60 Jahren eingetretenen baulichen Veränderungen und drittens, auf den beiden ersten Stufen aufbauend, der neu zu planende, technisch und denkmalpflegerisch gewünschte, künftige Sanierungs- und Restaurierungszustand.

## Bauabschnitte und Mieterumsetzung

Um die geplanten umfangreichen Grundinstandsetzungs- und Modernisierungsmaßnahmen überhaupt durchführen zu können, war es bei den meisten Häusern notwendig, vorher die Räumung der vermieteten Wohnungen durchzuführen. Die Weißenhofsiedlung ist ein bewohntes Baudenkmal und viele Mieter wohnten schon sehr lange in der Siedlung, manche über 40 Jahre.

# Renovierung

## 1981–1987

## Die wichtigsten Instandsetzungs- und Modernisierungsmaßnahmen

- Erneuerung der Außenputze und der Flachdachisolierungen (Modernisierungsanteil Wärmedämmung)
- Erneuerung von Fenstern und Türen (Modernisierungsanteil Wärmedämmung)
- Erneuerung und Reparatur von Blech- und Eisenteilen, wie z. B. Fallrohren, Regenfangkästen, Verwahrungen, Treppen und Geländerstäben
- Wand- und Fundamentisolierungen im Untergeschoss mit Drainage, d. h. Trockenlegung der Kellerwände zum Schutz vor aufsteigender Feuchtigkeit
- Beton- und Eisensanierungen an den tragenden Gebäudeteilen der einzelnen Häuser
- Stützmauersanierung im Bereich der Gesamtsiedlung
- Erneuerung- und Teilerneuerung der Heizungs-, Sanitär- und Elektroinstallationen (mit Modernisierungsanteil)

## Die wichtigsten denkmalpflegerischen Maßnahmen

- Wiederherstellung des ursprünglichen äußeren Erscheinungsbildes der Häuser in Bezug auf Form, Farbe und Material
- Im Inneren der Häuser das Einrichten von fünf Musterwohnungen
- Pflege, Erneuerung und Rekonstruktion von Einzelbauteilen
- Farbuntersuchungen zur ursprünglichen Farbigkeit der Häuser
- Gutachten zur Gartengestaltung der Siedlung
- Erstellung einer Bauaufnahme für jedes Haus

*Ruine mit Stahlskelett eines Hauses Walter Gropius' nach einem Bombenangriff 1944*

### Kosten

Die Staatliche Hochbauverwaltung veröffentlichte 1987 folgende Gesamtbaukosten:
»Die 1987 abgerechneten Gesamtkosten der Sanierung der Weißenhofsiedlung betragen 9,474 Mio. DM. Die Stadt Stuttgart beteiligte sich hieran mit einem Zuschuss von 3 Mio. DM. Schlüsselt man nun die Gesamtkosten von 9,474 Mio. DM in die drei Kostengruppen Instandsetzung, Modernisierung und Denkmalpflege auf, so ist bemerkenswert, dass über zwei Drittel der verfügbaren Mittel ausgegeben wurden, um reine Instandsetzungsmaßnahmen zur Erhaltung und Vermietbarkeit der Wohnungen durchzuführen. Nur ein verhältnismäßig geringer Teil, nämlich 15 % der Gesamtkosten, wurde für ›rein denkmalpflegerische Belange‹ verwendet.«

*Renovierung der Reihenhäuser von Jacobus J. P. Oud in den Jahren 1983/84*

### Die Farbgestaltung der Gebäude

Um über die in den zurückliegenden Jahrzehnten verlorengegangene oder verfälschte ursprüngliche Farbgebung der Häuser, sowohl innen wie außen, eine verlässliche Aussage zu erhalten, musste das Hochbauamt umfangreiche Farbbefundanalysen durchführen. Unabhängige Restauratoren untersuchten im Auftrag des Hochbauamts in den Jahren 1982 bis 86 die Gebäude auf ihre ursprüngliche Farbfassung und stellten einen, in der Zwischenzeit vielfach in Vergessenheit geratenen, relativ farbigen Erstzustand der Fassaden- und inneren Wandflächen fest. Die Siedlung war also nie einheitlich weiß, auch wenn der Name Weißenhof dies vielleicht suggerieren mag (siehe auch Kasten S. 10).

*Blick auf die im Zweiten Weltkrieg größtenteils zerstörte Rathenaustraße, Im Hintergrund: Friedrich-Ebert-Bau*

## Kosten der Renovierung

| Kostengruppen | Preis | Anteil |
|---|---|---|
| 1. Instandsetzung | ca. 6.634.000,– DM | 70 % |
| 2. Modernisierung | ca. 1.420.000,– DM | 15 % |
| 3. Denkmalpflege | ca. 1.420.000,– DM | 15 % |

## Bauabschnitte bei der Renovierung

| | | |
|---|---|---|
| Bauabschnitt 1 | Haus 13 | Le Corbusier, Bruckmannweg 2 |
| 1983/84 | Haus 14/15 | Le Corbusier, Rathenaustr. 13 |
| | Haus 5–9 | Jacobus J. P. Oud, Pankokweg 19 |
| | Haus 31/32 | Peter Behrens, Am Weißenhof 30–32, Hölzelweg 3–5 |
| Bauabschnitt 2 | Haus 26/27 | Josef Frank, Rathenaustr. 13–15 |
| 1984/85 | Haus 28–30 | Mart Stam, Am Weißenhof 24–28 |
| | Haus 3/4 | Ludwig Mies van der Rohe, Am Weißenhof 18+20 |
| Bauabschnitt 3 | Haus 1/2 | Ludwig Mies van der Rohe, Am Weißenhof 14+16 |
| 1985/86 | Haus 12 | Adolf G. Schneck, Bruckmannweg 1 |
| | Haus 11 | Adolf G. Schneck, Friedrich-Ebert-Straße 114 |
| | Haus 10 | Victor Bourgeois, Friedrich-Ebert-Straße 118 |

**Renovierung der Weißenhofsiedlung**
1981–1987

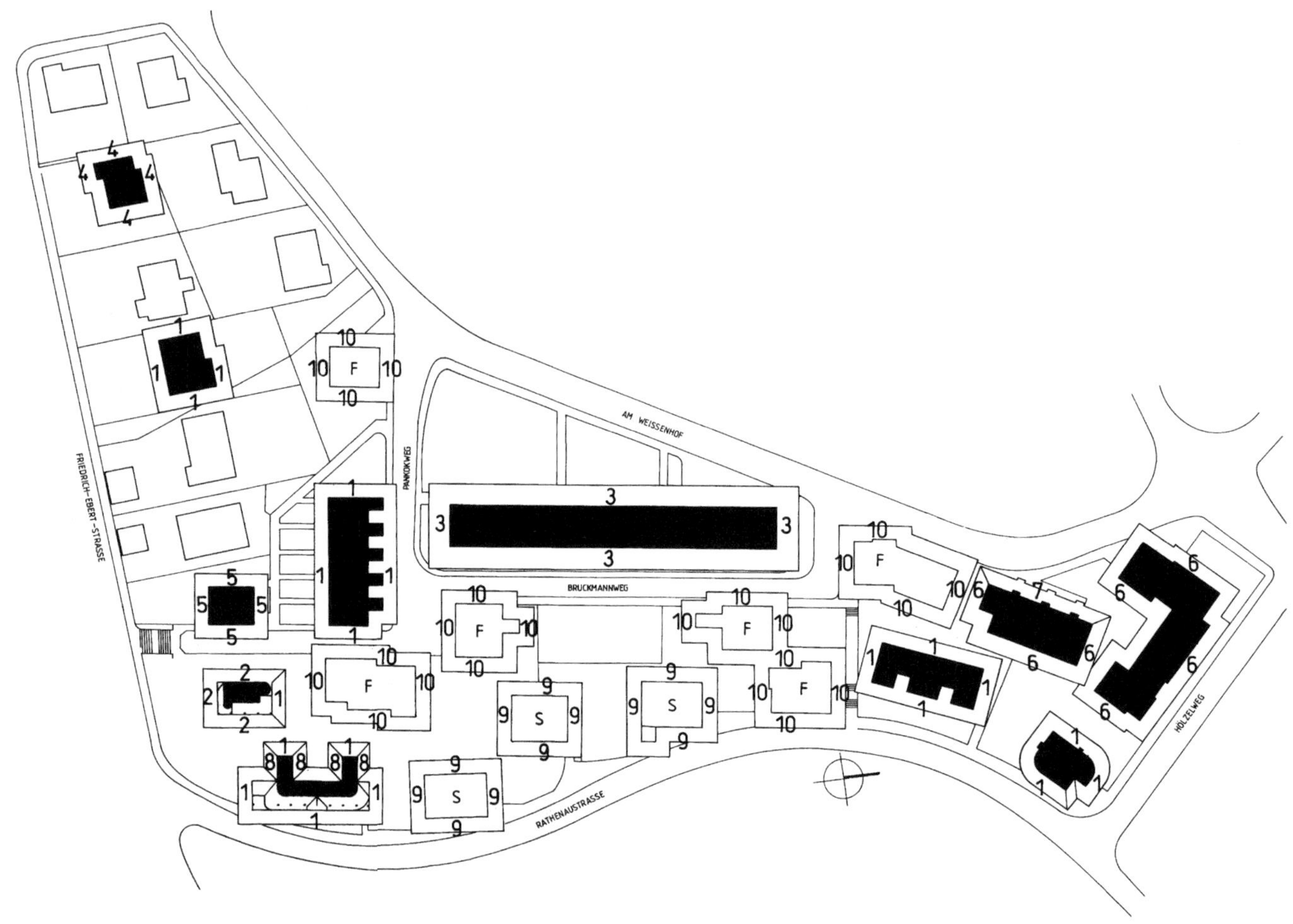


## Farbwertbestimmung der ermittelten Originalfarbigkeit

| Nr. | *Farbton/Farbwert* | *Farbwertbestimmung nach »Keimpalette«* | *Farbwerte neutral nach Taschenlexikon der Farbe* | *Bemerkungen* |
|---|---|---|---|---|
| 1 | gebrochenes weiß | Nr. 871 | – | – |
| 2 | gebr. siena mit viel weiß = rosa | Nr. 44 H 60 | 7 A 2 | – |
| 3 | orangeweiß | Nr. 54 H 62 | 5 A 2 | – |
| 4 | blassorange, gelblicher | – | 5 A 3 | – |
| 5 | gelbweiß, heller | Nr. 376 | 4 A 3 | – |
| 6 | gelbblass, rötlicher | Nr. 37 H 56 | 3 A 3 | – |
| 7 | lavendelblau, knallblau | – | 20 A 8 | grauer, rötlicher |
| 8 | blassgrün | Nr. 68 H 52/5 | 26 A 2/3 | grauer |
| 9 | ocker | Nr. 372 | – | Ersatzhäuser mit Satteldach |
| 10 | hellgrau | Nr. 634 | – | Ersatzhäuser mit Flachdach |

Die Farbverteilung der ermittelten Originalfarbigkeit:

Zeichenerklärung: Nr. 1–8 = Farbtöne von 1927
Nr. 9+10 = Bei der Sanierung 1982–87 festgelegte Farbtöne für die Ersatzbauten
S = Ersatzhäuser mit Satteldach
F = Ersatzhäuser mit Flachdach

## Bauliche Veränderungen seit 1927

| | |
|---|---|
| 31.10.1927 | Ausstellungsende |
| 1928–1939 | Vermietung der Häuser und Wohnungen durch die Stadt Stuttgart. Die Mieter waren, im Gegensatz zur ursprünglichen Zielsetzung des Deutschen Werkbundes, in der Mehrzahl besserverdienende Akademikerfamilien mit Kindern. Diese meldeten sehr schnell ihre individuellen Wohnvorstellungen bei der Stadt an. Grundriss- und Einrichtungsänderungen waren an mehreren Gebäuden die Folge. |
| 1.4.1939 | Die bisherigen Mieter ziehen aus. Zu diesem Zeitpunkt waren die Häuser noch weitgehend original erhalten. |
| 31.7.1939 | Die Stadt Stuttgart verkauft die Siedlung an das Deutsche Reich. Für Büros und Soldatenunterkünfte werden die Häuser zweckentfremdet und im Inneren umgebaut. |
| 1944 | Bei Luftangriffen werden acht Häuser zerstört. Die übrigen Häuser sind zum Teil ebenfalls stark beschädigt und werden nur notdürftig repariert. |
| 1949 | Das erste von drei Häusern mit Satteldach wird in der Rathenaustraße 7 errichtet. |
| 1950 | Das Terrassenhaus von Peter Behrens erhält Satteldächer. |
| 1955/56 | Die Einfamilienhäuser von Max Taut und Adolf Rading werden abgerissen. Der Abbruch des Einfamilienhauses von Le Corbusier konnte gerade noch verhindert werden. Im Zuge von größeren Instandsetzungsarbeiten wurden die Häuser umgebaut und verändert. |
| 1964 | Zum ersten Mal wird die Forderung nach denkmalgerechter Instandsetzung der Siedlung erhoben. In den folgenden Jahren werden einige Häuser neu verputzt und gestrichen, aber ohne große Abstimmung mit der Denkmalpflege. Der bauliche Zustand der Siedlung verschlechtert sich zunehmend. |
| 1981–1987 | Mit Erteilung des Planungsauftrages zur denkmalgerechten Instandsetzung und Restaurierung der Siedlung 1981 wurden zum ersten Mal fundierte planerische Grundlagen für die bis 1987 erfolgte Wiederherstellung der Weißenhofsiedlung erarbeitet. |

*Völlig veränderter Ersatzbau mit Satteldach an der Stelle des Hauses Hilberseimer in der Rathenaustraße 5*

## Ersatzbauten

| | |
|---|---|
| Haus 16+17 | Walter Gropius, 2 Gebäude im Bruckmannweg 4+6, heute ein Ersatzbau von 1955 mit Flachdach. |
| Haus 18 | Ludwig Hilberseimer, Rathenaustraße 5, heute Ersatzbau von 1954 mit Satteldach. |
| Haus 19 | Bruno Taut, Bruckmannweg 8, heute Ersatzbau von 1959/60 mit Flachdach. Das schwer beschädigte Haus wurde nach dem Krieg durch den damaligen Mieter wieder aufgebaut, sah dem Original ziemlich ähnlich und war bewohnt bis 1958. 1959 erfolgte der vollständige Abbruch des Hauses. |
| Haus 20 | Hans Poelzig, Rathenaustraße 7, heute Ersatzbau von 1949 mit Satteldach. |
| Haus 21 | Richard Döcker, Bruckmannweg 10, heute leeres Grundstück. Wiederaufbau geplant. |
| Haus 22 | Richard Döcker, Rathenaustraße 9, heute Ersatzbau von 1951 mit Satteldach. Privateigentum. |
| Haus 24 | Max Taut, Rathenaustraße 11, heute Ersatzbau von 1956 mit Flachdach. |

# Programm des Deutschen Werkbundes und seiner Württembergischen Arbeitsgemeinschaft

**Werkbund-Ausstellung »Die Wohnung«, Stuttgart 1927**
Wir leben in einer Zeit der Neuorientierung. Politik und Wirtschaft sind gezwungen, neue Wege zur Lösung der Aufgaben zu suchen, die die Gegenwart stellt. Noch ist es ein Nebeneinander, teilweise ein Gegeneinanderarbeiten der Kräfte, das dieser Neubildung entgegensteht und noch ist der Weg nicht gefunden, der ein harmonisches Zusammenwirken dieser Kräfte ermöglicht. Der das Gegeneinander zu einem Miteinander werden läßt, der Kraftvergeudung zu Kraftentfaltung umwandelt.
Wie im allgemeinen, so ist es auch auf dem besonderen Gebiet des Wohnungswesens. Allzusehr glaubt man sich noch verpflichtet, die Vergangenheit zu pflegen, statt dem Neuen Entfaltungsmöglichkeit zu geben. Daher kann sich das Neue nur sehr vereinzelt in der Tat auswirken. Allzusehr ist es auf rein theoretische Auseinandersetzung angewiesen und hat zu wenig Gelegenheit, sich an praktischen Aufgaben zu erproben.
Man sollte meinen, daß die bestehende Wohnungsnot die an ihrer Beseitigung arbeitende Kräfte veranlassen müßte, sich auf das Gründlichste mit allen neuen Anregungen auf dem Gebiet des Wohnungswesens zu befassen. Aber hierfür ist noch verhältnismäßig wenig Sinn vorhanden. Große Industriekonzerne sind heute gezwungen, auf Grund neuer Erkenntnisse die Forschung ihrer Betriebe umzugestalten, um wettbewerbsfähig zu bleiben. Die mit der Beseitigung der Wohnungsnot Beschäftigten verkennen aber noch zu sehr die Forderung und Möglichkeiten der Gegenwart zum Schaden der gesamten Volkswirtschaft.

Beim Wohnungsbau ist das Problem der Grundrißgestaltung von wesentlicher, ja grundlegender Bedeutung. Voraussetzung der Grundrißgestaltung ist die eingehendste Berücksichtigung der Wohnungsansprüche heutiger Menschen. Von ihrer Enthüllung ist die Benutzbarkeit und Brauchbarkeit einer Wohnung abhängig. Eine Wohnung soll unter dem geringsten Platzaufwand ein bequemes, praktisches und allen Bedürfnissen entsprechendes Wohnen ermöglichen. Die Größe und Anzahl der Räume richtet sich nach den Bedürfnissen, die unbedingt erfüllt werden müssen. Notwendig sind Räume zum Wohnen, Essen, Schlafen, Waschen und Kochen, die nach Zwecken getrennt, durch den Grundriß zusammengefaßt und organisiert, alle Bedürfnisse bei geringen Platzaufwand befriedigen müssen. Vor allem die Kleinwohnung muß sorgfältig durchgebildet werden, denn für sie sind die beschränktesten Mittel vorhanden.
Kein Raumteil, auch nicht das kleinste, darf ungenutzt bleiben. Selbst die kleinen Räume kann man sich bei konsequenter Durchbildung bequem einrichten und auch dem Bedürfnis nach weit entwickelten Lebensansprüchen gerecht werden. Voraussetzung einer Ökonomisierung der Wohnung ist der Einbau von Schränken für Wäsche, Koffer, Geschirr usw., sowie die völlige Einrichtung der Küche.
Die Vereinfachung und Zweckmäßigkeit des inneren Aufbaus, das Fehlen alles Unnötigen, wird den Wirtschaftbetrieb, die häusliche Arbeit vereinfachen, erleichtern.
Von gleicher Bedeutung wie die Neuorganisation der Wohnung ist die Veränderung der technischen Grundlagen des Bauens, durch die Verwendung neuer Konstruktionen und neuer Materialien.
Das Baugewerbe hat sich allzulange der Industrialisierung und Normie-

*In diesem Kapitel findet sich der Aufruf des DWB zur Weißenhofsiedlung von 1926 sowie historische Pressestimmen*

rung und der damit verbundenen Auswertung entzogen. Für alle Arbeitsgebiete hat die strenge Methode der Arbeitsteilung einen den neuen Anforderungen angepaßten Produktionsprozeß hervorgerufen.
Das Baugewerbe hat sich aber vielfach den veränderten Verhältnissen noch nicht genug angepaßt. Es blieb in seinem Wesen unverändert und bedient sich auch heute noch im wesentlichen der früheren Arbeitsmethoden. Statt dem Ingenieur, dem Chemiker, der Industrie Forderungen nach neuen Konstruktionen und Materialien zur Ermöglichung neuerer rationeller Baumethoden zu stellen, wurden die neuen Konstruktionen und Materialien ohne Berücksichtigung ihrer Eigenart einfach als Ersatz für altes benutzt. Die Forderung, die heute aufzustellen ist, ist die Erprobung der von der Industrie bereits hergestellten neuen Materialien und der von den Ingenieuren vorgeschlagenen neuen Konstruktionen. Ihre Durchbildung und entsprechende Abwandlung. Größte Aufmerksamkeit ist vor allem dem Montagetrockenbau zuzuwenden. Er verlegt die Arbeit vom Bauplatz in die Fabrik, in der die einzelnen Bauteile montagefertig hergestellt werden, so daß sie auf der Baustelle nach genau vorbereitetem Montageplan in kürzester Zeit fertig montiert werden können. Da eine Austrocknung nicht mehr notwendig ist, kann der Bau sofort bezogen werden.
Die Industrialisierung des Bauens hat allerdings eine strenge Typisierung aller Baueinheiten und Normierung aller Einzelheiten zur Voraussetzung. Der Hausbau, vor allem das Mietshaus, bedarf keiner individuellen, sondern einer kollektiven Durchbildung. Die gesamte Industrie drängt zwangsläufig zur Normierung. Auch das Handwerk schlägt neuerdings ähnliche Wege ein. Und wie etwa die Autoindustrie, so wird auch ein individuell betriebener Hausbau durch Normierung und deren Auswertung zu immer reineren Typen, zu immer vollendeteren Gestaltungen kommen. Dabei ist – eine richtige Organisation und Umstellung vorausgesetzt – auch für das Handwerk eine Fülle wichtiger Aufgaben zu lösen und wertvolle Arbeit zu leisten.
Ein systematischer Lösungsversuch für die neue Wohnung und aller damit zusammenhängenden organisatorisch-räumlichen, konstruktiven, technischen und hygienischen Probleme ist die geplante Werkbund-Ausstellung

Die Wohnung

die der Deutsche Werkbund auf Antrag seiner Württembergischen Arbeitsgemeinschaft beschlossen hat. Sie findet 1927 in Stuttgart statt. Die Stadt Stuttgart hat im Frühjahr 1926 beschlossen, innerhalb ihres Wohnungsbauprogramms für die Jahre 1926/27 etwa 60 Wohneinheiten als geschlossene Siedlung nach den Vorschlägen des Deutschen Werkbunds zu erstellen. Als Bauplatz wurde ein Gelände am Weißenhof gewählt, auf dem nicht nur die einzelnen Baukörper organisch gruppiert werden können, sondern das auch dank seiner günstigen Höhenlage einen prachtvollen Blick über die Stadt gewährt. Die Überbauungsidee wurde von dem zweiten Vorsitzenden des Deutschen Werkbunds, dem Architekten Mies van der Rohe aufgestellt und in Zusammenarbeit mit dem Stadterweiterungsamt der Stadt Stuttgart festgelegt. Zur Durchbildung und Gestaltung der einzelnen Häuser wurden auf Vorschlag des Deutschen Werkbunds folgende Architekten des In- und Auslands heranzogen:

1. Dr. Frank, Wien
2. J. J. P. Oud, Stadtbaumeister Rotterdam
3. Mart Stam, Rotterdam
4. Le Corbusier, Genf
5. Prof. Dr. Peter Behrens, Berlin-Wien
6. Dr. Richard Döcker, Stuttgart
7. Walter Gropius, Direktor des Bauhauses Dessau
8. Ludw. Hilberseimer, Berlin
9. Mies van der Rohe, Berlin
10. Prof. Hans Poelzig, Berlin
11. Prof. Rading, Breslau
12. Prof. Scharoun, Breslau
13. Prof. Adolf G. Schneck, Stuttgart
14. Bruno Taut, Berlin
15. Max Taut, Berlin

Die künstlerische Leitung der gesamten Ausstellung wurde ebenfalls dem Architekten Mies van der Rohe übertragen.

Dem Aufbau der Siedlung liegt die Absicht zugrunde, darzutun, daß die neuen Produktionsmethoden sich auch zwanglos auf den Hausbau anwenden lassen. So ist diese Siedlung eine Versuchskolonie zur Festlegung der Grundlagen für den modernen Serienbau. Das grundlegende Hauptprinzip ist die Festlegung neuer Wohnfunktionen unter Verwendung alter und neuer Materialien. Daher kann die Siedlung nicht selbst die Methode des rationellen Serienbaus, sondern lediglich eine Modell-Vorarbeit dazu vorführen.

Gleichzeitig wird sie einen Gegenbeweis gegen die weit verbreitete Meinung bilden, daß die Industrialisierung des Hausbaus notwendig zu einer völligen Uniformierung führen muß. Die bestehenden Mietwohnungen der Großstädte sind allerdings uniform, worüber auch die Warenhausromantik ihrer Fassade nicht hinwegtäuschen kann. Aufgabe dieser Ausstellung dagegen ist es zu zeigen, daß eine Industrialisierung des Hausbaues nicht einer Vergewaltigung des Individuums gleichzusetzen ist. Denn nicht die industrielle Herstellung ganzer Wohnungen und Häuser ist zu erstreben, sondern immer nur die Massenherstellung typisierter Baueinheiten und normalisierter Einzelheiten. Mit Hilfe dieser Baueinheiten und Einzelheiten läßt sich jede Variationsmöglichkeit durchführen unter höchstmöglicher Berücksichtigung des Individuums.
Mit klar bestimmten und festgelegten Elementen lassen sich je nach dem Bedürfnis der Bewohner verschiedene Hausty-

pen zusammenfügen, ermöglicht sich eine Fülle von Variationen.
Auf einem bei der Siedlung gelegenen Versuchsgelände werden Einzelheiten der angewandten und auch andere bemerkenswerte neue Konstruktionen, Baumethoden und Materialien gezeigt werden.
Da durch die Wohnbauten allein ein umfassendes Bild der auf technischem, hygienischem und künstlerischem Gebiet vorhandenen Höchstleistungen nicht gezeigt werden kann, so soll in besonderen Ausstellungshallen ein ergänzender Überblick über die mit dem Ausstellungsprogramm zusammenhängenden Gebiete gegeben werden. Vor allem kommen hier diejenigen Einrichtungen in Frage, die für einfachere Haushaltsführungen geeignet sind und deren Anschaffung sich in einer Verbilligung der Wirtschaftsführung auswirkt. Auch die gesamten, sich ständig verbessernden Apparate und Einrichtungen, die der Hausfrau den Wohnbetrieb zu erleichtern vermögen, sollen gezeigt werden, also die technischen Hilfsmittel für Küche, Waschküche, Badezimmer, Reinigung des Haushalts u.s.w., ebenso die zur Wohnungsausstattung nötigen Erzeugnisse wie Möbel, Stoffe, Tapeten, Fußbodenbeläge u.s.w. Aber alle diese Gruppen werden nicht im Sinne einer Baumesse, sondern entsprechend dem Programm des Deutschen Werkbunds unter den Gesichtspunkt der Wertauslese vorgeführt werden. Im Zusammenhang damit findet eine internationale Plan- und Modell-Ausstellung neuer Baukunst statt, die aber nicht nur Wohnbauten, sondern auch Hochhäuser, Wasserkraftanlagen, Großgaragen, Flugzeughallen, Fabrik- und Bürogebäude umfaßt.

Die Ausstellung wird keine endgültigen Lösungen bringen. Das kann und will sie nicht, da die Dinge heute noch zu sehr im Flusse sind. Aber sie wird für ein begrenztes Gebiet das zusammenfassen, was bis jetzt an wertvollen Erfahrungen und Vorschlägen vorliegt und geeignet ist, eine Besserung des Wohnwesens im Geiste unserer Zeit zu dienen. Sie wird sich in ihrer ganzen Anordnung, in der Art ihrer Darstellung und in ihren Ergebnissen an die breiten Massen unseres Volkes wenden. Sie ist wohl die erste Bau- und Wohnungsausstellung auf produktiver Grundlage, da sie keinerlei Mittel für zwecklose Ausstellungsbauten aufwendet, sondern durch Errichtung der Weißenhofsiedlung zur Linderung der Wohnungsnot beiträgt und damit dem Volkswohl dient.

Stuttgart, im Dezember 1926

Deutscher Werkbund
Der I. Vorsitzende
Peter Bruckmann
Geh. Hofrat, Dr.-Ing. h. c.

Württ. Arbeitsgemeinschaft des Deutschen Werkbunds
Der II. Vorsitzende
Mies v. d. Rohe

Der Geschäftsführer
Gust. Stotz

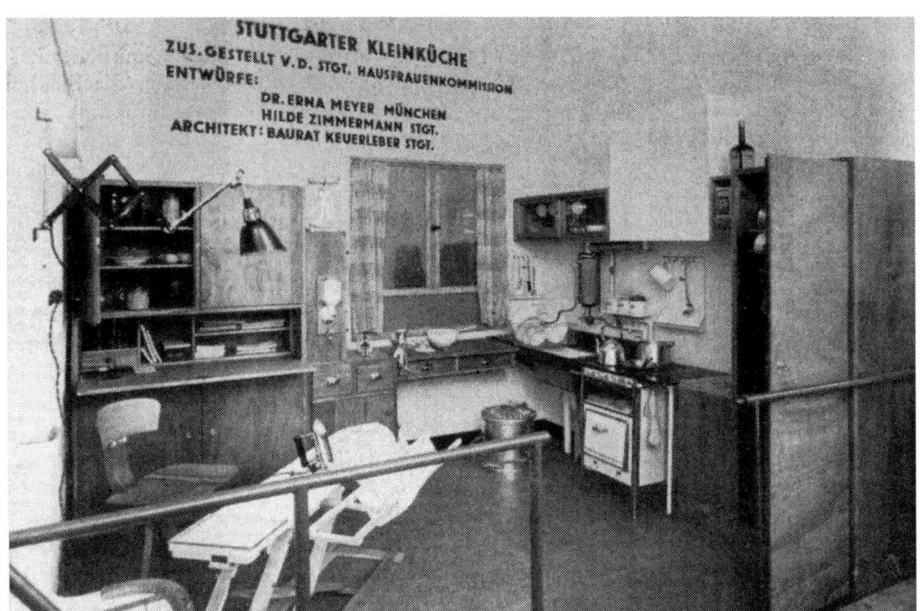


*In den Ausstellungshallen in der Stuttgarter Innenstadt wurden während der Werkbundausstellung Wohnungseinrichtungen und Küchenausstattungen gezeigt*

## Historische Pressestimmen

**Deutsche Allgemeine Zeitung, Berlin, 27. Juli 1927**
Man wird über das Ganze wie die Einzelheiten dieser Siedlungsbauten noch viel und heftig diskutieren. Das eine Ergebnis kann aber schon jetzt konstruiert werden: wer künftighin an der Frage des neuen Wohnhauses mitarbeiten will, muß mit dieser Siedlung rechnen. Das bedeutet zunächst einmal einen unleugbaren Erfolg.

*Die Weißenhofsiedlung in der Bauphase; im Hintergrund ist das Experimentiergelände zu erkennen, das ebenfalls Bestandteil der Werkbundausstellung war*

**Berliner Börsen-Courier, 29. Juli 1927**
Also: Da lagern breit und weiß, mit flachen Dächern und quergezogenen großen Fenstern, mächtigen Terrassen, wie eine Herde im Grünen, über den Abhang verstreut die Würfel, die Kristalle der neuen Wohnlichkeit. Und fast mit Herzklopfen verspürt der Beschauer, daß hier etwas ganz Neues, von dem man immer schon sprach, Stein geworden ist. Die neue Architektur hat hier ihre Entscheidungsschlacht geschlagen.
Unendlich viel Neues ist hier gestaltet und gedacht, bis es diesen starken und unvergeßlichen Sinn, den des neuen Wohnstils erhielt. Ein Stil, den die Industrie zuerst erprobte, das technische Bauen mit neuen künstlichen Materialien, deren Namen kein Mensch behalten kann, so phantastisch klingen sie. Und so echt und unmittelbar wirken sie in diesen Gestaltungen, daß man nicht versteht, wie Menschen noch umständlich und mittelalterlich mit Kalk und Steinen bauen können.

**Das blaue Heft, Berlin, 1. August 1927**
In Stuttgart wurde jetzt die entscheidende Schlacht um das neue Wohnen geschlagen und zugunsten der neuen Architekten, und vor allem der Stadt selbst, entschieden, die in splendidester Weise Baugelände und Geld zur Verfügung stellte. Wie nackt und nüchtern klingt hier das Wort »Baugelände« und wie unaussprechlich schön ist dieses Paradies in Wirklichkeit. Ohne Übertreibung: ich kann mir nicht denken, daß irgendwo in einer schöneren (fast klassischen) Landschaft als diese, auf den sanften Hügeln des Neckars, wo der Blick stundenweit über die Wälder fliegt und zurückgezogen auf die Dächer der Hauptstadt Schwabens sinkt, dieser Sieg erfochten werden konnte. Voll Neid müssen wir Berliner zusehen wie eine großzügige und verständnisvolle Regierung Hand in Hand mit den besten Architekten Europas alle Erwägungen und Belange kurzerhand beiseite schiebt und dem Genie, dem Einfall, dem Problematiker gestattet, nach seiner Fasson die Erlösung vom drängendsten und widerlichsten Unglück unserer Tage zu suchen.

**Vorwärts, Berlin, 17. August 1927**
Daß die Wohnung durch solche Bemühung und das Notwendige an Lebenskomfort auch schön wird, daß für Licht und heitere Farbigkeit, für günstige Lage zur Sonne und Umgebung gesorgt wird, versteht sich von selbst. Eine ungewollte Folge ist etwas, was man beinahe den Stil unserer Zeit nennen könnte. Das Haus als Wohnmaschine, befreit vom Ballast sentimentaler Ornamente, ein lebendiges, atmendes Nutzwesen; schreckhaft noch anzuschauen für den Banausen und ewigen Spießbürger, der alles so haben will, wie es bei Großväterchen war.

**Vossische Zeitung, Berlin, 17. August 1927**
Trotz all dieser Seltsamkeiten ist festzustellen: daß die Stuttgarter Veranstaltung eine Sache von höchstem Belang geworden ist! Daß sie, überaus dankenswert und anregend, ganz gewiß über Sinn und Wert der bedeutsamsten Bewegung innerhalb des modernen Kunstkreises Unzähligen die Augen erst öffnen wird. Daß sie tatsächlich zum ersten Male die bisherigen, mehr gelegentlichen Bemühungen zusammenfaßt, vom internationalen Wesen der neuen Architektur eine Vorstellung zu geben. Man wünschte sich dringend eine solche Ausstellung in Berlin. Warum ist Derartiges bei uns nicht möglich? In der »Vossischen Zeitung« ist seit Jahr und Tag den reaktionären (und leider sehr einfluß-

reichen) Berliner Kräften, die am liebsten die gesamte jüngere Baukunst als Verschrobenheit einiger unbotmäßiger Wirrköpfe abtun wollen, entgegengehalten worden, daß hier eine neue Weltmelodie angeschlagen wird, daß eine aus dem Erdboden der Zeit entsprungene machtvolle Strömung heranflutet, die eindämmen zu wollen, reinste Torheit wäre. In Stuttgart wird das aufs neue und eindringlicher als je zuvor bewiesen.

**Zwickauer Tageblatt und Anzeiger, 19. Aug. 1927**
Die städtische Siedlung am Weißenhof mit ihren 33 Ein- und Mehrfamilienhäusern (insgesamt 60 Wohnungen) stellt das große und wohl auch erste Beispiel einer wahrhaft produktiven Ausstellung dar. Sie ist das interessanteste Problem der ganzen Ausstellung, denn sie bedeutet an sich ein Programm, das die besten Köpfe unserer Zeit auf diesem Gebiete zusammengestellt haben und das als Ausfluß eines neuen Gestaltungswillens auf dem Gebiete des Wohnungsbaues aufzufassen ist, das durchaus ernst genommen werden muß, wenn anders uns nicht von unsern Nachfahren der Vorwurf gemacht werden soll, einer gänzlich neugearteten Zeit verständnislos gegenüber gestanden zu haben. Hier wird endlich einmal die Probe aufs Exempel gemacht und hier muß es sich entscheiden, ob die dazu aufgerufenen Baumeister, die die neue Entwicklungsrichtung vertreten, Wichtiges und Neues zu sagen haben. Neu, aber durchaus nicht in dem Sinn modischer Formen oder mehr oder minder geistreicher Einfälle, sondern wichtig und neu im Sinne fruchtbaren Gegenwartsbestandes und zielbewußter »Zukunftsrichtung« weitab von aller Ästhetisiererei. Wir können uns heute weder den Luxus eleganter Formenspielerei mehr leisten, noch haben wir überhaupt Verständnis mehr dafür. Unser Leben ist hart und verantwortungsvoll geworden und verrinnt uns im aufgezwungenen amerikanischen Geschwindtempo fast unter den Fingern. Darum begrüßen wir jeden Versuch, der vorfühlend aus ehrlicher Gesinnung heraus und aus praktischen Notwendigkeiten geboren, es unternimmt, das Triebwerk der Familie mit einem gänzlich neu gearteten und zweckentsprechenden Gehäuse zu umgeben und damit eine wirklich positive Leistung hinzustellen. Dabei soll und wird die Kritik gewiß nicht fehlen, aber sie mag nicht zur Beckmesserei werden, die der schönen und verheißungsvoll begonnenen Sache mehr schaden als nützen würde.
Alles in allem kann von der Stuttgarter Werkbund-Ausstellung schon heute behauptet werden: Mit dieser Weißenhof-Siedlung sind bewußt und mit Erfolg neue Wege beschritten worden, mit denen sich künftig jeder wird auseinandersetzen müssen, der an die Zukunft neuartigen Bauens glaubt und ernsthaft gewillt ist, an der Neugestaltung der Wohnung in diesem Sinne mitzuarbeiten.
Darum: Ihr Staats- und Stadtverwaltungen, denen die Wohnungsfrage all gemach ans Herz gewachsen sein muß; Ihr Architekten und Baumeister, die Ihr noch nicht mit Leib und Seele der alten guten Tradition verfallen seid; Ihr Vorstände und Führerinnen von Frauenverbänden und Hausfrauenvereinen, denen man endlich das langbestrittene Recht an der Gestaltung und technischen Ausgestaltung der Wohnung einräumt, und schließlich Ihr Staatsbürger und Volksgenossen alle, die Ihr an einen gesunden Fortschritt auch auf baulichem Gebiete glaubt: Auf nach Stuttgart!

**Berliner Börsen-Courier, 25. August 1927**
Vergangenheit und Zukunft prallen aufeinander, wenn man von München nach Stuttgart kommt. In Stuttgart hat der Werkbund eine Ausstellung unter dem Motto »Die Wohnung« veranstaltet. Auch der Werkbund geht diesmal dem Kunstgewerbe bewußt aus dem Wege, und das ist wiederum ein Zeichen der Zeit, denn wie München die Stadt des Kunstgewerbes, so war der Werkbund bisher sein berufener Vertreter in Deutschland. Der Werkbund hat mit dieser Ausstellung die entscheidende Wendung vom Kunstgewerbe zur Baukunst unternommen. Er bekennt sich zu dem Gedanken, daß die Wohnung nicht von der Ausstellung, von den Möbeln, sondern von der Raumbildung selbst aus erneuert werden müsse, wenn unsere Zeit ihren Formausdruck finden solle.
Zum erstenmal in Deutschland ist hier der neuen Baukunst eine große Aufgabe gestellt worden. Die führenden Meister sind zu einem Wettbewerbe angetreten, in dem sie ihre Kräfte an einer praktischen Arbeit erproben können, und man erkennt die gemeinsamen Gedanken ebenso wie die unterschiedlichen Lösungen. Denn nicht jedes Haus, das ein flaches Dach hat, ist modern im Sinne der neuen Raumforderungen, die sich als das Hauptprinzip heutiger Baukunst immer klarer herausschälen.
Soziale und technische Grundbedingungen haben jene Umstellung des architektonischen Empfindens herbeigeführt, das unsere Zeit charakterisiert. Es muß mit dem Raume gespart werden. Heutige Menschen leben im allgemeinen nicht mehr in den behäbigen Verhältnissen des alten Bürgerstandes. Es kann aber mit dem Raum gespart werden, weil die neuen Baumethoden eine andere Nutzbarmachung des umbauten Raumes gestatten als sie früher möglich gewesen ist.
Innenwände wie Außenwände haben eine andere Funktion erhalten. Tragende Innenwände sind konstruktiv nicht mehr erforderlich, und die Außenwand kann, soweit man nur will, in Fenster aufgelöst werden. So fallen die Grenzen der Zimmer, und es fallen bis zu einem gewissen Grade auch die äußeren Begrenzungen des Hauses. Die Innenräume öffnen sich ineinander, und das Haus öffnet sich in die Landschaft. Eine neue Form der Wohnung ist im Werden. Ihre Entstehung ist nicht Willkür. Das zeigt sich nicht nur darin, daß sie gleichzeitig in Amerika wie in Europa und in Europa wiederum in den verschiedensten Ländern gleichartig sich bildet, es wird auch erkennbar aus dem Ursprung der neuen Form, die nicht von einzelnen gewollt, sondern aus neuen Voraussetzungen, die in der Entwicklung der Zeit begründet sind, natürlich erwachsen ist.

**Deutsche Bauhütte – Zeitschrift der deutschen Architektenschaft, 27. April 1932**

In der Baukunst gibt es zweierlei Leben: das echte und das Scheinleben. Echtes Leben ist Bewegung, die innerhalb technischer Gegebenheiten dem Fortschritt zu dienen bereit ist. Nichts hat dem angestrebten Fortschritt in der Baukunst so geschadet wie die immer wiederkehrende anmaßliche Art mancher Cliquen, ihre unreifen Formgedanken und bauwirtschaftlich mißglückten Versuche als überlegene Wahrheiten auszugeben. Vor kurzem hat es der Werkbund unternommen, in seiner Zeitschrift mit Emphase darauf hinzuweisen, wie sich die von ihm geschaffene Siedlung Weißenhof als schlechthin wertvolle Leistung Geltung verschafft habe. Das war der Selbstruhm in der anmaßendsten Form, auf welche der Bauzustand dieser sog. modernen Schöpfungen die kennzeichnende Antwort gibt. Auf die gewissenlose Eigenreklame folgte die Kritik am frühesten in der »Bauhütte«. […]

Die Stuttgarter Architekten (bis auf 2) wurden nicht zugelassen. So entstand die Siedlung Weißenhof, die das gutmütige schwäbische Volk bald »Neu-Jerusalem« taufte. Der Werkbund hat viel tüchtige und ehrenwerte Mitglieder, sie ahnten nicht, welch einem Klüngel von ausländischen Auch-Künstlern vom Bunde zur Auftragsjagd für hochgeschwellte Geldtaschen Freiheit gelassen wurde. Als die 25 Einfamilienhäuser nagelneuer Baugesinnung und dito Stockwerkswohnungen fertig waren, hatte die laut gespielte Reklameorgel Gläubige von weither gelockt. Da standen nun die Massen vor dem neuen Arbeitseffekte. Villen auf Stahlstelzen gab es, dazu viel orientalische Imitationen. Scheu standen die Leute vor gläsernen Wohnfronten, die freilich von manchen späteren Bewohnern innen zum Teil mit Wachstuch bezogen wurden. Es erschienen steckengebliebene Wohnmaschinen und fensterlose Wände mit kreischenden Farben. Man sah auch Zement-Schreibtischplatten und im Parterre-Empfangsraume als Funktionseffekt den Zentralheizungskessel. Außerdem fand man jene Schöpfungen, die eher als ein Operations- oder ein Arrestlokal wie eine Wohnung erschienen. Man bemerkte eine neue übelriechende Wohnkultur, z. B. in Eisenrahmen halbhoch gefaßte Betonwände als Zimmertrennung von Kneipecke und Hausfrauenschlafabteil, in das über die niedrigen Trennwände hinweg der Tabaksqualm zechender Freunde des Hausherrn dringen konnte. Man sah jene halben Wände, über die hinweg etwas längere Hausgäste unter Umständen ein Familienmitglied auf diskreter Sitzgelegenheit sehen konnten. Es waren aber »garantiert vorbildliche Lösungen« angekündigt, »gewonnen aus der Summe der veränderten Zeitfaktoren«. Das Volk wurde sozusagen überredet, dies Bauwunder mit einer Werkbund-Hornbrille anzusehen, um die würdigen neuen Futterale für ganz moderne Bewohner zu verstehen.

*Reproduktion einer Abbildung aus der »Deutschen Bauhütte«, die zur Illustration der Baumängel dienen soll. Die Original-Bildunterschrift bedient sich dabei starker Worte: »Die Hauswand eines freistehenden Hauses als Jammerbild. Der Dachgartenbalkon als Ruinen-Abschluß. Von der ›Dachgartenbrüstung‹ bis herab zum 1. Obergeschoß völlig durchnäßt. Ueber zwei Jahre unbewohnt. Baukosten 56 RM pro Kubikmeter umbauten Raumes. Teuerster Kleintyp. Verfehlte Dachatmung. Ungeheure Heizkosten infolge der blödsinnig ausgeheckten Glasflächen. Schwere Verteuerung durch wöchentliche Reinigung.«*

**Deutsche Bauhütte, 11. Mai 1932**

Was nun die Betrachtung des heutigen Zustandes jener verpfuschten Experimente betrifft, so muß man sich an Tatsachen halten. Es handelt sich um einen direkten *Verwesungszustand jener neuen vorgeblichen Sachlichkeit*, die einst mit der vollen Pustekraft einer alten wütenden Elefantenmutter hinaustrompetet wurde.

Die aus neuester Technik angeblich so konstruktiv gedachten Häuschen mit der Neben-Einbildung sollten originell scheinen, weil sie z. B. keine Dachrinne zeigten oder weil sie eine Anzahl aneinandergelötete Eisenfenster aufwiesen oder gar nur auf der billigen Putzwand horizontale Fensterschlitze zeigten, die so angebracht wurden, daß sie der Bewohner Bedürfnis, aus dem Fenster zu schauen, gewalttätig unterdrückten. – Leider wurde dies alles von vielen ernsten Besuchern als eine etwas geisteskranke Theater-Architektur aufgenommen. Dieses Urteil der Besucher war wohl etwas hart, aber es war von den Schöpfern verschuldet worden infolge des grundsätzlichen Mangels verschiedener Grundkenntnisse. Die schauenden Menschen erfaßten nämlich sofort, woran es oft fehlte: an der Würde der Arbeit, an bautechnischem Verantwortungsgefühl. Dagegen traten tyrannische Absichten, kultivierten Menschen eine primitive Wohnform aufzuzwingen, die sie in der rücksichtslosesten Weise mit erhöhten Kosten besteuerte, immer mehr hervor.

## Glossar

### Architektur von A–Z

*Ein Stahlskelettbau – dieser und andere Fachbegriffe werden ausführlich im folgenden Kapitel erläutert*

**ABC**
*ABC* ist die erste Schweizer Avantgarde-Zeitschrift der 20er-Jahre. Sie erschien zwischen 1924 und 1928 in loser Folge mit insgesamt 10 Nummern. Die Herausgeber waren Mart Stam und Hans Schmidt. Ziel war es, moderne Architektur-Ideen einer breiten Öffentlichkeit zugänglich zu machen und gleichzeitig eine theoretische Untermauerung der künstlerischen Positionen zu liefern.

**Abfasen (auch abkanten)**
Kanten von Bauteilen abschrägen. Die abgeschrägte Kante wird als »Fase« bezeichnet.

**Achse, Sichtachse, Axialität**
Gerade Linie, die auf einen speziellen Blickpunkt (point de vue) ausgerichtet ist. Zumeist sind die Bauten zu den Seiten einer Sichtachse hin symmetrisch angeordnet. Symmetrie ist in der Geschichte der Architektur oft angewendet worden, um den Bauten einen repräsentativen Charakter zu verleihen.

**Akademisch**
An einer Kunsthochschule vermittelte Kunstrichtung. Anfang des 19. Jahrhunderts entstehen vielen Kunstrichtungen, die sich in bewusster Abspaltung (Sezession) zu einer herrschenden, akademischen Kunstform definieren. Die Bildung neuer Architekten-Gemeinschaften wie »Der Ring«, »Die Gläserne Kette« zeugen von einer Bewegung, die sich in unakademischen Zirkeln ein selbstständiges Programm zu geben versucht.

**Architrav**
(griech. Epistylon). Der Architrav ist das Bauelement, das als Balken waagerecht auf Säulen aufliegt und diese nach oben abschließt.

**Arkade**
Bogenstellung, die auf Pfeilern oder Säulen ruht. Als Arkadenhof umgibt eine Bogenstellung einen Binnenhof.

**Art déco**
Kunstströmung der 1920/30er-Jahre, deren Name sich von der Ausstellung »Exposition internationale des arts décoratifs et industriels modernes« in Paris 1925 herleitete. Sie zeichnet sich durch schlichte Klarheit und strenge Formensprache aus.
Seine stilistische Blüte erreichte der Art Déco in den USA, wo mit einer vielfarbigen Ornamentik die Fassaden gestaltet wurden (William Van Alen, Chrysler Building, 1928–1930). Der Art Déco vermittelt hier zwischen der Tradition der École des Beaux Arts und der modernen Konstruktionstechnik, wobei er Einflüsse der Wolkenkratzer-Gotik und des Internationalen Stils miteinander verschmolz.

**Arts and Crafts**
Die Arts-and-Crafts-Bewegung verwirklichte die Kunsttheorie William Morris'. Sie ist nach der »Arts and Crafts Exhibition Society« von 1888 benannt.
Als Reaktion auf die Flut von billigem, maschinell gefertigtem Kitsch, der Mitte des 19. Jahrhunderts im Fahrwasser der industriellen Revolution den Einrichtungs- und Baumarkt überschwemmte, setzte sich der Sozialreformer William Morris für die Wiederbelebung des Handwerks ein. Als

Protagonist der neumittelalterlichen Bewegung, die auf den Schock der fortschreitenden Industrialisierung mit einer nostalgisch-romantischen Hinwendung reagiert, war William Morris stark von dem Architekten Augustus Welby Northmore und dem Theoretiker John Ruskin beeinflusst. Er bewegte sich in präraffaelitischen Malerkreisen um die Brüder Dante Gabriel und William Michael Rosetti. 1859 entstand das Red House in Bexley Heath, das einen der ersten und bedeutendsten Versuche der Erneuerung des Wohnungsbaus innerhalb des englischen *Gothic Revival* darstellt.
1861 gründete Morris zusammen mit einer Gruppe von Malern und Architekten die Firma Morris, Marshall, Faukner & Co, die qualitativ hochwertige Tapeten, bedruckte Stoffe sowie Glasfenster produzierte. Die Erzeugnisse der erfolgreichen wie exklusiven Kunstwerkstatt orientierten sich an mittelalterlichen Vorbildern und übernahmen Muster aus dem *Grammar of Ornament* von Owen Jones.
Mit diesem Unternehmen setzt Morris den Grundstein für eine Bewegung, welche sich mit Ehrgeiz, aber nicht ohne moralischen Unterton, die Erneuerung des Kunsthandwerks zum Ziel gesetzt hatte und der »hässlichen« und »dekadenten« Herrschaft der Maschine einen Widerstand entgegenzusetzen suchte. Ein unlösbares Problem blieb der Preis des Kunsthandwerks. Das Handwerk war weitaus teurer als die Maschinenarbeit und die wunderschönen Erzeugnisse waren somit nicht für ein breites Publikum erschwinglich.

**Attika**
Freistehende niedrige Wand über dem Hauptgesims eines Bauwerks. Sie verdeckt mitunter den Dachansatz.

**Auflager**
Die Fläche, auf der ein tragendes Bauteil aufliegt, vgl. Kämpfer.

**Aufriss**
Geometrische Darstellung des aufgehenden Mauerwerks.

**Ausfachung**
Teile der Wand zwischen einem Trägersystem aus Holz, Eisen oder Beton, die durch eine anderes Material (Backstein, Glas) ausgefüllt (ausgefacht) werden.

**Auskragung**
Vorspringen eines Bauteils. Oftmals ganze Geschosse bei Fachwerkbauten.

**Axonometrie**
Verfahren, ein Bauwerk dreidimensional durch Parallelprojektionen darzustellen.

**Backsteinbau**
Der Backsteinbau ist aus gebrannten Ziegeln ausgeführt. Die Außenseite bleibt oft unverputzt und unverkleidet. In Europa zuerst von den Römern angewendet. In Nord- und Nordost-Deutschland entwickelt der Backsteinbau seit dem 12. Jahrhundert bis in die späte Gotik seine schönsten Ausprägungen.

**Balkon**
Ein offener Ausbau am Gebäude, der ein Geländer oder eine Brüstung hat und auf Konsolen oder Kragbalken ruht. Ruhen die Stützen der Kragplatten auf dem Boden, heißt er Altan oder Söller.

**Balustrade**
Ein Geländer, das aus Balustern zwischen Postamenten ruht.

**Basis**
Der untere Teil eines Baugliedes oder der Fuß einer Säule. Die Basis leitet den Druck der Stütze auf eine größere Fläche über. Auch der Sockel einer plastischen Figur wird als Basis bezeichnet.

**Bauhaus**
Das Bauhaus war eine Kunstschule, an der entscheidende Bildende Künstler der klassischen Moderne lehrten. Durch die Lehre und die neue Organisation der Schule hat sich das Bauhaus als bedeutendste Ausbildungsstätte des 20. Jahrhunderts herausgebildet. Das Bauhaus entwickelte sich während der 14 Jahre seines Bestehens zu einem Schmelztiegel der europäischen Moderne. Zahlreiche Reformideen wurden aufgenommen und beeinflussten die Entwicklung deutscher Kunst-, Design- und Architekturschulen.
Das Bauhaus entwickelte sich aus der Großherzoglich-Sächsischen Kunstgewerbeschule in Weimar, die Henry van de Velde leitete. Als er die Kunstgewerbeschule 1915 verließ, schlug er August Endell und Walter Gropius als Nachfolger vor.
Gropius nahm 1919 den Lehrbetrieb auf und gab der Schule den Namen »Staatliches Bauhaus in Weimar«. Er propagierte bei den Ministerien eine Lehranstalt als künstlerische Beratungsstelle für Industrie, Gewerbe und Handwerk. Alle Künstler sind für Gropius letztlich Handwerker, jedoch nur der Künstler versteht es durch sein Talent, das Material zu verwandeln und zu einem Werk zu verarbeiten. Der expressionistische Gedanke einer Veredelung des Massenartikels ist in seinem Programm noch spürbar. In den ersten Jahren schlug sich die Verbindung von Kunst und Handwerk in der gemeinsamen Lehrtätigkeit von »Formmeistern« und »Werkmeistern« nieder. Die Studierenden arbeiteten in Werkstätten für Bildhauerei, Bühnenbild, Glasmalerei, Fotografie, Metallarbeiten, Tischlerei, Töpferei, Typographie, Reklamegestaltung, Ausstellungsgestaltung, Wandmalerei und Weberei. Gesellen- und Meisterprüfungen, die vor der Handwerkskammer abzulegen waren, schlossen die Ausbildung ab.

Die Stimmung am Bauhaus veränderte sich in der zweiten Hälfte der 20er-Jahre. Wenn anfangs noch eine quasi religiöse Einheit der Künste im Gesamtkunstwerk angestrebt war, bedingte die stagnierende Wirtschaftslage die Einsicht Walter Gropius': »Wir werden nicht mehr neben dem Handwerk stehen, da wir verdienen müssen.«
Dass aus der zeittypischen Schulgründung ein künstlerisches und geistiges Zentrum der Weimarer Republik wurde, lag an den Lehrern, die Gropius einlud. Als Formmeister wurden unter anderem Lyonel Feininger, Oskar Schlemmer, Georg Muche, Paul Klee und Wassily Kandinsky verpflichtet. Besonders Johannes Itten wirkte in der Frühphase in seinen »Vorkursen«, die für alle Studierenden obligatorisch waren. 1925 siedelte das Bauhaus von Weimar nach Dessau um. Ab 1927 lehrte Hannes Meyer in der Architekturabteilung, der 1928 Gropius' Nachfolge antrat. Bereits 1928 schieden Moholy-Nagy, Breuer und Beyer als Lehrkörper aus, 1931 ging Klee an die Düsseldorfer Akademie, Schlemmer nach Breslau. Kandinsky und Feininger setzten ihre Lehrtätigkeit auch unter dem dritten Leiter, Ludwig Mies van der Rohe, bis zur Schließung durch die NS-Behörden 1933 fort.
Leiter: Walter Gropius: 1919–1928, Hannes Meyer: 1928–1930, Ludwig Mies van der Rohe: 1930–1933.

**Bauhütte**
Als Bauhütte bezeichnete man ursprünglich die Werkstatt, später die Gemeinschaft der Bauleute und Steinmetze, die am mittelalterlichen Kirchenbau mitwirkten (in Deutschland ab dem 13. Jahrhundert). Aus dem Zusammenwirken von Architekt, Maurer und Bildhauer erklärt sich die einheitliche Wirkung der mittelalterlichen Kathedrale. Aus den deutschen Haupthütten in Straßburg, Köln, Wien, Regensburg, Bern und ihren zahlreichen unterstellten kleineren Bauhütten gehen die Anfänge der »Freimaurer« hervor. Mit dem Rückgang des Kathedralbaus im 15. Jahrhundert wurde die Bauhütte von den Zünften verdrängt.

**Baunaht**
Die Stelle, an der zwei verschiedenartige Teile eines Bauwerks aneinander stoßen.

**Bausteine**
Man unterschiedet diverse Arten von Bausteinen:
Der *Bruchstein,* der als natürlicher Stein unbehauen und von unregelmäßiger Gestalt ist.
Der *Feldstein* ist ein Findling.
Der *Hausstein* ist zu einer regelmäßigen Form bearbeitet und wird beispielsweise als Quader verwendet.
Der *Backstein* besteht aus gebrannten Ziegeln aus Lehm oder Ton.
Der *Formstein* ist eine Art des Backsteins. Er wird für unregelmäßige Bauglieder verwendet (Bogenleibungen) und wird dafür »maßgeschneidert«. In der Mauer kehrt der Binder seine Schmalseite nach außen, der Läufer zeigt seine Langseite.

**Beletage (schönes Geschoss)**
Die Beletage ist das Hauptgeschoss eines Gebäudes, gewöhnlich der erste Stock über dem Erdgeschoss. Durch die Höhe und repräsentative Hervorhebung (Ornamentik) wir das Geschoss besonders betont.

**Beton**
Ende des 19. Jahrhunderts wurde die Entwicklung der Betontechnologie in Frankreich, England, Deutschland und Amerika vorangetrieben. Eine wesentliche Innovation der Betontechnik wurde durch den Franzosen François Hennebique entwickelt. Bereits 1892 gelang es Hennebique, ein monolithisches Verbundsystem zu schaffen, das die Verbundbauweise ermöglichte. Beton ist kein Material, das von ursprünglicher Form oder Eigenschaft ist. Es ist im Gemisch zunächst flüssig, erhärtet jedoch bald. In eine Form gegossen, nimmt der Werkstoff später genau deren Gestalt an. Durch diese Eigenschaft hat Beton eine eigene Morphologie entwickelt, die sich von der traditionellen Bauweise des Ziegel- oder Steinbaus absetzt. Die Diskussion um die Qualität der Betonbauweise hat sich zugunsten des Werkstoffs entwickelt, da Beton und Stahl den Anteil an struktiven Massen verringern und das Spannen weiter Bogen ermöglichen. Die architektonische Gliederung kann durch Beton die Schub- und Zugkräfte nach der Form entwickeln. Durch den Stahlskelettbau wurde die Typologie des Wolkenkratzers ermöglicht. Der Weißenhof-Architekt Mart Stam begeisterte sich für Möglichkeiten des Betonbaus. 1924 schrieb er in der Zeitschrift *ABC:* »Kennzeichen des alten Bauens ist die Fuge als Abgrenzung der Teile, [...] Kennzeichen des modernen Bauens ist das Nahtlose«; ein Merkmal, das nur der Werkstoff Beton ermöglicht.

**Béton brut**
Sichtbeton, siehe »Brutalismus«.

**Bindemittel**
Im Bauwesen ein Gemisch, welches Steine miteinander verbindet. Mörtel aus Kalk, Ton und Gips. In der Malerei ein Klebstoff, welcher die Farbe mit dem Untergrund verbindet.

**Binder**
Ein Bauglied, das andere Bauelemente zusammenhält. Im Rahmengerüst des Dachstuhls versteift der Binder die Konstruktion und trägt die Dachsparren. Bei der Mauerung unterscheidet man Binder und Läufer. Binder liegen mit ihren Längsseiten senkrecht zur Mauerflucht, Läufer liegen mit ihrer Längsseite in der Mauerflucht.

**Blendfassade**
Die Blendfassade ist dem Gebäude vorgesetzt. Sie überragt den Bau oft seitlich oder in der Höhe. Die Fassade gibt keine Auskunft über das Innenleben des Gebäudes. Die Stockwerkplanung wird nicht nach außen transportiert.

**Block**
Der »Block« ist eine Vereinigung traditionsorientierter deutscher Architekten, die als Gegenformation zum avantgardistischen »Ring« gegründet wurde. Anlass der Frontenbildung war die Auseinandersetzung um die Stuttgarter Weißenhofsiedlung, an welcher Paul Bonatz und Paul Schmitthenner hätten beteiligt werden sollen. Bonatz erarbeitete einen Lageplan, der eine Überbauung des Geländes mit Giebelhäusern vorsah und auf Widerstand stieß. Darauf wurde Ludwig Mies van der Rohe hinzugezogen. Die Zusammenarbeit scheiterte zugunsten Mies van der Rohes Lösung. Bonatz und Schmithenner traten unter Protest von dem Vorhaben zurück und gründeten 1928 mit German Bestelmeyer, Paul Schultze-Naumburg den Block. Die Mitglieder waren sich einig, dass in der Architektur »die Lebensanschauung des eigenen Volkes und die Gegebenheit der Natur des Landes zu berücksichtigen sind«. Vergleichbare Gründungen waren der Bund in München und die Gruppe in Dresden.

**Bogenfeld**
Bogenfeld oder Tympanon ist der Bereich über einem Portal, der oftmals mit plastischem Schmuck verziert wird.

**Bosse**
Auch als Buckelquader bekannt. Das rustizierte Quaderbossenwerk besteht aus grob behauenen Steinquadern. Die Fassade des Stuttgarter Hauptbahnhofs besitzt ein rustiziertes Quaderbossenwerk. Trotz der Strenge der Mauerung wirkt die Fassade so belebt und natürlich.

**Bossenwerk**
Bosse oder Rustika ist ein Hausstein, dessen Oberfläche roh bearbeitet wurde und dessen Ansicht aus der Flucht vorsteht. Meist besitzt das Bossenwerk sauber bearbeitete Kanten. Seit der Renaissance zur Belebung der Fassade beliebt. Im Untergeschoss zur Erzielung einer wuchtigen Basis.

**Brutalismus**
Der Begriff des Brutalismus leitet sich aus dem Französichen *béton brut* ab. Beton wird dabei ohne Verwendung von Verputz, Verblendung oder Bemalung genutzt. Le Corbusier prägte diesen Begriff, der sich ursprünglich auf die Verwendung des rohen Sichtbetons bezog. Der Brutalismus steht für eine materialgerechte, unverkleidete Architektur. Die Funktionszusammenhänge werden unmittelbar anschaubar. Beispielhaft sei hier Le Corbusiers Wallfahrtskapelle in Ronchamp erwähnt.

**Bugholz, Bugholzmöbel**
Unter Wasserdampf lassen sich Holzelemente in eine Form biegen. Diese Verarbeitung wird besonders im Möbelbau eingesetzt. Die Firma Thonet machte mit ihren Sitzmöbeln, die aus gebogenen Holzlehnen und Sitzflächen bestanden, den Anfang für die Massenproduktion.

**CIAM**
Die Abkürzung steht für »Congrès Internationaux d'Architecture Moderne«. Die internationale Vereinigung von Architekten wurde 1928 gegründet. Ihr Hauptanliegen war es, Architektur und Städtebau jenseits historisierender Tendenzen zu errichten. Der CIAM wurde 1928 im schweizerischen La Sarrez unter Beteiligung der Architektenvereinigung »Der Ring« gegründet. Der CIAM veranstaltete regelmäßig Kongresse, in denen Grundsätze des neuen Bauens formuliert wurden – so beispielsweise die »Charta von Athen« 1933 für den Städtebau.

**Curtain Wall**
Eine nichtragende Vorhangfassade, die oftmals aus Metall oder Glas ist. Sie ist dem konstruktiven Skelettbau vorgehängt.

**Dachformen**
Die obere Schnittfläche zwischen zwei Dachflächen ist der First. Das *Pultdach* fällt schräg in eine Richtung ab. Das *Satteldach* fällt schräg in zwei Richtungen ab. Das *Walmdach* fällt nach allen vier Richtungen schräg ab. Unter Abwalmen versteht man das Herunterführen des Dachs auch über die Giebelseiten eines Hauses.
Beim *Krüppelwalmdach* werden nur die oberen oder unteren Teile der Giebel als Walmdächer ersetzt. Das *Zeltdach* ist ein allseitig gewalmtes Dach, dessen Grate in einem Dachfirst zusammenlaufen, während das *Sägedach* eine Abfolge von mehreren Satteldächern ist. Sonderformen sind das *Helmdach* oder das *Faltdach,* die oft zur Bekrönung von Türmen benutzt werden.

**Dekonstruktivismus**
Der Dekonstruktivismus ist eine Stilrichtung der Architektur, die sich seit den 80er-Jahren des 20. Jahrhunderts entwickelte. Die Bauten bestechen durch waghalsige Kompositionen, die jegliche Bezüge zu stereometrischem Formen-Vokabular verneinen.

**Denkmalpflege**
Staatliche oder kirchliche Organisation zur Erhaltung oder Betreuung kunstgeschichtlich bedeutender Monumente. An der Spitze der Landesdenkmalämter steht der Landeskonservator, an der Spitze der kirchlichen Denkmalämter der Diözesankonservator.

**De Stijl**
Seit 1917 arbeiteten Architekten und Maler in der Gruppe »De Stijl«. Jacobus Johannes Pieter Oud gehörte ebenso wie Theo van Doesburg zu den Gründungsmitgliedern. Der bekannteste Bau der niederländischen Bewegung ist das Schröder-Schräder-Haus, das Gerrit Rietveld 1924–1925 entwickelte. Das besondere Merkmal der Architektur ist die malerische, geometrische Gestaltung des Fassaden- und Innenraums. Weniger technische Überlegungen als künst-

lerisch-kompositorische werden in die Architektur aufgenommen. Der dreidimensionale Raum der Architektur wird mit Farben und Linien zu einem plastischen Kunstobjekt. Bis in das Detail ist die Inneneinrichtung im Sinne einer Integration jeglicher Künste gestaltet. Die malerischen Konzeptionen erinnern stark an die gegenstandslosen Gemälde Piet Mondrians: rechteckige Flächen in Rot, Blau und anderen Primärfarben. In der Architektur der »De Stijl«- Gruppe übernimmt jedes Bauglied (Regenrinnen, Stützen, Fenster, Geländer, Wände) eine eigenständige künstlerische Funktion. Berühmt ist Gerrit Rietvelds »Blauroter Stuhl«, der sich aus einem schwarzen Rahmen, blauem Sitz und roter rechteckiger Sitzfläche zusammensetzt. Nach 1920 gewinnt die Bewegung neue Mitglieder. In Straßburg entsteht das Kino-Restaurant »Cabaret Aubette« von 1926 bis 1928. Die Wandgestaltung zeigte auf die Spitze gestellte Farbflächen und dadurch dynamische Diagonalen. Der »Elementarismus« Theo van Doesburgs führte zum Austritt Piet Mondrians aus der Künstlergruppe.
Vertreter: Theo van Doesburg (1883–1931), Piet Mondrian (1872–1944), Jacobus J. P. Oud (1890–1963), Gerrit Rietveld (1888–1964), G. Vantongerloo (1886–1965).

**Dienst**
Pfeiler oder Wandvorlage als Viertel-, Dreiviertel- oder Halbsäule. Der Dienst trägt innerhalb eines Gewölbes die Rippen und Gurte.

**Eisenbau**
Bauten, deren tragende Glieder aus Eisen bestehen und deren Wandfüllung weitgehend verglast wird. Beispiele: Eiffelturm, Markthallen und Bahnhofsgebäude.

**Eisenbaukunst**
Seit dem 19. Jahrhundert ist Eisen ein verbreitetes Baumaterial für die tragende Konstruktion von Bauwerken. Dabei konnte die Eisenkonstruktion ausgefacht werden oder als tragende Konstruktion für eine *Curtain Wall* dienen. Frühe Beispiele: Kristallpalast von Paxton in London (1851), Eiffelturm in Paris (1889).

**Enfilade**
Die Enfilade ist eine Zimmerflucht, die die Räume in einer Längsrichtung anordnet. Die Zimmer werden aneinander gereiht, die Türen liegen sich genau gegenüber. Bei geöffneten Türen ist ein Durchblicken der gesamten Zimmerfolge möglich. Beispiel: Schloss Solitude bei Stuttgart (1763–1767).

**Entartete Kunst**
Titel einer Ausstellung, die 1937 in München stattfand. Die Nationalsozialisten erklärten die Kunstwerke der beteiligten Künstler für »bolschewistisch«, vernichteten einen großen Teil oder verkauften sie für Devisen ins Ausland. Die deutschen Künstler erhielten Berufsverbot. Unter ihnen waren: Hans Arp, Ernst Barlach, Marc Chagall, Lovis Corinth, Max Ernst, Lyonel Feininger, Vincent van Gogh, Wassily Kandinsky, Paul Klee, Oskar Kokoschka, August Macke, Franz Marc, Emil Nolde, Pablo Picasso. Die Nationalsozialisten propagierten die Darstellung des idealisierten Menschen, der die nordische Rasse im Sinne einer »Blut und Boden«-Ideologie repräsentieren sollte. In der Baukunst orientierte man sich am monumentalen Staatsstil oder am Heimatstil für die Wohnsiedlung.

**Fassade**
Auf Ansicht angelegte und durchkomponierte Schauseite eines Gebäudes mit deutlicher Fluchtlinie. Meist ist die Vorderseite als Straßenseite besonders betont. Bei Bauten mit mehreren Fassaden gibt es eine Hauptfassade. Durch ihr zeitgebundenes Erscheinungsbild können an ihr die charakteristischen Kennzeichen einer Epoche oder einer architektonischen Stilrichtung aufgezeigt werden.

**Feifelsteine**
Nach dem schwäbischen Werkstoff-Spezialisten Feifel benannter Baustein, der in seinem Innern nicht massiv ist, sondern durch zwei Röhren durchlöchert wird. In den 20er-Jahren wurde dieses leichte Baumaterial oft zur Ausfachung von Stahlskelettbauten benutzt.

**Feifel-Zickzackbauweise**
Der aus Schwäbisch Gmünd stammende Architekt Albert Feifel entwickelte eine Bauweise, die er anlässlich der Ausstellung »Die Form« 1924 und 1927 auf der Werkbund-Ausstellung »Die Wohnung« vorstellte. Bei der Zickzackbauweise werden Holz, Beton und Gips verwendet. Holzlatten werden spitzwinklig aneinander genagelt und bilden den Untergrund für Boden- und Wandauflagen.

**Fibonacci**
Leonardo Fibonacci, bedeutender Mathematiker aus Pisa. Er wirkte Anfang des 13. Jahrhunderts und vermittelte die Kenntnisse, die er durch das Studium der orientalischen Mathematik erlangt hatte. Zu seinen wissenschaftlichen Studien gehörten Proportionslehren und die Erforschung von Zahlenverhältnissen.

**Flucht**
Die Fluchtlinie beschreibt in einem Bebauungsplan die Grenzlinie, bis zu der an Straßen und Plätzen gebaut werden darf.

**Fries**
In der Baukunst waagerecht verlaufende Anordnung ornamentaler oder figürlicher Formen zum Abschluss oder zur Gliederung einer Wand. Ornamente: Gedrehtes Tau, Bogen, Zahnschnitt, Schachbrett, Laufender Hund, Mäander, Zick-Zack.

**Funktionalismus**
Der Funktionalismus ist eine moderne Stilrichtung der Architektur mit der Absicht, im Gegenzug zum Historismus die Form eines Bauwerks ganz aus seiner Funktion zu entwickeln. Die Devise »form follows function« wurde von Dankmar Adler geprägt und von L. H. Sullivan veröffentlicht.
Bis zur Postmoderne wird ein Gebäude durch seine Funktion und das Höchstmaß seiner Wirtschaftlichkeit definiert. Vor allem im Bereich des Industriebaus wurde der Funktionalismus zum vorherrschenden Prinzip in der Organisation von Architektur im 20. Jahrhundert. Neuere Strömungen wie der Dekonstruktivismus zeichnen sich durch eine Kritik an der einseitigen Ausrichtung von Architektur als rein funktional aus.

**Gartenstadt**
Seit Mitte des 19. Jahrhunderts diskutierter und von dem Briten Ebenezer Howard durchgesetzter Stadttypus mit sozialreformerischen Ansätzen. Das Ziel war die Schaffung von Wohnanlagen, die durch Grünflächen eine Alternative zu den überbevölkerten Großstädten boten. In Deutschland wurde 1909 in Hellerau eine Gartenstadt angelegt.

**Gebälk**
Die Gesamtheit der Balken bei einem Bauwerk oder der Teil der Architektur zwischen Dach und Mauer oder Säulen.

**Gekröpftes Gesims**
Im Winkel hervorstehender Mauervorsprung, der um die Wand geführt wird.

**Gesims**
Ein waagerecht der Wand vorgelegter Streifen, der den Bau gliedert, abschließt und zusammenfasst. Man unterscheidet Sockel-, Dach-, Fenster-, oder Türgesims.

**Giebel**
Der Abschluss der Stirnseite eines Außenbaus, der ein Pult- oder Satteldach trägt.

**Glasarchitektur**
Seit dem Kristallpalast von J. Paxton setzte sich Glas als Baustoff in der Architektur zunehmend durch. Der Glaspavillon von Bruno Taut, den er anlässlich der Werkbund-Ausstellung in Köln 1914 entwickelte, verband eine expressionistische Formensprache mit Glasarchitektur. Glas ist ein wichtiger Werkstoff für die Vorhängefassaden von Mies van der Rohe, aber auch bei postmodernen Architekten wie Peter Zumthor.

**Gläserne Kette**
1919 gründete Bruno Taut die »Gläserne Kette«. Er rief darin die künftigen Mitglieder auf, sich an einer expressionistischen Korrespondenz zu beteiligen. Bruno Taut schrieb an 14 Personen einen Brief, u. a. an Wenzel August Hablik aus Itzehoe und Hermann Finsterlin aus Schönau bei Berchtesgaden. Scharoun, Gropius, sein Bruder Max, die Brüder Hans und Wassili Luckhardt und der Architekturkritiker Adolf Behne erhielten ebenfalls eine Einladung, sich an einer Korrespondenz über die Fragen der Architektur zu beteiligen. Alle traten der Gruppe bei und gaben auf Bitten Tauts ein Pseudonym für die folgenden Briefwechsel an. Diese Maßnahme der Exklusivität und Geheimhaltung erinnert an Mitglieder einer Loge, welche ihre Erkenntnisse unter dem Siegel der Verschwiegenheit weitergeben. Die Pseudonyme deuten auf die Ziele der Verfasser der Briefe hin:
Bruno Taut unterzeichnete mit »Glas«, er befürwortete das Bauen mit diesem Werkstoff. Hans Luckhardt alias »Angkor« nahm sich den Tempel von Angkor Wat zum Vorbild, sein Bruder Wassili wählte das Pseudonym »Zacken«, er favorisierte die Kristallform. Carl Krayl hoffte auf einen »Anfang«. Hermann Finsterlin solidarisierte sich mit »Prometh«. Er nahm es auf sich, das Feuer zu stehlen und den Menschen Fertigkeiten zu lehren, die sie über das Tier erheben. Hans Scharoun unterzeichnete dagegen schlicht mit »Hannes«. Walter Gropius beendete seine Briefe mit dem Kürzel »Maß«. Die Assoziationen reichen von Ausmaß und Ebenmaß bis zu Maßstab und Angemessenheit.
Die Korrespondenzen eröffnen einen Einblick in die Auseinandersetzung der Architekten mit den Problemstellungen zeitgenössischer Baukunst. Die Gruppe der Gläsernen Kette zeigt durch die unterschiedlichen Positionen die Widersprüche und Stärken der Avantgarde der Architektur am Anfang des 20. Jahrhunderts auf. Viele Briefe der gläsernen Kette wurden, ungeachtet der proklamierten Geheimhaltung, in Tauts Zeitschrift *Frühlicht* veröffentlicht.
Der erste Brief Bruno Tauts, der die Kollegen zur Mitarbeit auffordert, ist von der avantgardistischen Haltung geprägt, die sich durch seinen Schriftwechsel zieht. Am 15. April 1920 schreibt Taut: »Nur Opferwille beseelt mich«. Seine Ziele, durch Kunst die Gesellschaft zu verbessern, vielleicht zu erlösen und daran als Künstler notwendig zu scheitern, ziehen sich als Motive durch seine schriftlichen Beiträge für die Gläserne Kette.

**Grundriss**
Der Grundriss schildert die waagerechten Flächen eines Baus und durchschneidet dabei die senkrechten Teile. Wenn die Aufteilung von Geschoss zu Geschoss wechselt, sind mehrere Risse notwendig.

**Historismus**
Der Stil der europäischen Kunst vom Ende des Klassizismus bis zum Beginn des Jugendstils. Er reicht von 1829 bis 1900. In der Architektur beinhaltet er die Referenz auf vergangene Baustile. Daraus entwickelten sich Neurokoko, Neubarock, Neuklassizismus, Neurenaissance und Neuromanik.

**Holzbau**
Man unterscheidet drei Verfahren: Den Blockbau, bei dem die Wand aus waagerecht liegenden Stämmen errichtet wird, den Ständerbau, der die Wand aus senkrechten Stämmen entwickelt und den Fachwerkbau, der beide Verfahren vereinigt.

**Ingenieurskunst**
Die Ingenieurskunst ist weniger unter ästhetischen Aspekten als unter technischen entstanden.

**Internationaler Stil**
Im Nachklang der Weißenhofsiedlung durch Henry-Russell Hitchcock sowie Phillip Johnson geprägter Begriff für moderne Architektur, die in einer Ausstellung von 1932 im Museum of Modern Art in New York gefeiert wurde.

**Isometrie**
In der Architektur bedeutet Isometrie die Projektion eines Bauwerks auf die Fläche ohne Berücksichtigung der perspektivischen Verkürzungen: Die Linien verlaufen sämtlich parallel zu den drei Achsenrichtungen, so dass die wirklichen Abmessungen des Bauwerks unmittelbar abzugreifen sind.

**Jugendstil**
Ende des 19. Jahrhunderts entstanden. Der Name leitet sich von dem Ornamentstil ab, den die Zeitschrift *Die Jugend*, die seit 1885 in München erschien, prägte. Der Jugendstil wandte sich gegen die Orientierung an historischen Stilen und erfand eine Ornamentik von stark bewegtem, linearem Schwung. Sie bildete sich in der Baukunst, im Möbelstil und vor allem in der Plakatkunst heraus.

**Kielbogen, Eselsrücken**
Der Bogen dient der Verteilung der Baulast und wird zur Überwölbung einer Maueröffnung verwendet. Kielbogen und Eselsrücken sind spezielle Ausprägungen von Bogenstellungen. Dabei liegt der Mittelpunkt des Bogenpaares auf der Kämpferlinie, die des zweiten, spitz zusammenlaufenden liegt außerhalb des Bogenfeldes. Die »Arme« des Bogens treffen sich in einer Symmetrieachse. Beim Eselsrücken wird die Bogenstellung durch einen Grat verbunden.

**Konstruktivismus**
Übersteigerte Betonung des ästhetischen Ausdrucksgehaltes unverhüllter Konstruktion. Nach 1900 aufkommende Reaktion gegen Historismus und Eklektizismus.

**Lisene**
Senkrecht, nur wenig von der Wand vorstehender Streifen ohne Kapitell und ohne Basis.

**Loggia**
Bogengang oder Bogenhalle, die ein Geschoss öffnet und in dieses eingegliedert ist. Im Unterschied zum Balkon liegt die Loggia in der Bauflucht und springt nicht vor.

**Massivbau**
Bau aus natürlichen oder künstlichen Steinen, Beton oder Stahlbeton, Gegensatz: Skelettbau.

**Maßwerk**
Bauornament der Gotik, das aus zusammengesetzten Einzelteilen gebildet wird und von Meistern der Bauhütte angefertigt wurde. Fenster werden dabei unter einem Bogen zusammengefasst. Die Freiflächen werden durch das Maßwerk ausgefüllt. Meist Passformen, Rosen oder Fischblasen.

**Materialstil**
Eine gegen Eklektizismus und Historismus gerichtete Tendenz der Zeit zwischen 1895 und 1914, speziell in Österreich und Deutschland, die den natürlichen Charakter der Werkstoffe (Materialechtheit) und die funktionsentsprechende Verarbeitung und Anwendung (Materialgerechtigkeit) als neues Mittel künstlerisch-ästhetischer Gestaltung propagierte. Hauptvertreter waren Adolf Loos, Theodor Fischer, Peter Behrens, Hans Poelzig und die Gebrüder Taut.

**Megastruktur**
Teilweise gigantische Vergrößerung und Erweiterung der historisch gewachsenen Stadtstruktur im technischen Zeitalter. Utopische Stadtplanungen seit den 60er-Jahren, die sich in den Hochhaus-Bauten der High-Tech-Architektur widerspiegeln.

**Modulor**
Proportionsschema, das vom menschlichen Körper ausgeht, sein Maß wird auf den Bau übertragen. Der Modulor wurde von Le Corbusier 1942 entwickelt. Grundmaße: 226 Zentimeter für den aufrecht stehenden Menschen mit erhobener Hand, 183 Zentimeter Körpergröße.

**Neue Sachlichkeit**
Gegenbewegung zum Expressionismus. In der Malerei werden Menschen und Gegenstände kühl beobachtet und in realistischer Weise dargestellt. Die Figuren sind klar konturiert. Die Themen porträtieren das Leben in der Großstadt. Durch die teilweise Überzeichnung der Figuren entsteht der Eindruck von Starrheit. Beispiel: George Grosz, Otto Dix. In der Architektur wendet man sich von historischen Stilen und arbeitet unter dem Gesichtspunkt der Materialgerechtigkeit und kühler Gestaltungsstrenge.

**Neues Bauen**
Bezeichnung für einen architektonischen Funktionalismus. Vor allem in den modernen Zweckbauten der deutschen Architektur der Nach-Wilhelminischen Ära bis 1932. Es

drückte sich in rationellen kubischen Baukörpern aus. Aufgrund ähnlicher Entwicklungen in anderen Ländern wird das »Neue Bauen« seit 1925 auch als »International Style«, oder als »Internationaler Stil« bezeichnet.

**Novembergruppe**
Die Novembergruppe war ein loser Zusammenschluss radikaler Künstler. Unter dem Eindruck der Novemberrevolution wurde sie auf Betreiben der Maler Max Pechstein und César Klein im Dezember 1918 in Berlin gegründet. Zu ihren prominenten Mitgliedern gehörten u. a. die Maler Lyonel Feininger, Wassily Kandinsky und Paul Klee, der Komponist Hanns Eisler und die Architekten Walter Gropius, Hugo Häring, Ludwig Hilberseimer, Ludwig Mies van der Rohe, Bruno und Max Taut.

**Ornament**
(lat. ornare = schmücken). Verzierungsmotiv, schmückende Einzelform. Die Gesamtheit aller Schmuckformen an einem zusammenhängenden Kunstobjekt wird als Dekoration bezeichnet. Die Dekoration kann in ihrer speziellen Ausprägung auf einen bestimmten Kunstkreis verweisen. Vgl. hierzu auch Adolf Loos: Ornament und Verbrechen.

**Pfeiler**
Senkrechte Stütze von rechteckigem oder polygonalem Querschnitt. Im Gegensatz zur Säule besitzt der Pfeiler keine Schwellung und Verjüngung.

**Piloten**
Stützen, die anstelle eines Erdgeschosses ein Bauwerk tragen. Ein Beispiel dafür bietet die Architektur Le Corbusiers: Das Gebäude der Villa Savoye von 1929 in Poissy ruht auf Piloten, dazwischen befinden sich Parkplätze. Rampen führen zu den Wohnebenen und zum Dachgarten.

**Postmoderne**
Seit Beginn der 60er-Jahre hat sich der Begriff der Postmoderne für die neuere Architekturgeschichte durchgesetzt. Im Gegensatz zur Moderne glauben die Vertreter der Postmoderne nicht mehr an eine Progression der kulturellen Abläufe. Während der Anfang des Jahrhunderts durch euphorische Zukunftsvisionen geprägt war, die ein soziales, erneuertes, gesundes Zusammenleben in einer modernen und hochentwickelten Architektur propagierten, werden die Vertreter der Postmoderne durch Zweifel an einer steten Steigerung einer kulturellen Evolution beeinflusst. Somit ändert sich auch das Verständnis von Geschichte. Geschichte lässt sich nicht mehr linear darstellen, man befindet sich nicht an einem vorläufigen relativen Höhepunkt einer Entwicklung. In der Architektur zeigt sich diese Kritik der kulturellen Progression durch das Zitatwesen. Es bildet sich ein Baustil, der aus eklektizistischen Elementen zusammengesetzt ist. Dabei ist es jedoch nicht das Moment der Nachahmung, sondern die virtuose Kombination der verschiedenen architektonischen Topoi. Ursprünglich als Gegenbewegung zum Funktionalismus gedacht, formen sich die bauhistorischen Zitate in eine zeitgemäße Funktionalität. Dadurch gelingt den Architekten der Postmoderne ein nostalgisches Anbiedern mit geistvoll-witzigem Charme. Die Postmoderne ist eine Spielart des Manierismus. Wie dem Manierismus haftet auch der Architektur der Postmoderne eine antiklassische, geistreiche Künstlichkeit an.
In Stuttgart ist die Neue Staatsgalerie der Paradebau für eine Architektur der Postmoderne. Der englische Architekt James Stirling baute den Museumsbau von 1979–1984. Durch das Eingangsportal in der Rotunde wird Bezug auf den Karlsuher Architekten Friedrich Weinbrenner (1766–1826) genommen. Verfremdende Elemente der Stirlingschen Aneignung ist die Position des Tores: Es befindet sich innerhalb, nicht außerhalb der Rotunde. Rot-orangene Drehtüren zwischen dorischen Säulen gewährleisten den Durchgang. Die Travertin- Verkleidung ist den runden Mauern des Baues sichtbar vorgehängt. Durch die Bauten des Hauses der Geschichte und der Musikhochschule nach Plänen von James Stirling wird in Stuttgart zusammen mit der Staatsgalerie an der Konrad-Adenauer-Straße die Museumsmeile verwirklicht, die im 19. Jahrhundert von den Stadtplanern Stuttgarts entwickelt wurde.
Weitere Bauten: Haus der Geschichte und Hochschule für Musik und Darstellende Kunst in Stuttgart; Clore Gallery (Erweiterung der Tate Gallery), 1982–1989, London; Umbau der Albert Docks in eine Zweigstelle der Tate Gallery, 1982–1988, London.

**Profil**
Betonte Grenzlinie eines Bauteils, zum Beispiel die Umrahmung eines Fensters.

**Proportionslehre**
Als Proportionslehre bezeichnet man die Summe der Gesetze, nach denen ein Kunstwerk als harmonisch beurteilt wird. Die Kunstgeschichte kennt verschiedene Proportionslehren, die jeweils den Kontexten ihrer Entstehung verpflichtet sind: Der Kanon ist für die Proportion der menschlichen Gestalt wichtig. Die Maßeinheit ist das Verhältnis von Kopf zu Körper (1:7 bzw. 1:10). Der »Goldene Schnitt« beschreibt eine Teilung einer Strecke C in einen kleineren Teil A und einen größeren Teil B, so dass sich das Verhältnis A:B = B:C entwickelt. Als Faustregel gelten die Werte der Laméschen Reihe: 2:3 = 3:5 oder 5:8 = 8:13 etc. Triangulation und Quadratur verwenden das Dreieck oder Quadrat als wichtige Punkte der Konstruktion. Die harmonische Proportion geht auf Pythagoras zurück. Er überträgt die Schwingungsverhältnisse musikalischer Intervalle auf die Maßverhältnisse der Architektur. Die Oktave steht für das Verhältnis 1:2, die Quinte für 2:3, die Quart für 3:4. In der Renaissance wurden diese Maßverhältnisse von Leon Battista Alberti für die Moduln der römischen Kunst gehalten und in der Hochrenaissance von Andrea Palladio weiterentwickelt.

**Quader**
Hausstein als massiver rechteckiger Block.

**Raster**
Gleichmäßiges, rechtwinkliges Liniennetz im Stadtgrundriss, aber auch im Hochbau bei den Vorhangfassaden.

**Rationalismus**
Die Bestrebung der Architektur des 20. Jahrhunderts zu vernunftbetonten architektonischen und städtebaulichen Lösungen. Der Rationalismus ist eng mit dem Funktionalismus und den Bestrebungen des Neuen Bauens verbunden.

**Ring**
Der Ring ist eine Vereinigung führender Architekten in Berlin. 1926 wurde er gegründet und war aus dem »Zehnerring« hervorgegangen. Das Ziel der Mitglieder war, gegen die offizielle konservative Politik der Stadt zu kämpfen. Die Vereinigung, die sich 1930/31 wieder auflöste, wurde nicht durch ein architekturtheoretisches oder formalistisches Programm zusammengehalten, sondern zeichnete sich durch die Originalität seiner Mitglieder aus. Dazu gehörten: Walter Gropius, Erich Mendelsohn, Ludwig Mies van der Rohe, Adolf Meyer, B. Pankok, O. Haesler, Richard Döcker, E. May, Adolf Rading, H. Tessenow, Hans Scharoun, A. Korn, W. und H. Luckhardt, Bruno und Max Taut, Hans Poelzig, Otto Bartning. Der Sekretär der Gruppe, Hugo Häring, vertrat den Ring 1928 beim CIAM. Dadurch hatten die Architekten einen besonderen Einfluss auf den Siedlungsbau.

**Rundbogenstil**
Der Rundbogenstil ist eine Erscheinungsform des deutschen Historismus. Er zeichnet sich durch Elemente der byzantinischen Bauformen sowie durch Formen der italienischen Romanik und Renaissance aus. Die Ursprünge liegen bei Karl Friedrich Schinkel. Der Rundbogenstil zeigt sich in der Münchner Ludwigkirche und dem Münchner Bahnhof. Heinrich Hübsch, der die Debatte zur Stilfrage der deutschen Architektur in seinem wegweisenden Aufsatz »In welche Stile sollen wir bauen« formulierte, hat in Karlsruhe Gebäude im Rundbogenstil entwickelt.

**Schalung**
Zeitweilige, meist vorgefertigte Hohlform, in die flüssiger Beton gegossen wird. Nach dem Erstarren wird die Form entfernt. Im unbehandelten Sichtbeton zeigen sich oft die zurückgebliebenen Abdrücke der Verschalung, zumal wenn diese aus gemaserten Holzbrettern bestehen.

**Säule**
Senkrechte Stütze des Baus, die sich nach oben verjüngt. Sie besteht aus der Plinthe, dem Schaft und dem Kapitell.

**Serienproduktion**
Als nach dem Ersten Weltkrieg die Tendenz einer funktionalen und rationalen Architektur vorherrschte, sollte auch die Bautechnik dem Anspruch einer billigen und wenig aufwendigen Herstellungsmethode genügen. Vorfabrikation und Serienproduktion von wichtigen Bauteilen wie Fenstern, Decken und Türen verkürzten die Bauzeit und -kosten erheblich. Baustellenraum vor Ort konnte eingespart werden. Bauen wird zu einer Montagetätigkeit. Nach der Entwicklung zahlreicher, genormter Bauteile, kommen auch kleinere Fertighäuser auf den Markt. Das Einzelhaus ist nicht mehr die singuläre Bauaufgabe der Architektur. Durch die Ökonomie der Serienproduktion rückt das Bauensemble, das Stadtviertel und der Landschaftsraum in das Interesse der Architekten. Die bautechnische Vorfabrikation steht somit in Verbindung von einer immer enger werdenden Beziehung zwischen Baukunst und Urbanistik.

**Sezession**
Name von Künstlergruppen, die sich von einer größeren Künstlervereinigung abspalten, um ihre eigenen künstlerische Überzeugungen gegen die Mehrheit durchzusetzen.

**Skelettbau**
Bauweise aus einem Gerippe von Holz (Fachwerk), Stein (Strebewerk), Stahl oder Stahlbeton über ein Rastersystem. Das Skelett übernimmt alle Tragefunktionen, seine Form wird deshalb von statischen Kräften bestimmt. Es kann, wie das gotische Strebewerk, außen sichtbar bleiben oder durch eine selbsttragende bzw. Vorhangfassade verdeckt werden. Der Skelettbau bezweckt ökonomischen Materialeinsatz durch weitgehende rationelle Ausnutzung der statischen Gesetze.

**Spannweite**
Raum, der durch eine stützenlose Konstruktion überbrückt werden kann. Weite Spannweiten sind vor allem bei der Ingenieursbaukunst und im Sportstättenbau notwendig. Eisen und Beton ermöglichen weitere Spannweiten als die traditionellen Baustoffe Holz und Stein.

**Städtebau**
Die künstlerische Durchgestaltung einer ganzen Stadt. Der Städtebau des 20. Jahrhunderts stand vor vielen neuen Bauaufgaben. Darunter war die Aussonderung der Industrie-, Geschäfts- und Wohnviertel, die Anlage von Siedlungen und die Schaffung eines Übergangs von Vorstädten und ländlichen Bezirken. Die Gestaltung von Kulturzentren und die Führung des Autoverkehrs waren genauso zu bewältigen wie der Bau von Sportanlagen, Grünflächen, Hochbauten, Brücken, Theatern und Museen.

**Stahlbeton**
Stahlbeton ist ein Verbundstoff aus Stahl und Beton. Durch den Beton wird die Druckspannung aufgenommen, durch

den Stahl wird vor allem die Zugspannung aufgenommen. Das Zusammenwirken von Beton und Stahl, die Bewehrung, wird bei annähernd gleicher Wärmedehnzahl beider Stoffe durch Endhaken, Rippen und aufgeschweißte Querstäbe bewirkt. Durch diese verschiedenen Arten der Bewehrung spricht man von glattem Betonstahl, Betonrippenstahl oder geschweißten Betonstahlmatten. Die Bewehrung wird entweder auf der Baustelle gefertigt oder als Bewehrungskorb vorgefertigt und anschließend in die Schalung eingebaut. Die Grundformen der Bauteile beim Stahlbeton sind: Platten, Balken, Plattenbalken, Stützen, Rahmentragwerke, Fachwerke, Schalen, Scheiben und Faltwerke.
Der Stahlbetonfertigteilbau ist eine Sonderform des Stahlbetonbaus. Die Bauteile werden vorgefertigt, dann zur Baustelle gebracht und dort zusammengesetzt.

**Stahlrohrmöbel**
Die Stahlrohrmöbel entwickelten sich zusammen mit dem Neuen Bauen. Es sind Liege- oder Sitzmöbel sowie Tische aus einem tragenden Gerüst als Stahlrohr oder Stabstahl. Le Corbusier und Ludwig Mies van der Rohe haben während der Werkbund-Ausstellung ihre Stahlrohrmöbel vorgestellt. Weitere Architekten, die Stahlrohrmöbel entwickelt haben, sind Marcel Breuer und Mart Stam.

**Ständerbau**
Ein Bau, der auf Stützen, die im Erdreich verankert sind, ruht. Eine Bauform, die im 20. Jahrhundert besonders von Le Corbusier (Villa Savoye; Unité d'Habitation) weiterentwickelt wurde. Der Ständerbau ermöglicht das Freilassen des Erdgeschosses. Zudem dient er durch neue statische Möglichkeiten der Erdbebensicherung.

**Stuttgarter Schule**
Der südwestdeutsche Raum wurde nach dem Ersten Weltkrieg durch die Architekten der Stuttgarter Schule geprägt. Ihre Hauptvertreter waren: Paul Bonatz, Paul Schmitthenner und Heinz Wetzel.

**Tektonik**
Konstruktives Ineinanderfügen einzelner, eigenständiger Bauteile zur einer gesamten Gebäudestruktur.

**Traditionalismus**
Bezeichnung für das absichtsvolle Zurückgreifen auf Traditionen. Der formale Ausdruck, die Konstruktion und die Funktion werden durch das Ziel bestimmt, die Architektur in einen geschichtlichen Zusammenhang zu setzen. Der Traditionalismus ist von dem traditionellen Bauen abzugrenzen. Die Weitergabe von Informationen und Erfahrungen ist eine Grundbedingung von Architektur. Das traditionelle Bauen beschreibt eine Architektur, die nach den Regeln eines überlieferten Handwerks erstellt wurde und ist nur noch in lokalen oder funktionalen Nischen zu finden. Im Gegensatz zum traditionellen Bauen beziehen sich die Architekten des Traditionalismus auf die Verwendung traditioneller Bauformen im Sinne einer stilistischen Adaption.

**Villa (lat. Landhaus)**
Sommersitz in Parkanlagen und Gärten. Die bürgerliche Villa orientiert sich an der *Villa suburbana* der römischen Antike und der Renaissance. Kennzeichen der Villa ist die symmetrische Gestaltung der Fassade, die auf den Haupteingang ausgerichtet ist. Im Grundriss fädeln sich die Wohnräume an einer Achse auf, es bilden sich Korridore. Beispiele: Villa Hadriana in Tivoli, Villa d'Este in Tivoli.

**Werkbund**
Der Deutsche Werkbund wurde 1907 gegründet. Das Ziel des Werkbundes war die Veredelung der gewerblichen Arbeit im Zusammenwirken von Künstlern, Industrie und Handwerk. Die Vereinigung, in der Industrielle, Architekten, Künstler und Kunsthandwerker beteiligt waren, bezog sich auf Ansätze des Engländers William Morris. Er versuchte, bereits Kunst und Kunsthandwerk, Ästhetik und Arbeit zu verbinden. In der Satzung des deutschen Werkbundes ist vermerkt: Der Werkbund »ist Sammelpunkt für alle, die fähig und gewillt sind, Qualitätsarbeit zu leisten«. Der Werkbund hatte mehr als 2.000 Mitglieder, deren Hauptvertreter Peter Behrens, Joseph Maria Olbrich, Bruno Paul, Walter Gropius, Henry van de Velde, Bruno Taut und Joseph Hoffmann waren. Dem Vorbild des deutschen Werkbundes folgten 1907 Österreich und 1913 die Schweiz. In zahlreichen Ausstellungen zeigten die Mitglieder des deutschen Werkbundes Baubeispiele zu Fabrik-, Wohn- oder Theaterbauten. Die Weißenhofsiedlung zeugt von einem Ausstellungsprojekt aus dem Jahr 1927. Auf dem Killesberg im Norden Stuttgarts wurden Musterwohnungen geschaffen, in der Innenstadt informierten Ausstellungen über neue Fertigungsmethoden, Materialien und Möbelgestaltung.

**Wolkenkratzer**
Einen wichtigen Beitrag zur Erneuerung der architektonischen Techniken lieferte die Chicagoer Schule in den Vereinigten Staaten. Besonders Louis Sullivan, der mit dem Wolkenkratzer eine neue städtebauliche Wohnvariante vorschlug, wurde zum Vertreter der Skelettbauweise. Bis 1879, als Le Baron Jenny erstmals für den Bau eines Hochhauses ein Stahlskelett konzipierte, wurden hohe Häuser als Anhäufungen von Geschossen gebaut. Erst durch Sullivan, der 1890 den ersten Wolkenkratzer realisierte, entwickelte sich ein Bautypus, der auf die Lage und Funktion im städtischen Raum perfekt angepasst werden konnte. Es war der Anfang einer Architektur, die später durch Sullivans Schüler Frank Lloyd Wright in einer »organischen Architektur« weiterentwickelt wurde.

# Fußnoten

1.) Kirsch, Karin: *Werkbundausstellung »Die Wohnung«. Stuttgart 1927. Die Weißenhofsiedlung,* Stuttgart 1993, S. 11.
2.) 1931 titulieren die Architekten Philip Johnson und Henry-Rusell Hitchcock in einer Publikation die Bewegung als »Internationalen Stil«. Johnson, Philip; Hitchcock, Henry-Rusell: *International Style,* New York 1932.
3.) Kirsch, Karin: *Kleiner Führer durch die Weißenhofsiedlung,* Stuttgart 1999, S. 7.
4.) Amtlicher Katalog, Stuttgart 1927, S. 78–80.
5.) Kandinsky, Wassily: *Das Geistige in der Kunst,* Bern 1992.
6.) Fiedler, Konrad: *Über die Beurteilung von Werken der Bildenden Kunst,* München 1876.
7.) Hofmann, Werner: *Die Grundlagen der Modernen Kunst,* Stuttgart 1987, S. 245.
8.) a. a. O.
9.) Tafel, Cornelius: *Der Architekt Adolf Schneck. Wegbereiter der Moderne im Stuttgart der 20er Jahre,* München 1991, S. 26f.
10.) *Amtsblatt der Stadt Stuttgart,* Nr. 24, 26.7.1926.
11.) Teut, Anna: *Architektur im 3. Reich 1933–1945,* Berlin, Frankfurt, Wien 1967, S. 21.
12.) Werner Blaser: *Mies van der Rohe,* Basel 1997, S. 22.
13.) Oud, J. J. P.: *Mein Weg in »De-Stijl«,* in: Ausstellungskatalog, Architekturgalerie am Weißenhof, Stuttgart 1987, S. 6.
14.) Hofmann 1987, S. 369.
15.) Oud, J. J. P.: *Mein Weg in »De-Stijl«,* in: Ausstellungskatalog, Architekturgalerie am Weißenhof, Stuttgart 1987, S. 8.
16.) Die Weißenhof-Forscherin Karin Kirsch hat das problematische Verhältnis zwischen Adolf Loos und Stuttgart detailliert recherchiert und eindringlich beschrieben. 1924 besuchte Loos in Stuttgart die Ausstellung »Die Form«. Doch obwohl »Die Form« das Ziel verfolgte, die ornamentlose Form als Grundbedingung der Gestaltung zu etablieren, war er nicht auf der Ausstellung vertreten. Daraufhin gab es einen großen Streit und Loos verließ verstimmt Stuttgart. Adolf Loos tauchte zwei Mal auf der Liste der ausgewählten Weißenhof-Architekten auf: 1925 und im Juli 1926. Doch sein Name wurde von dem Stuttgarter Baubürgermeister Dr. Daniel Sigloch mit Wucht ausgestrichen. Vgl. dazu Kirsch, Karin: *Die Weißenhofsiedlung. Werkbundausstellung »Die Wohnung« – Stuttgart 1927,* Stuttgart 1987, S. 100.
17.) Auszug aus dem Sitzungsprotokoll der Bauabteilung des Stuttgarter Gemeinderats vom 9.7.1926.
18.) Adolf Gustav Schneck in: *Die Form 9/1927,* S. 269.
19.) Adolf Gustav Schneck in: *Bau und Wohnung,* Stuttgart 1927, S. 151.
20.) Gustaf Stotz: *Bürgerliche Möbel – Zu den Arbeiten von Prof. Adolf Gustav Schneck,* in: *Innendekoration,* 1924, S.46.
21.) die Erholungsheime von Alexej Stschussew in Mazesta, das Kinderheim von Clemente Busiri Vici 1932, die Colonia Marina »28 ottobre« in Cattolica und Forlì.
22.) Le Corbusier: *Feststellungen,* Frankfurt/Main 1964, S. 176.
23.) Le Corbusier: *Ausblick auf eine Architektur,* Frankfurt/Main 1963, S. 23.
24.) Le Corbusier 1963, S. 57.
25.) Le Corbusier in: *Das Neue Frankfurt,* Januar 1928, S. 11–15.

26.) Le Corbusier 1963, S. 21.
27.) Le Corbusier 1964, S. 128.
28.) Le Corbusier 1963, S. 23.
29.) Frank, Josef: *Was ist modern?*, zit. nach: Tafel 1991, S. 57.
30.) Bergquist, Mikael/Michélsen, Olof: *Josef Frank. Architektur*, Basel 1995, S. 118.
31.) Bergquist/Michélsen 1995, S. 7.
32.) Mart Stam in: *Die Form*, 9/1927, S. 292.
33.) Giedion, Siegfried: *Die Wohnung. Ein Rückblick auf Stuttgart*, in: *Der Cicerone*, 24/1927, S. 766.
34.) Stam, Mart: *Modernes Bauen 2*, in: *ABC* 3/4, S. 3.
35.) Rümmele, Simone: *Mart Stam*, Zürich, München 1991, S. 18.
36.) zit. nach Peter Behrens: *Zur Ästhetik des Fabrikbaus*, in: *Gewerbefleiß*, Heft 7/9, 1929, S. 130.
37.) Hans Scharoun in: *Die Form*, S. 293.
38.) zit. aus einem Originalabdruck des Bauhausmanifestes nach Droste, Magdalena: *Bauhaus*, Köln 1998, S. 18.
39.) zit. nach Hofmann 1987, S. 347.
40.) zit. nach Hofmann 1987, S. 379.
41.) Fitch, James Martston: *Walter Gropius*, S. 9.
42.) Marcel Breuer in der Zeitschrift *Das Neue Frankfurt*, S. 11. In seinem Artikel *Metallmöbel und moderne Räumlichkeit* berichtet er über die Stahlrohrkonstruktion.
43.) Ludwig Hilberseimer: *Konstruktion und Form*, in: *G – Material zur elementaren Gestaltung*, Nr. 3, Juni 1924, S. 24 f.
44.) Bollerey, Franziska/Hartmann, Kristiana: *Bruno Taut. Vom phantastischen Ästheten zum ästhetischen Sozial(ideal)isten*, in: *Bruno Taut*, Berlin 1980, S. 33.
45.) Taut, Bruno: *Die Farbe* in: *Bruno Taut*, Berlin 1980, S. 228.
46.) Hans Poelzig zit. nach Heuss, Theodor: *Hans Poelzig. Bauten und Entwürfe*, Stuttgart 1985, S. 19.
47.) Hans Poelzig zit. nach Heuss 1985, S. 28.
48.) Richard Döcker in: *Bau und Wohnung*, Stuttgart 1927, S. 39.
49.) *Völkischer Beobachter* vom 30.3.1932. Vgl. Wiebking-Mehlau, Friederike: *Richard Döcker. Ein Architekt im Aufbruch zur Moderne*, Braunschweig 1989, S. 162.
50.) Kirsch verweist auf diese zeitgenössische Kritik, die aus der Zeitschrift *Info Bau* stammt. Vgl. Kirsch 1993, S. 48.
51.) Arbeitsrat für Kunst, unter den Flügeln einer neuen Baukunst, Flugblatt, März 1919, vgl. Conrads, Ulrich: *Programme und Manifeste zur Architektur des 20. Jahrhunderts*, Berlin 1964, S. 42.
52.) Arbeitsrat für Kunst, Ausstellung für unbekannte Architekten, Flugbl., April 1919, vgl. Conrads 1964, S. 44.
53.) Adolf Behne 1927 über Max Taut. Vgl. Jaeger, Roland (Hrsg.): *Max Taut. Bauten und Pläne*, Berlin 1996, S. 12.
54.) Jaeger, Roland (Hrsg.): *Max Taut. Bauten und Pläne*, Berlin 1996, S. 6.
55.) Seeger, Hermann: *Bürohäuser der privaten Wirtschaft*, Leipzig 1933, S. 93.
56.) Rading, Adolf, in: *Die Form*, 1927, S. 287.
57.) Behne, Adolf: *Der moderne Zweckbau*, Berlin 1923, S. 42.
58.) Alle Zitate stammen aus Radings Notizbuch. Vgl. Szymanski, Beate: *Der Architekt Adolf Rading (1888–1957)*, München 1992, S. 190.

## Literaturverzeichnis

### Literatur zur Weißenhofsiedlung


Kirsch, Karin (Hrsg.): *Briefe zur Weißenhofsiedlung*, Stuttgart 1997.

Kirsch, Karin: *Kleiner Führer durch die Weißenhofsiedlung*, Stuttgart 1999.

Kirsch, Karin: *Werkbundausstellung »Die Wohnung«. Stuttgart 1927. Die Weißenhofsiedlung*, Stuttgart 1993.

Nägele, Hermann: *Die Restaurierung der Weißenhofsiedlung 1981–1987*, Stuttgart 1992.

Plarre, Stefanie: *Die Kochenhofsiedlung – Das Gegenmodell zur Weißenhofsiedlung*, Stuttgart 2002.


### Primärliteratur


Der Deutsche Werkbund (Hrsg.): *Bau und Wohnung*, Stuttgart 1927

Hilberseimer, Ludwig: *Beton als Gestalter*, Stuttgart 1928

Hilberseimer, Ludwig: *Groszstadtarchitektur*, Stuttgart 1927.

Le Corbusier: Zwei Wohnhäuser, Stuttgart 1927.

Le Corbusier: *Feststellungen*, Frankfurt/Main 1964.

Le Corbusier: *Ausblick auf eine Architektur*, Frankfurt/Main 1963.


### Zu den einzelnen Architekten


Ausstellungskatalog, Akademie der Künste Berlin: *Bruno Taut. 1880–1938*, Berlin 1980.

Bergquist, Mikael/Michélsen, Olof, (Hrsg.): *Josef Frank. Architektur*, Basel 1995.

Blaser, Werner: *Mies van der Rohe*, Basel 1997.

Buddensieg, Tilmann/Rogge, Henning: *Industriekultur. Peter Behrens und die AEG 1907–1914*, Berlin 1979.

Deutschland, Heinz/Geist, Roland: *Max Taut. Architekt und Lehrer*, Berlin 1999.

Hays, Kenneth Michael: *Modernism and the Posthumanistic Subject. The Architecture of Hannes Meyer and Ludwig Hilberseimer*, Massachusetts 1992.

Jaeger, Roland (Hrsg.): *Max Taut. Bauten und Pläne*, Berlin 1996.

Kieren, Martin (Hrsg.): *Ludwig Hilberseimer, Internationale neue Baukunst*, Berlin 1998.

Kimpel, Dieter/Worbs, Dietrich: *Richard Döcker*

(1894–1968). Ein Kolloquium zum 100. Geburtstag, Stuttgart 1996.
Pegels, Otto: *Adolf Rading (1888–1957). Bauten und Projekte in Deutschland, Palästina und England*, Aachen 1992.
Rümmele, Simone: *Mart Stam*, Zürich 1991.
Szymanski, Beate: *Der Architekt Adolf Rading (1888–1957). Arbeiten in Deutschland bis 1933*, München 1992.
Tafel, Cornelius: *Der Architekt Adolf Schneck. Wegbereiter der Moderne im Stuttgart der 20er Jahre*, München 1991.
Whyte, Iain Boyd: *Bruno Taut. Baumeister einer Neuen Welt*, Stuttgart 1981.
Wiebking-Mehlau, Friederike: *Richard Döcker. Ein Architekt im Aufbruch zur Moderne*, Braunschweig 1989.

### Allgemeines zur Architektur

Behne, Adolf: *Der moderne Zweckbau*, Berlin 1923.
Bergeijk, Herman van/Mácel, Otokar: *Architekturführer 20. Jahrhundert. Belgien, Niederlande, Luxemburg*, Basel 1998.
Conrads, Ulrich: *Programme und Manifeste zur Architektur des 20. Jahrhunderts*, Berlin 1964.
Droste, Magdalena: *Bauhaus*, Köln 1998.
Fiedler, Konrad: *Über die Beurteilung von Werken der Bildenden Kunst*, München 1876.
Hofmann, Werner: *Die Grundlagen der Modernen Kunst*, Stuttgart 1987.
Johnson, Philip/Hitchcock, Henry-Rusell: *International Style*, New York 1932.
Kandinsky, Wassily: *Das Geistige in der Kunst*, Bern 1992.
Kermer, Wolfgang: *Willi Baumeister. Typographie und Reklamegestaltung*, Stuttgart 1989.
Lampugnani, Vitorio Magnago: *Hatje-Lexikon der Architektur des 20. Jahrhunderts*, Ostfildern-Ruit 1998.
Teut, Anna: *Architektur im 3. Reich 1933–1945*, Berlin, Frankfurt, Wien 1967.
Seeger, Hermann: *Bürohäuser der privaten Wirtschaft*, Leipzig 1933.
Nerdinger, Wilfried/Tafel, Cornelius: *Architekturführer 20. Jahrhundert. Deutschland*, Basel 1998.
Whyte, Ian/Schneider, Romana, (Hrsg.): *Die Gläserne Kette*, Ostfildern-Ruit 1996.

## Abbildungsnachweis

### Dorothee Keuerleber
Alle Zeichnungen, Grundrisse, Gebäudeansichten und Isometrien in dieser Publikation, die nicht separat gekennzeichnet sind.

### Jörn Vogt
Fotos S. 16, li. oben; S. 22, li. oben; S. 22, re. unten; S. 28, li. oben; S. 28, re. unten; S. 32, li. oben; S. 38, re. unten; S. 40, li. unten; S. 41, re. oben; S. 42, li. oben; S. 42, re. unten; S. 44, li. oben; S. 45, re. oben; S. 46, li. oben; S. 46, re. unten; S. 47, re. unten; S. 49, re. oben (2x); S. 50, li. (5x); S. 51, li. Mitte; S. 52, re. unten; S. 56, li. oben; S. 56, re. unten; S. 59, li. oben; S. 62, li. oben; S. 62, re. unten; S. 68, li. oben; S. 68, re. unten; S. 70, li. unten; S. 70, re. unten; S. 72, re. unten; S. 74, re. unten; S. 78, re. unten; S. 82, re. unten; S. 86, re. unten; S. 90, re. unten; S. 92, re. unten; S. 95, li. unten; S. 96, re. unten; S. 98, re. unten; S. 102, re. unten; S. 109, re. oben; S. 110, re. unten, sowie alle Fotos auf der 4. Umschlagseite.

### Archiv der Freunde der Weißenhofsiedlung e. V.
Fotos S. 6, re. unten; S. 7, li. unten; S. 8, li. unten; S. 9, re. unten; S. 11, Mitte; S. 14, li. oben; S. 17, li. oben; S. 18, re. oben; S. 20, re. unten; S. 31, re. oben; S. 32, re. unten; S. 35, re. oben; S. 36, li. oben; S. 38, li. oben; S. 52, li. oben; S. 60, re. unten; S. 70, re. oben; S. 72, li. oben; S. 82, li. oben; S. 85, re. oben; S. 89, re. oben; S. 96, li. oben; S. 107, re. Mitte; S. 112, li. unten; S. 113, re. oben.

### Landesmedienzentrum Baden-Württemberg
Fotos S. 7, Mi. oben; S. 10, re. oben; S. 12, re. oben; S. 17, re. unten; S. 23, li. unten; S. 25, li. oben; S. 26, li. unten; S. 30, re. oben; S. 36, re. unten; S. 40, re. oben; S. 40, Mi. unten; S. 44, li. unten; S. 49, li. unten; S. 54, li. oben; S. 59, re. oben; S. 66, li. oben; S. 90, li. oben; S. 92, li. oben; S. 94, re. unten; S. 98, li. oben; S. 106, re. unten; S. 107, re. oben.

### Stadtarchiv Stuttgart
Fotos S. 8, re. oben; S. 13, li. oben; S. 15, re. oben; S. 19, re. unten; S. 26, re. oben; S. 51, li. oben, S. 51, re. oben; S. 66, re. unten; S. 74, li. oben; S. 76, re. oben; S. 78, li. oben; S. 80, li. oben; S. 84, re. oben; S. 86, li. oben; S. 88, li. oben; S. 94, re. oben; S. 100, li. oben; S. 102, li. oben; S. 104, li. oben.

### Valerie Hammerbacher
Fotos S. 14, li. unten; S. 16 re. unten; S. 18, li. unten; S. 25, re. unten; S. 30, re. unten; S. 76, re. unten; S. 77, re. oben; S, 116, re. unten.

### Marko Schacher
Fotos S. 27, re. oben; S. 67, re. oben.

*Die Autoren danken allen beteiligten Personen und Institutionen für die Bereitstellung des genannten Bildmaterials.*